ullstein

In jeder Partnerschaft finden neben kleineren auch größere Konflikte statt. Als international anerkannte Gesundheitspsychologin führt Dr. Elissa Epel bahnbrechende Studien über die Auswirkungen von Stress auf unsere Gesundheit bis auf Zellebene durch. Heute konzentriert sie sich auf die Fragen, wie man mit existenziellem Stress gut leben, das emotionale Wohlbefinden verbessern und Alterungsprozesse durch persönliche und ökologische Veränderungen verlangsamen kann. Die wichtigsten Erkenntnisse finden sich leicht umsetzbar in ihrem aktuellen Buch.

DR. ELISSSA EPEL ist Professorin und stellvertretende Vorsitzende der Abteilung für Psychiatrie und Verhaltenswissenschaften an der University of California, San Francisco. Sie wurde in die National Academy of Medicine gewählt, ist ehemalige Präsidentin der Academy of Behavioral Medicine Research und leitet Initiativen für psychische Gesundheit am University of California Center for Climate, Health and Equity. Sie studierte Psychologie und Psychobiologie an der Stanford University (BA) sowie klinische Psychologie und Gesundheitspsychologie an der Yale University (PhD). Über ihre preisgekrönten Forschungsarbeiten wurde in TEDMED, der *New York Times*, dem *Wall Street Journal* und in zahlreichen Fernseh- und Wissenschaftsdokumentationen berichtet. Ihr erstes Buch, das sie zusammen mit der Nobelpreisträgerin Elizabeth Blackburn geschrieben hat, *Die Entschlüsselung des Alterns: Der Telomer-Effekt*, ist ein *New York Times*-Bestseller und wurde in mehr als 30 Sprachen übersetzt.

DR. ELISSA EPEL

Das 7-Tage-Rezept für weniger Stress

Aus dem Amerikanischen von Gabriele Würdinger

Ullstein

Besuchen Sie uns im Internet:
www.ullstein.de

Wir verpflichten uns zu Nachhaltigkeit
• Papiere aus nachhaltiger Waldwirtschaft und anderen kontrollierten Quellen
• ullstein.de/nachhaltigkeit

MIX
Papier | Fördert gute Waldnutzung
FSC® C021394

Deutsche Erstausgabe im Ullstein Taschenbuch
1. Auflage Mai 2024

Titel der amerikanischen Originalausgabe:
The Stress Prescription. Seven Days to More Joy and Ease,
erschienen bei Penguin Books,
New York 2022.

Umschlaggestaltung: zero-media.net, München
Titelabbildung: © FinePic®, München
Satz: KCFG – Medienagentur, Neuss
Gesetzt aus Sabon Next
Druck und Bindearbeiten: ScandBook, Litauen
ISBN 978-3-548-06866-4

Dieses Buch ist unseren Vorfahren gewidmet, ihrer Stärke, der Unverwüstlichkeit ihrer menschlichen Seele und der Liebe, die sie durch schwere Zeiten getragen hat und es erst ermöglichte, dass wir heute hier sind.
Und Ihnen, liebe Leser, die Sie sich in diesen unsicheren Zeiten auf oft heldenhafte Weise darum bemühen, gut zu leben und zu lieben.

INHALT

EINLEITUNG

ERWARTEN SIE DAS UNERWARTETE

WÜRDEN SIE GERNE in einer Welt ohne Stress leben?

Stellen Sie sich vor: keine Sorgen. Keine Angst. Kein Druck.

Klingt das gut?

Einen Moment lang vielleicht. Doch *Stress* ist so untrennbar in unsere Erfahrung eingewoben, dass es unmöglich ist, ihn aus unserem Leben zu streichen. Und so hart es auch manchmal ist, mit Stress umzugehen, wären wir ohne ihn deutlich schlechter dran. Menschen reagieren nicht ohne Grund auf ihn: Die Stressreaktion bereitet Körper und Geist auf das vor, was im Augenblick und unmittelbar danach zu tun ist. Aus evolutionärer Sichtweise rettete uns die natürliche Stressreaktion des Körpers in prähistorischer Zeit immer wieder das Leben. Diese Reaktion ist der Grund, warum es uns heute gibt, und immer noch brauchen wir sie, um uns zu motivieren, Energien freizusetzen und einen klaren Blick zu bewahren. Sie stattet uns mit den körperlichen und mentalen Ressourcen aus, um Herausforderungen zu meistern. Eine gesunde Peak-and-Recovery-Stressreaktion, in der wir einen kurzen Stressschub erleben, von dem wir uns schnell erholen, ist sogar gut für den Körper. Wir Menschen sind hervorragend ausgestattet, um mit

Stress umzugehen. Tatsächlich *brauchen* wir ihn sogar. In der richtigen Dosis und Häufigkeit hilft er uns, unsere Zellen jung und vital zu halten.

Doch heute haben die meisten von uns ein Problem mit Stress.

Wir sind ihm die ganze Zeit ausgesetzt. Er ist das Meer, in dem wir schwimmen. Von dem Augenblick, in dem wir morgens unsere Augen aufschlagen, bis zu dem Moment, in dem sie uns nachts zufallen, sind wir ständig mit einer Flut von Stressauslösern konfrontiert: Deadlines, logistischen Problemen, To-do-Listen, unerwarteten kleinen und großen Krisen, heiklen Gesprächen. Es gibt eine Vielzahl von Triggern, die eine körperliche Stressreaktion auslösen und zur Ausschüttung eines potenten Stresshormoncocktails in den Blutkreislauf führen. Er hat Einfluss auf alles: unsere Herzfrequenz, unsere Verdauung, unseren Fettstoffwechsel, unser Denken. Sogar unsere eigenen Gedanken werden zu Stressoren, auf die der Körper reagiert. Tatsächlich sind unsere Gedanken die häufigste Stressart.

Was können wir dagegen unternehmen?

Wir können Stress nicht ausmerzen. Er wird immer Teil unseres Lebens sein – alle sinnstiftenden Tätigkeiten sind mit stressigen Aspekten verknüpft: Herausforderung, Unbehagen, Risiko. Daran können wir nichts ändern. Doch was wir ändern *können*, ist die Art und Weise, wie wir auf Stress reagieren. In einer sich rasend schnell verändernden Welt voller Unwägbarkeiten gelingt uns dies mithilfe eines bestechend einfachen Kerngedankens: Wir können lernen, das Unerwartete zu erwarten.

Wenn das Unerwartete eintritt

Mein Nachbar Bryan Koffman ist in seinen Fünfzigern. Er lebt zusammen mit seiner Frau Yana in derselben Straße wie ich in einem ruhigen, grünen Viertel in San Francisco und arbeitet als Seniorenbetreuer in einer Langzeitpflegeeinrichtung. Bryan hat Freude an seiner Arbeit und genießt seine Ehe und die Stadt, in der er lebt. Wenn man ihn fragen würde, würde er antworten: »Das Leben ist schön.«

Doch Bryans Leben war nicht immer so ruhig und erfüllt.

Bryan wuchs in Russland auf. Im Alter von 20 Jahren war er bereits verheiratet und begann seine berufliche Laufbahn. Er wollte Krankenpfleger werden. Doch stattdessen wurde er in die Sowjetarmee eingezogen und an einen Stützpunkt in der Arktis verlegt.

Bryan war am Boden zerstört. Für dieses zweijährige Trainingslager in einem Landesteil, in dem minus 50 Grad herrschten und eine nicht ordentlich sitzende Schutzausrüstung den sicheren Tod bedeutete, musste Bryan seine Schule, seine beruflichen Ambitionen und seine Familie hinter sich lassen. Er war im Begriff, alles, was ihm wichtig war, zu verlieren, vielleicht sogar sein Leben. Nicht alle überlebten dieses Trainingslager, und danach würde er höchstwahrscheinlich in Afghanistan stationiert werden.

Es stand viel auf dem Spiel. Bryan hatte das Gefühl, alles verlieren, aber nichts gewinnen zu können. Er sagt, dass seine Ängste damals regelrecht durch die Decke schossen. Er hatte keine Ahnung, was als Nächstes geschehen würde, und fühlte sich völlig ausgeliefert – sein Nervensystem befand sich in ständiger Alarmbereitschaft.

Chronischer Stress ist für den Körper toxischer Stress

Auch wenn Sie nie in der arktischen Tundra stationiert waren, werden Sie vermutlich gut nachvollziehen können, wie gestresst Bryan damals war. Dabei ist Stress nicht grundsätzlich schlecht. Chronischer Stress allerdings schon. Ich erforsche Stress und seine Auswirkungen auf das Wohlbefinden und den Alterungsprozess. Ich habe mir Stress unter dem Mikroskop angeschaut und untersucht, wie er die Struktur jeder einzelnen unserer Zellen bis hin zu den Telomeren verändert. Telomere sind die »Schutzkappen« am Ende unserer Chromosomen und wichtige biologische Marker für Gesundheit und Alterungsprozesse. Sie sind mikroskopisch kleine »Uhren« im Inneren unserer Zellen. Ich habe Folgendes beobachtet: Jahrelanger, chronischer Stress ist für unseren Körper toxisch. Er lässt unsere Zellen vorzeitig verschleißen.

Viele Ratschläge zum Umgang mit Stress sind gut, aber unvollständig: Man soll die Stressoren loswerden und sich Entspannungstechniken aneignen. Dem kann ich voll und ganz zustimmen! Das sind großartige erste Schritte. Und auch ich schlage in diesem Buch effektive Strategien vor, um stressige Situationen zu vermeiden und wirklich zu entspannen. Doch es gibt ein großes Aber. Erstens lassen sich nicht alle Stressoren aus dem Weg schaffen – nicht einmal annähernd. Stress ist selbst in die freudigsten und erfüllendsten Aspekte des Lebens eingewoben: vom Elternsein über den Aufstieg auf der Karriereleiter bis zum Verfolgen großer Lebensträume. Das alles kann sehr stressig sein, und zwar deswegen, weil es uns so sehr am Herzen liegt. Wir können nicht einfach aufhören, uns Gedanken darüber zu machen – geschweige denn, dass wir dies wollten. Und zweitens erweisen sich viele Entspannungstechniken als schnelle (Schein-)Lösungen, Notlösungen, die einem langfristig nicht wirklich weiterhelfen. Kaum rollt die nächste Stresswelle an, fühlt sie sich so überwältigend an wie immer.

Ich habe bereits erwähnt, dass Stress eine gute Sache sein kann. *Chronischer* Stress hingegen ist in keiner Hinsicht gut für uns. Er richtet ausschließlich Schaden an. Die Liste der Auswirkungen von chronischem Stress auf die Gesundheit ist ellenlang – etwa ein erhöhtes Risiko für Übergewicht, Herzerkrankungen, Diabetes, Depressionen und Demenz –, doch was es wirklich zu verstehen gilt, ist, dass chronischer Stress bis in unsere Zellen vordringt. Er lässt eine Trias wichtiger Stressfaktoren im Blut ansteigen: Cortisol, oxidativen Stress und Entzündungen. Wenn diese ständig in Ihren Zellen präsent sind, verschleißen die Telomere, die Schutzkappen am Ende Ihrer Chromosomen. Sie verkürzen sich schneller. Warum das wichtig ist? Weil kritisch kurze Telomere unsere Mitochondrien, die Batterien in unseren Zellen, die uns mit Energie versorgen und unsere Zellen gesund halten, schädigen. Schlimmer noch: Wenn sich das Leben einer verschlissenen Zelle seinem Ende nähert, tritt sie in ein schädigendes, irreversibles Greisenstadium (die sogenannte replikative Seneszenz)[1] ein. Zum Glück können wir das Ruder herumreißen, bevor unsere Zellen dieses Stadium erreichen.

Viele Gewebearten unseres Körpers müssen sich regenerieren, um gesund zu bleiben, was bedeutet, dass neue Zellen gebildet werden müssen. Diese Regeneration muss in wichtigen Körperbereichen ablaufen, etwa in den Immunzellen, der inneren Auskleidung der Herzkranzgefäße und dem Hippocampus, dem Bereich im Gehirn, der so wichtig ist für unser Gedächtnis und unsere Gemütslage. Es hat sich herausgestellt, dass die Telomerlänge letztlich darüber entscheidet, wie lange eine Zelle sich teilen kann. Je länger Ihre Telomere sind, desto öfter können Ihre Zellen sich teilen, sich replizieren und das Gewebe erneuern. Werden sie zu kurz, ist dies nicht mehr möglich. Die Zelle wird seneszent und hört auf, sich zu verjüngen. Sie hat ihr Lebensende erreicht, stirbt ab oder sondert entzündungsfördernde Faktoren ab.

Kurze Telomere in den Blutzellen bedeuten, dass es früher zu Krankheit und Tod kommt. Sie sind daher ein ernst zu nehmendes Problem. Ich werde oft gefragt, ob die Telomerlänge eher ein Alterungs*marker* ist (vergleichbar mit einer zellulären »Bilanz«, die Hinweise auf die Alterung gibt) oder ein Alterungs*mechanismus* (der den Alterungsprozess mit verursacht). Die Antwort lautet, dass sie beides ist. Wenn Sie eine genetische Prädisposition für lange Telomere haben, lässt sich daraus direkt eine geringere Anfälligkeit für chronische Alterskrankheiten wie Herzerkrankungen ableiten, was beweist, dass Telomere eine mechanistische Rolle spielen. Chronischer Stress kann in vielerlei Hinsicht zu vorzeitigem Altern führen, und die Verkürzung der Telomere ist einer dieser Mechanismen. Wenn chronischer Stress zum Verschleiß der Telomere und zu Entzündungsprozessen führt, *verursacht* er eine vorzeitige Alterung, indem er, wie ich gerade beschrieben habe, dysfunktionale, seneszente Zellen generiert.

Für mich als Stressforscherin ist dieser Zusammenhang besonders besorgniserregend. Wenn wir über zu lange Zeit zu sehr gestresst sind, beschleunigt dies biologische Alterungsprozesse, und es entstehen frühzeitig Krankheiten. Und die

Forschung zeigt, dass unser durchschnittlicher Stresslevel immer weiter steigt.

Total gestresst

Die Covid-19-Pandemie verursachte einen enormen Anstieg an Depressionen und Angststörungen, doch der Stresslevel in der Bevölkerung steigt schon seit Jahren. Stressforscher analysierten den Tagesablauf von Personen, fragten sie nach stressigen Ereignissen und wie sie sich danach fühlten. Die Forscher fanden heraus, dass die Menschen in den letzten 20 Jahren häufiger stressige Ereignisse erlebt und diese auch noch als stressiger empfunden haben.[2]

Unser Stress nimmt an Intensität zu.

Wir gehen davon aus, dass wir dann Stress verspüren, wenn es ein stressauslösendes Ereignis gibt – etwa wenn man in die Sowjetarmee eingezogen wird. Das ist ein extremes Beispiel, und tatsächlich treiben einschneidende Ereignisse wie Trennung oder Verlust den Stresslevel über Monate hinweg in die Höhe. Aber auch tägliche Begebenheiten, wie etwa der dichte Verkehr auf dem Weg zur Arbeit, rufen eine deutliche Stressreaktion hervor. Stressforscher konzentrieren sich häufig auf stressige Ereignisse, doch es ist wahrscheinlich viel aussagekräftiger, sich darauf zu fokussieren, wie entspannt oder alarmbereit wir unter alltäglichen Umständen, im Normalzustand (auf Baseline-Niveau) sind, um beurteilen zu können, wie gut wir Stress aushalten. Daher sollten wir über den Zustand reden, in dem wir uns hauptsächlich befinden: unsere Stress-Baseline.

Der Ablauf der Stressreaktion ist schnell erklärt. Wenn wir einen Hinweis auf eine Bedrohung aus unserer Umwelt wahrnehmen, verarbeitet unser Körper diesen und sendet Alarmsignale an das Gehirn. Aber was ist, wenn keine offensichtliche Gefahr droht, sondern eine Atmosphäre der Unsicherheit herrscht? Was macht das Gehirn dann?

Um zu überleben, sind wir darauf gepolt, nach Gefahr Ausschau zu halten und wachsam zu sein, weil die Welt – egal, ob die Urwälder aus alten Zeiten oder moderne Großstädte – schon immer voller Unwägbarkeiten und Gefahren steckte. Wenn wir uns in diesem Zustand befinden, sucht unser Gehirn nach Hinweisen auf Sicherheit und Gewissheit, und dieser Vorgang entzieht dem Gehirn Energie in Form von Glukose.[3] Es ist, als würde man ständig im Hochleistungsmodus laufen. Unsicherheit hat einen Kaskadeneffekt auf das Gehirn: Zuerst wird der anteriore cinguläre Cortex auf den Plan gerufen, dann die Amygdala (das Angstzentrum), die unsere Stressreaktion aktiviert. In diesem Hochleistungsmodus steht unser Körper kontinuierlich unter Stress – für den Fall, dass etwas passiert. Wenn hingegen Sicherheit herrscht und wir uns geborgen und entspannt fühlen, können wir in den »Stromsparmodus« wechseln und Energie sparen. Leider laufen unsere sicherheitsbedürftigen, hart arbeitenden Gehirne die meiste Zeit auf Hochtouren.

Wo verläuft Ihre Baseline?

Die meisten versuchen, mit Stress zurechtzukommen, indem sie sich entspannen oder stressige Gedanken oder Gefühle vermeiden. Doch das sind keine effektiven Lösungen für den schädlichen Stress, dem wir heute ausgesetzt sind. Sie reichen schlicht nicht aus. Selbst wenn es uns gelingt, mittels Entspannung wieder zurück zu unserer Stress-Baseline zu finden, ist diese heute meist zu hoch. Wir müssen sie auf ein niedrigeres Niveau zurücksetzen, damit sich die Stressantwort verringert und wir uns wirklich erholen und unsere Speicher auffüllen können.

Normalerweise befinden wir uns nicht im »Ruhezustand«. Und wenn wir uns ausruhen, ist unsere Erholung nicht besonders tief. Neben der Entspannung, die wir normalerweise erreichen, gibt es einen Zustand, der besser ist, aber viel seltener erzielt wird: Tiefenentspannung. In diesem Zustand durchlaufen wir einen biologischen Erholungsprozess. Aber mit einer zu hohen Stress-Baseline ist er unerreichbar.

STRESS ODER REGENERATION

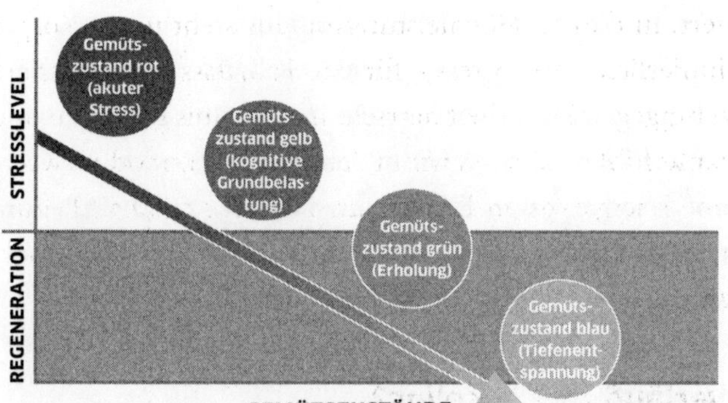

Das menschliche Nervensystem verfügt über eine enorme Bandbreite. Leider »steckt« es oft auf zu hohem Niveau fest. Unser Forschungsteam an der University of California, San

Francisco (UCSF), unter der Führung von Alexandra Crosswell, PhD, hat das Spektrum an möglichen »Gemütszuständen« in einer Grafik erfasst. Wir haben herausgefunden, dass der Zustand der Tiefenentspannung, den so viele von uns nicht erreichen, entscheidend für unsere Stressresilienz und unser Wohlbefinden ist.[4] Lassen Sie uns einen Blick auf die Grafik werfen und links oben beginnen:

Akuter Stress (Gemütszustand rot): Es passiert ein stressiges Ereignis, und wir schalten auf »Alarmstufe Rot«. Es wird eine akute körperliche Stressreaktion ausgelöst, für manche tun sich Katastrophenszenarien auf. Diese akute Stressreaktion *kann* gesund sein – wenn sie von kurzer Dauer ist. Gemütszustand rot bedeutet, dass die Bereitstellung von Energie Priorität hat – wir setzen massenhaft Glukose frei und sind bereit loszurennen.

Kognitive Belastung (Gemütszustand gelb): Auf diesem Erregungsniveau befinden wir uns an einem normalen Tag. Es ist niedriger als bei akutem Stress, daher gehen wir davon aus, dass dies der Zustand ist, in dem wir uns erholen, doch davon kann keine Rede sein. Unsere »kognitive Last«, also die Informationen, die unser Gehirn allesamt auf dem begrenzten Speicherplatz ablegen will, ist normalerweise ziemlich hoch. Mit Gemütszustand gelb verhält es sich so: Wenn wir mit der Arbeit fertig sind oder uns nichts Stressiges bevorsteht, können wir dennoch körperlich unter Stress leiden. Dieser ist noch allgegenwärtiger, wenn wir uns unserer stressigen Gedanken nicht bewusst sind. Forscher machen das unbewusste Gefühl, nicht sicher zu sein, für diesen hohen Erregungszustand verantwortlich. Dies trifft besonders dann zu, wenn wir uns einsam, unterlegen und diskriminiert fühlen oder unter Kindheitstraumata leiden, die uns erwarten lassen, dass unsere Umgebung nicht sicher ist.[5] Doch grundsätzlich kann jeder und jede von uns durch subtilen Stress, ausgelöst durch das unbewusste Gefühl der Unsicherheit, in diesen Zustand der chronischen, multisensorischen Überlastung geraten. Zusätzlich haben wir es oft mit mehreren Stimulationsquellen zu tun, darunter auch negative Informationen und Anforderungen, die via Bildschirm auf uns einprasseln. Mit dem uns allen so vertrauten Multitasking tun wir uns dann keinen Gefallen. Unsere normale Baseline, wie gestresst wir uns allgemein fühlen, entspricht dem Gemütszustand gelb, einem Stresslevel, der mit Entspannung nichts zu tun hat.

Erholung (Gemütszustand grün): Hierbei handelt es sich um den angenehmen Zustand der Entspannung, der eintreten kann, wenn wir passiv einer Freizeitbeschäftigung nachgehen oder unsere Aufmerksamkeit ganz und gar Aufgaben widmen, die wir genießen. Dies wird manchmal als »Flow« bezeichnet. Es ist auch ein Zustand, in dem man einfach *existiert*, ohne irgendwelche Aufgaben erledigen zu müssen. Man befindet sich vielmehr in einem aufnahmefähigen Modus, in dem man beispielsweise die Natur, schöne Dinge oder Kunst betrachtet. All diese Tätigkeiten haben die Gemeinsamkeit, dass wir Monotasking, nicht Multitasking betreiben und uns ruhig und sicher fühlen. Diese und einige andere Aktivitäten aktivieren erwiesenermaßen den Vagusnerv, der sich vom Stammhirn ausgehend in den Körper erstreckt.

Die Aktivierung des Vagusnervs unterstützt körperliche Entspannung, wobei sich mit der Zeit ein *vagaler Tonus* einstellt, der eine schnellere Erholung von Stress ermöglicht. Je öfter wir uns in einem Zustand der Erholung oder Tiefenentspannung befinden, desto besser trainieren wir unser Nervensystem darauf, in den Erholungsmodus zu gehen.

Tiefenentspannung (Gemütszustand blau): Es handelt sich um den Zustand tiefer Erholung, der erreicht wird, indem wir unsere Umgebung nicht stimulierend, sondern ruhig und sicher gestalten. In der Regel bedeutet das, dass wir uns körperlich zurückziehen und unseren Fokus entweder stark verengen oder unsere Gedanken frei schweifen lassen. Gemütszustand blau, wenn der psychische und physische Stresslevel im Körper am niedrigsten ist, stellt sich bei sehr entspannenden Aktivitäten ein, beispielsweise Body-Mind-Übungen oder Meditation, und ist meist von kurzer Dauer. In Gemütszustand blau findet echte körperliche Regeneration, etwa Zellregeneration, statt. Tiefschlaf, der erholsamste Zustand für unseren Körper, ist auch eine Phase der Tiefenentspannung.

Zusammenfassend kann man sagen, dass wir einen Großteil unseres Lebens in Gemütszustand rot und gelb verbringen. Selten befinden wir uns in Gemütszustand grün und noch seltener in Gemütszustand blau. In *Das 7-Tage-Rezept für weniger Stress* wird es unsere Mission sein, unsere Stress-Baseline an den Zustand echter Erholung anzunähern. Um gut mit Stress leben zu können, müssen wir unsere Baseline absenken.

Stressresistent werden

Wir wissen nun, dass Stress und Alterungsprozesse biologisch miteinander verbunden sind. Unter chronischem Stress laugt unser Körper schneller aus, wobei chronische Unsicherheit die allgegenwärtigste Form von chronischem Stress darstellt. Das Gegenmittel ist demnach: Wir müssen unsere Stressantwort auf Unsicherheit »ausschalten«. Wir müssen unsere Geisteshaltung verändern und Unsicherheit als die unser Leben bestimmende Grundbedingung akzeptieren, statt dagegen anzukämpfen oder uns durch sie bedroht zu fühlen.

Die Zeit in der arktischen Militärbasis stellte einen Wendepunkt in Bryans Leben dar. Ihm wurde klar, dass er über die meisten Dinge, die ihm Angst und Stress verursachten, keine Kontrolle hatte. Bei seiner Versetzung dorthin hatte er kein Mitspracherecht, und er musste bleiben. Auch wann er aufstand, was er aß oder was er mit seiner Zeit anstellte, lag außerhalb seines Einflussbereichs. Mitten in dieser gewaltigen Umbruchsituation, von unkontrollierbaren Kräften hin und her gezerrt, änderte er seine Blickweise. *Ich kann das auch anders sehen*. Mental gegen seine aktuelle Realität anzukämpfen, beraubte ihn der Möglichkeit, Freude zu verspüren. Während seine Kameraden unter quälender Angst litten, erkannte Bryan, dass es auch ein Geschenk war, keine Wahl zu haben. Mit einem Mal wurde ihm plötzlich eine erdrückende Bürde von den Schultern genommen.

Er begann sich auf die einfachen Annehmlichkeiten in seinem Tagesablauf zu fokussieren. Kleine Dinge gewannen mehr an Bedeutung, und er merkte, wie er sich seinen Mitmenschen tiefer verbunden fühlte. Wenn er seinen freien Tag in der nahgelegenen Stadt verbrachte, war es für ihn die reinste Freude, frei über seine Mahlzeiten bestimmen zu können, sich mit Unbekannten zu unterhalten oder sich ein Busticket zu kaufen. Er hatte keine Briefe mehr in die Heimat geschickt, da alles, was er geschrieben hatte, ungeniert gelesen und häufig zensiert worden war. Dennoch beschloss er, wieder mit dem Briefeschreiben zu beginnen und über Positives zu berichten, das nicht zensiert werden würde. Als er erst einmal danach Ausschau hielt, stellte er fest, dass sich trotz seiner extremen Situation mehr positive Dinge finden ließen als gedacht. Heute erinnert sich Bryan an diese Zeit als die, in der es ihm am besten gelang, Glück zu empfinden – die Freude, am Leben zu sein und es wertzuschätzen.

Zum Glück wurde Bryan nicht nach Afghanistan entsendet. Als seine zweijährige Ausbildung beendet war, konnte er nach Hause zurückkehren. Diese Erfahrung aber und wie ihm die Änderung seiner inneren Einstellung geholfen hatte, das Ganze durchzustehen, hat er nie vergessen.

Im ersten Jahr der Covid-19-Pandemie plagten Bryans Frau Yana Ängste, und sie machte sich große Sorgen: um ihr Altersheim (würden sich die Bewohner mit Covid infizieren?), um geliebte Menschen (würden ihre Söhne das Studium abbrechen?). Ihre Gedanken kamen nicht zur Ruhe, und sie war Meisterin darin, sich Katastrophenszenarien auszumalen. Bryan hingegen hatte mit der Unsicherheit und dem Mangel an Kontrolle kein Problem.

»Warum kaufst du Bohnen aus der Dose und Unmengen von Toilettenpapier?«, fragte er sie mit einem ungläubigen, aber liebevollen Lächeln.

Für Bryan ist es eine unerschütterliche Gewissheit, dass das

Leben von Ungewissheit geprägt ist und sich vieles unserer Kontrolle entzieht. Doch er weiß auch, dass er Herausforderungen meistern kann. Er weiß, wie er auch in stressigen, unsicheren Zeiten Glück und Erholung findet. Wenn er als junger Soldat in der bitterkalten Arktis gut leben, Spaß haben und Momente der Ruhe und Stille finden konnte, würde er es überall können.

Natürlich gibt es Ereignisse, die auch Bryan stressen, er ist schließlich kein Roboter! Die ungewisse Zukunft aber bereitet ihm kein Kopfzerbrechen.

Praktizierende Buddhisten wissen, dass ein zentraler Leitgedanke darin besteht, Unbeständigkeit zu akzeptieren. Als ich die Gelegenheit hatte, mit Seiner Heiligkeit, dem Dalai Lama, ein Interview über den Umgang mit Krisen zu führen, fragte ich ihn, wie wir uns trotz allgegenwärtiger Unsicherheit wohler in unserer Haut fühlen können. Seine Antwort kam prompt.

»Was Unsicherheit anbelangt, befinden sich nach buddhistischer Überzeugung die Dinge stets im Wandel, und die Zukunft ist unvorhersehbar. Einige der Probleme, mit denen wir es zu tun haben, entstehen auf natürliche Weise, doch viele unserer heutigen Probleme, wie der Klimawandel, sind selbst gemachte Probleme.« Anschließend erläuterte er, dass man mit Ungewissheit rechnen müsse und wir Herz und Verstand darin üben sollten, ruhig und warmherzig zu bleiben und einen klaren Kopf zu bewahren.[6]

Das ist der Grund, warum diese Woche unser großes Ziel darin besteht, das *Unerwartete zu erwarten*. Wir werden lernen, Stress zu bekämpfen, indem wir flexibel und offen sind und uns auf den gegenwärtigen Moment fokussieren.

Das Unerwartete zu erwarten, bedeutet eine Veränderung

unserer inneren Haltung, die es uns ermöglicht, dass wir uns okay fühlen, obwohl Dinge schiefgehen oder einfach nicht so laufen wie geplant. Sie erlaubt uns, mit der Ambivalenz und Ungewissheit des Lebens besser zurechtzukommen. Wenn wir das Unerwartete erwarten und es dann eintritt, zeigen wir keine überschießende und übermäßig lange Kampf-oder-Flucht-Reaktion. Das Herz schlägt uns nicht bis zum Hals. Unser Körper verkrampft nicht in Reaktion auf die »Bedrohung«. Forschungsdaten zeigen: Je besser wir Ungewissheit akzeptieren und uns mit ihr anfreunden können, desto unwahrscheinlicher ist es, dass wir in schweren Zeiten unter chronischem Stress, Angstzuständen, Depressionen oder einer posttraumatischen Belastungsstörung leiden. Außerdem werden wir resilienter gegen unberechenbare Stressoren wie etwa Pandemien oder Naturkatastrophen und erholen uns schneller von traumatisierenden Stressoren. Auf diese Weise können wir in die Welt gehen und unser Leben mehr genießen.

Jeder von uns hat eine andere Ausgangsbasis. Unsere Gene, Biografie und derzeitigen Lebensumstände formen unser »Stressprofil«. Unsere Gene und unsere Vergangenheit haben uns geprägt. Aber unsere Gehirne verfügen über neuronale Plastizität, also die bemerkenswerte Fähigkeit, neuronale Verbindungen zu bilden oder umzuorganisieren, wenn wir immer wieder neue Gedanken denken oder neue Tätigkeiten ausführen. Wir können unsere Erfahrung neu justieren und die Reaktion unseres Gehirns flexibler und gelassener werden lassen. Wir können Körper und Seele darauf trainieren, resilienter gegenüber Stress zu werden, damit wir ein längeres, gesünderes Leben führen können, solange wir auf dieser Welt sind.

ZUR BENUTZUNG DIESES BUCHS

AUF DIESEN SEITEN finden Sie alles kompakt zusammengefasst, was Sie in unsicheren Zeiten brauchen. Es gibt so vieles, was sich unserer Kontrolle entzieht. Doch was wir sehr gut kontrollieren können, ist die Art und Weise, wie wir reagieren, wenn das Leben eine unerwartete Wendung nimmt. Mit relativ simplen neuen Gewohnheiten können wir Körper und Seele darauf trainieren, die unvermeidbaren stressigen Zeiten im Leben auf eine positive Weise zu erleben, die sich sogar günstig auf unsere Gesundheit auswirkt.

Dieses Buch wird Ihnen vermitteln, wie Sie

- Ungewissheit annehmen,
- sich von den Dingen, die Sie nicht kontrollieren können, nicht belasten lassen,
- die Stressreaktion nutzen, um Herausforderungen besser zu meistern,
- Ihre Zellen trainieren, um »Stress besser zu verstoffwechseln«,
- in die Natur eintauchen, um Ihr Nervensystem neu einzustellen,
- Tiefenentspannung praktizieren,
- in Ihren vollen Terminkalender Glücksmomente integrieren.

All das wird uns mit den Ressourcen und der Resilienz ausstatten, um mit der Unsicherheit im Leben umzugehen – um die Wellen zu reiten, statt unter ihnen begraben zu werden.

Als im Herbst 2020 Buschfeuer in Kalifornien wüteten, kamen sie bedrohlich nahe an meinen Wohnort heran. Ich weiß noch, wie ich einen Notfallkoffer mit allem Wichtigen packte – er musste leicht und tragbar sein und der Inhalt aus wichtigen und sofort nutzbaren Dingen bestehen. Es war ein echter Notfallkoffer, doch was wir jetzt brauchen, ist ein Notfallkoffer im metaphorischen Sinn, mit echten Werkzeugen, um die Ungewissheit und den Stress, mit denen wir im Leben konfrontiert sind, gut zu meistern. Und genau das wird dieses Buch für Sie sein.

Es beinhaltet einen 7-Tage-Plan, um Ihre Beziehung zu Stress zu verändern. An jedem Tag werden Sie eine neue Fertigkeit lernen, ein Werkzeug, das Sie in Ihren metaphorischen Notfallkoffer packen und zukünftig benutzen können. Diese Übungen erfordern keine spezielle Ausrüstung und dauern höchstens fünf bis zehn Minuten. Kann man seinen Stresslevel in nur einem Tag verändern?

Ja.

Ein einziger Tag kann enorme Auswirkungen haben. Es ist eine Zeiteinheit, über die wir sehr viel Kontrolle haben. Der Tag ist eine Einheit, nach der wir unser Leben ausrichten. In ihr finden sowohl das Sorgenwälzen als auch Selbstfürsorge statt. In ihr bilden sich Muster und Routinen heraus, die über unser Wohlbefinden bestimmen. Mit nur kleinen Anpassungen können Sie die Art und Weise, wie Sie Ihr Leben empfinden, verändern.

Gehen Sie an dieses Buch und jede einzelne Übung mit

hundertprozentiger Selbstliebe, Flexibilität und der Bereitschaft, sich zu vergeben, heran. Sollte es Ihnen nicht möglich sein, dieses Buch innerhalb einer Woche zu lesen, dann machen Sie es einfach nicht. Wir wollen auf keinen Fall noch *mehr Stress verursachen*. Sie können ein Kapitel innerhalb eines Tages oder einer Woche lesen. Sie können Pausen einlegen und Übungen über einige Tage beliebig oft wiederholen, bis Sie weiterlesen. Sie können dieses Buch in genau der Geschwindigkeit durchgehen, die richtig für Sie ist. Ihre Aufgabe ist es, sich Gedanken darüber zu machen, wie Sie das alles so in Ihr arbeitsreiches Leben integrieren, dass es Ihnen Freude und nicht Stress bereitet. Wenn Sie zumindest eine der Übungen regelmäßig machen, wird das für Ihr Wohlbefinden einen riesigen Unterschied machen. Das ist ein Erfolg.

Nach unserem gemeinsamen Weg sind Sie hoffentlich mit einem beweglichen Geist, neuen Erkenntnissen über Ihre eigene Stressreaktion und unser Nervensystem sowie Werkzeugen gerüstet, die Ihnen helfen, diese zu managen, um ein glückliches, gesundes und langes Leben zu führen.

TAG 1

DINGE WERDEN SCHIEFGEHEN … UND DAS IST IN ORDNUNG

DIE STUDIE LIEF nicht gut.

Es war ein Jahr nach Beginn der Covid-19-Pandemie, und die Lebensbedingungen waren weltweit unvorhersehbar: Würde es einen weiteren Lockdown geben? Würden sich neue Virusvarianten ausbreiten? Würden die Schulen wie geplant öffnen? Auch in unserem Labor lief es nicht rund. Studienteilnehmer und Labormitarbeiter erkrankten und begaben sich in Quarantäne. Durch Lieferkettenprobleme fehlten uns plötzlich wichtige Ausrüstungsgegenstände, von denen vor der Pandemie die Schubladen und Schränke überquollen.

Ich weiß noch, wie ich ungläubig eine unserer Laborassistentinnen fragte: »Wir haben keine Pipettenspitzen mehr?« Ohne dieses simple Plastikteil waren selbst die einfachsten Arbeitsgänge nicht mehr möglich. Labore im ganzen Land standen wegen Lieferengpässen ohne Pipettenspitzen da.

Doch die Studien, die wir durchführten, standen unter besonders großem Zeitdruck: Mithilfe eines Zuschusses der National Institutes of Health (NIH) untersuchten wir pandemieinduzierte Depressionen und Impfungen gegen Covid-19.

Die Impfungen erwiesen sich als hochwirksam – dies waren hoffnungsvolle Neuigkeiten und sicherlich ein Grund, optimistisch zu sein. Doch wie sah es langfristig aus? Wie lange würden die Antikörper schützen? Welche Faktoren unterstützten oder hinderten den Körper daran, die Immunität gegen das Virus aufrechtzuerhalten? Von anderen Impfstoffen wissen wir, dass persönliche Gewohnheiten wie schlechter Schlaf, Rauchen und großer psychischer Stress unsere Immunantwort auf Impfungen verringern können. Es lag auf der Hand, dass sich die meisten von uns durch die Pandemie gestresst fühlten und sich dies eventuell in der Bildung weniger Antikörper niederschlug. Da es um die Herdenimmunität eines ganzen Planeten ging, wollten wir wissen: Kann seelisches Wohlbefinden, etwa im Alltag Glücksmomente zu erleben und die Sinnhaftigkeit des eigenen Lebens zu erkennen, uns vor Stress schützen und zu einer stärkeren Immunantwort führen?

In einer Studie wie dieser müssen wir mehr über das Leben und die Denkweise von Menschen herausfinden und wie viel Glück und Angst sie an einem typischen Tag erleben. Die Teilnehmer füllen täglich Fragebögen aus, die zeigen sollen, was sie als stressig empfanden und in welchem Maße sie gestresst waren. Was war das Stressigste, das Ihnen heute passiert ist? War es ein kleines Ärgernis, wie etwa der Verkehr, oder ein heftiger Streit mit Ihrem Partner? In Kombination mit den psychologischen Daten bilden die Antworten auf diese Fragen ein wertvolles individuelles Stressprofil einer jeden Testperson ab. Außerdem verstehen wir so besser, wie sich Erwartungen auf das Stressniveau auswirken. Eine der Fragen, die wir jedem Probanden stellen, ist: Wir vorhersehbar ist Ihr Tag?

Jeder wünscht sich Vorhersehbarkeit. Wir Menschen sind so

konzipiert. Wir ahnen gerne voraus, was in jedem einzelnen Moment geschieht, um unseren Tag und unser Jahr mit verlässlichen Orientierungspunkten zu versehen. Unsere Körper wollen, dass es genau zur Mittagessenszeit Mittagessen gibt. Wenn wir uns morgens auf den Weg machen, wollen unsere Gehirne, dass die Strecken zur Arbeit oder zur Schule denen vom vorherigen Tag entsprechen (und dass es keinen Stau gibt!). Wir fühlen uns sicherer, wenn unsere Umgebung so berechenbar wie möglich ist. Dann können wir uns bis zu einem gewissen Grad entspannen, auch wenn es andere stressige Ereignisse gibt.

Jeder von uns hat eine einzigartige Baseline als Ausgangspunkt – das ist der Stresslevel, in dessen Bereich wir uns an einem normalen Tag bewegen. Jeder Mensch hat eine andere Baseline: Manche sind sehr angespannt und wachsam. Bei einem unerwarteten Geräusch fahren sie zusammen, während andere Persönlichkeiten vergleichbar mit einem stillen See sind und sich nicht so schnell aus der Ruhe bringen lassen. Egal, wo unser Ausgangspunkt liegt, je niedriger wir unsere Stress-Baseline absenken können, desto besser – denn es bedeutet, dass wir Stressspitzen besser aushalten können.

Ist unsere Baseline aber schon hoch und die Dinge laufen nicht wie geplant – wenn also das Unerwartete über uns hereinbricht –, schnellt diese ohnehin schon hohe Baseline noch höher. *Binnen kürzester Zeit.*

Ich habe viele Bereiche meines persönlichen und beruflichen Lebens für diese Covid-Studie auf Eis gelegt. Sie erforderte all meine Zeit und mentalen Kapazitäten. Ich hatte eine Abwesenheitsnotiz verfasst, die andere schockte (*sorry, ich bin nicht erreichbar*), und nahm keine Anfragen mehr an, Vorträge zu halten. Aric, der Co-Direktor der Studie, und ich arbeiteten

Tag und Nacht an diesem Projekt, koordinierten die Laborassistenten, achteten darauf, dass alle administrativen Sicherheitsvorkehrungen eingehalten und die Papierarbeit erledigt wurden, arbeiteten Studienprotokolle aus und reagierten unmittelbar auf jede erdenkliche Krise. Mir lag der reibungslose und fristgerechte Ablauf der Studie für die NIH so sehr am Herzen, dass sich alles, was schieflief, wie ein Angriff anfühlte. Und es gab *ständig* Fehlschläge.

Wenn wir einen Studienteilnehmer einbestellen, um ihm Blut abzunehmen und seine Stressantwort zu messen, brauchen wir ein komplettes, gut koordiniertes Team, darunter eine Krankenschwester, eine Labortechnikerin und ein ganzes Rudel an Forscherinnen. Daher war es jedes Mal eine Katastrophe, wenn jemand absagte. Und es sagte fast täglich jemand ab. Es gab eine Woche, da konnten einige unserer Mitarbeiter nicht zur Arbeit kommen, weil die Buschfeuer, die an der Westküste wüteten, sie aus ihren Häusern verjagt hatten. Einige Tage später färbten die Buschfeuer in Kalifornien den Himmel in San Francisco in ein apokalyptisches Ziegelrot. Die Luftqualitätsmessgeräte zeigten dunkelrot, was den schlechtestmöglichen Messwert auf der Skala bedeutete. Hinzu kam … eine Hitzewelle. Aber wegen des dichten Rauchs konnten wir die Fenster nicht öffnen, um die Hitze zu mildern. An einigen Tagen mussten wir das Labor schließen und die Studie unterbrechen.

Ich war starr vor Angst, was als Nächstes passieren würde, immer in Habtachtstellung, wann das nächste Buschfeuer zuschlagen oder die nächste Sache misslingen würde. Dabei bin ich doch Stressforscherin. Ich erforsche Stress und seine Auswirkungen auf Gesundheit und Alterungsprozesse seit fast

30 Jahren. Ich wusste, dass durch Unsicherheit bedingter Stress, also genau die Stressart, unter der ich litt, eine der schädlichsten Formen von chronischem Stress ist, weil sie subtil, leise und tiefgreifend ist. Oft merken wir gar nicht, dass wir uns im Lauf der Monate und Jahre an ihn gewöhnt haben. In ausgesprochen unsicheren Zeiten passiert es besonders leicht, dass sich unsere Stress-Baseline auf ein höheres Niveau einpendelt. Wenn wir nichts dagegen unternehmen, geht diese Art von Stress nicht weg, sogar dann nicht, wenn wir uns ausruhen oder schlafen.

Der Preis der Wachsamkeit

Das menschliche Gehirn liebt Sicherheit. Sie erlaubt unserem Nervensystem zu entspannen. Wenn die Rahmenbedingungen berechenbar und stabil sind, haben wir mehr kognitive Kapazitäten frei, um nachzudenken, Probleme zu lösen und kreativ zu sein. Unsere mentalen Kräfte werden nicht durch Pläneschmieden, Überlegungen, Grübeleien oder das Ausmalen *möglicher* Horrorszenarien aufgezehrt. Doch die allgegenwärtige Unsicherheit der letzten Jahre ist zu einem maßgeblichen Bestimmungsfaktor in unserem Leben geworden, und unser Körper zahlt in biologischer Hinsicht einen hohen Preis dafür.

Wenn die Zukunft mit einem großen Fragezeichen versehen ist, sieht unsere körperliche Reaktion darauf in etwa so wie die unserer Vorfahren aus, wenn sie über ausgedehnte, offene Landschaften streiften: ausgeliefert, verletzlich und in hoher Alarmbereitschaft. Der Körper wechselt in den Bereitschaftsmodus, um jederzeit die Kampf-oder-Flucht-Reaktion auszulösen. Es vollziehen sich kaum merkliche Veränderungen: Die Herzfrequenz geht leicht nach oben, Muskeln spannen sich (manchmal kaum spürbar) an. Im Verborgenen leistet unser Körper in diesem Zustand vor dem Stress, in Lauerstellung auf das, was geschehen *könnte*, Arbeit. Körper und Seele sind nun in Alarmbereitschaft – sie halten nicht nur nach Gefahr Ausschau, sondern sie *erwarten* sie. Unsichtbarer, durch Ungewissheit bedingter Stress hat uns fest im Griff.

Es liegt auf der Hand, dass diese geistige Haltung in der Vorzeit, als es um Leben und Tod ging, sehr vorteilhaft war. Dass unsere Stressantwort als Reaktion auf unsichere, unklare Situationen leicht in die Höhe schnellte, rettete dem Homo sapiens unzählige Male das Leben und ist ein Grund, warum es unsere Spezies auf Erden noch gibt. Auch heute noch kann unsere Stressantwort auf sich schnell verändernde oder uneindeutige Situationen ein Segen sein, da wir dank ihr in der Lage sind, bei Bedarf einen Kickstart hinzulegen: Das vom Hypothalamus in den Blutkreislauf freigesetzte Cortisol sorgt dafür, dass Glukose für unseren Körper leichter verfügbar ist. Glukose ist eine Zuckerart, die in Energie umgewandelt wird. Wir wissen, was chronischer Erwartungsstress mit einer Zelle anrichten kann: In einer bahnbrechenden neuen Untersuchung erforschte mein Kollege Martin Picard von der Columbia University, welche Auswirkung es auf die Lebensdauer von Zellen hat, wenn sie dauerhaft Cortisol ausgesetzt sind. Die Zellen befanden sich in gewissem Sinn auf Alarmstufe Rot. Sie rechneten mit einer Bedrohung, und zwar die ganze Zeit. Ihr Stoffwechsel beschleunigte sich. In anderen Worten wechselten die Zellen in Hochleistungsbetrieb, was dazu führte, dass sich ihre Telomere rasend schnell verkürzten. Sie replizierten sich seltener und starben früher ab.[1]

Handelt es sich um eine kurzzeitige von Unsicherheit bestimmte Situation, wie etwa das Halten einer Rede, können Sie diesen mentalen und körperlichen Energieschub gut gebrauchen. Doch das Interessante und Problematische an Unsicherheit ist, dass sie allgegenwärtig ist. Sie beschränkt sich nicht auf ein paar wenige Momente in Ihrem Tag oder Ihrer Woche. Sie ist überall. Wie damals, als ich mich frage: *Was wird in meiner Studie als Nächstes schieflaufen?* Aber Unsicherheit geht noch weiter: *Was wird mir im Leben noch zustoßen? Was kann meinem Kind passieren? Wie geht es mit dem Land, der Wirtschaft, dem Planeten weiter?*

Außerdem ist Unsicherheit für uns nicht greifbar. Offensichtliche Stressoren sind ziemlich konkret, wie Warnflaggen. Wir können sie sehen, uns auf sie einstellen und uns im Nachhinein davon erholen (mehr dazu später). Unsicherheit hingegen ist subtil. Ohne uns bewusst dafür zu entscheiden, verwenden wir – und zwar wir alle – ein gewisses Maß an unbewusster Aufmerksamkeit darauf, nach Gefahren Ausschau zu halten, nicht nur wenn wir wach sind, sondern auch wenn wir schlafen. Wir befinden uns im neurobiologischen Zustand äußerster Alarmbereitschaft – und merken es noch nicht einmal. Wir befinden uns dann in Gemütszustand gelb.

Für unseren Körper herrschen ideale Bedingungen, wenn sich die Aktivitäten des sympathischen Nervensystems (Kampf oder Flucht) und des parasympathischen Nervensystems (Ruhe und Verdauung) im Gleichgewicht befinden. Doch durch Unsicherheit bedingter Stress sorgt dafür, dass der Aktivitätslevel des sympathischen Nervensystems ständig erhöht ist. Wir haben keine Gelegenheit, uns zu erholen. Mit einer inneren Haltung, die keinerlei Unsicherheit toleriert, sind wir chronisch gestresst.

Wir müssen unsere Unsicherheitstoleranz steigern

Unsicherheit wirkt sich nicht nur auf unsere Laune und unseren Stresslevel, sondern auch auf unsere Entscheidungen aus. In einer Studie wurden die Probanden gebeten, ein einfaches Computerspiel zu spielen. Abhängig von ihrem Erfolg bekamen sie leichte Stromschläge auf die Hand. Doch die Forscher manipulierten die Spielergebnisse. Manche Probanden erhielten keine Stromschläge, manche während 50 Prozent der Spielzeit, und die letzte Gruppe bekam den Elektroschock immer. Es stellte sich heraus, dass die Probanden, die den höchsten Grad an Unsicherheit empfanden – diejenigen, die den Stromschlag während *50 Prozent* der Spielzeit bekamen –, am stärksten unter psychischem Stress litten. Das sympathische Nervensystem (Kampf oder Flucht) war in Alarmbereitschaft, die Herzfrequenz erhöht, die Pupillen waren erweitert. Es waren nicht die Elektroschocks selbst, die den Stress befeuerten – es war die *Unsicherheit*. Interessanterweise erzielten die Testpersonen, die unter unsicheren Bedingungen spielten, die schlechtesten Spielergebnisse und brauchten länger, um eine Entscheidung zu treffen.[2]

In unserer Studie zu Stress und der Immunantwort auf Impfungen maßen wir die Unsicherheitstoleranz der Testpersonen, um feststellen zu können, wie sehr diese sich auf die Stressantwort während der Pandemie auswirkte. Es war wie vermutet: Personen mit einer geringeren Toleranz wiesen ein viel höheres pandemiebedingtes, posttraumatisches Stressniveau auf und litten stärker unter negativen Gedanken und Angstzuständen. Eine andere Studie zur Pandemie zeigte, dass Menschen mit einer geringeren Unsicherheitstoleranz mehr Hamsterkäufe

(Toilettenpapier, Konserven) tätigten.[3] Inzwischen wissen wir, dass eine größere Unsicherheitstoleranz uns weniger anfällig für psychische Erkrankungen macht – sie wird assoziiert mit einem selteneren Auftreten von Angststörungen und Depressionen. Menschen mit Angststörungen sind besonders von den Auswirkungen von Unsicherheit betroffen: Sie leiden oft unter kognitiven Verzerrungen. In einer mehrdeutigen Situation sehen sie Gefahr und zeigen eine heftige Reaktion wie im Bedrohungsfall.[4]

Wie vieles bewegt sich Unsicherheitstoleranz auf einem Spektrum – viele Menschen kommen auf der »freien Fläche« der Vieldeutigkeit sehr gut zurecht und verfügen über Nervensysteme, die einfach besser auf solche Bedingungen eingestellt sind, während andere zu kämpfen haben und viel reaktiver sind. Eine Vielzahl von Faktoren entscheidet über ihre Unsicherheitstoleranz, darunter Gene, Kindheit und Erfahrungen im Leben. Eine Studie mit Mäusen konnte zeigen, dass eine bestimmte Neuronengruppe im limbischen System in einer als unsicher wahrgenommenen Umgebung Angstverhalten verursacht.[5] Um Schutz zu suchen, bevorzugen Mäuse kleine, dunkle Räume und empfinden offene, freie Flächen von Natur aus als bedrohlich – was verständlich ist, da die Wahrscheinlichkeit, in freier Wildbahn von einem Fressfeind gepackt zu werden, auf diesen ziemlich hoch ist. Die Forscher fanden heraus, dass bei den Mäusen auf einer freien Fläche spezifische Neuronen in den Gehirnbereichen, die für Gedächtnis und Emotionen zuständig sind, aktiviert waren. Diese Neuronen »überwältigten« übergeordnete Prozesse wie Problemlösung und Denken und führten bei den Mäusen, die schnell in dunkle Ecken huschten, zu einem reflexartigen Vermeidungsverhalten. Als das Forschungsteam herausfand, wie sich diese »Angstneuronen« deaktivieren lassen, entspannten sich die Mäuse und begannen, die Freifläche zu erkunden.

Der springende Punkt ist nicht, dass nie ein gewisses Maß an gesunder, rationaler Vorsicht erforderlich ist – wenn wir bei jeder Maus die für Angst zuständigen Neuronen abschalten würden, würden sie zum Festschmaus für die Eulen. Der springende Punkt ist, dass es einen direkten Zusammenhang zwischen Unsicherheit, Angst, einer ausgeprägten Bedrohungsreaktion und letztendlich dem generellen Vermeiden unsicherer oder mehrdeutiger Situationen gibt. Menschen, die unsichere Erfahrungen tendenziell weniger gut tolerieren, leiden häufiger unter Angst und Stress. Im Extremfall zeigt das klinische Profil, dass Menschen, die keinerlei Risiko tolerieren (oft werten sie bereits Uneindeutigkeit als riskant), eine sogenannte generalisierte Angststörung entwickeln. Charakteristisch dafür ist, dass die Aufmerksamkeit ausschließlich darauf ausgerichtet ist, nach Gefahren zu scannen, man sich übermäßig viele Sorgen macht und die Störung mit spezifischen Angstsymptomen einhergeht (übermäßige Beunruhigung, das Vermeiden unbekannter Situationen, gesteigerte Körperspannung, Schreckreaktionen). Menschen mit generalisierter Angststörung rückversichern sich immer und immer wieder und vermeiden uneindeutige »Freiflächen«-Situationen. Wenn wir aber jegliche ungewisse Situation vermeiden, schotten wir uns von vielen Lebenserfahrungen und Möglichkeiten ab. Wir sind die Mäuse, das Leben ist die Eule.

Meine Freundin Cheryl ist eine wachsame Gefahrenscannerin. Ich bin ziemlich sicher, dass sie eine große Unsicherheitsintoleranz aufweist. Als unsere Kinder klein waren, schnappte sie bei unseren gemeinsamen Spaziergängen öfter plötzlich nach Luft und schrie: »Wo ist Debbie?« Debbie war niemals weit weg.

Ich kannte die Gründe für ihre ausgeprägte Schreckreaktion und stetige Alarmbereitschaft: Sie hatte in der Vergangenheit einige traumatische Erlebnisse erlitten und daher ein sehr dünnes Nervenkostüm. Heute, nachdem die schweren Zeiten, die sie durchgemacht hat, schon 20 Jahre zurückliegen, verfügt Cheryl immer noch über eine sehr sensible Alarmanlage, die auch dann anspringt, wenn es gar nicht nötig ist.

Unsere Kinder sind inzwischen erwachsen, aber wir gehen immer noch zusammen mit unseren Hunden spazieren. Cheryl hat auf ihrem Handy eine App namens *Citizen*. Kommt es irgendwo in der Stadt zu einem Vorfall, bekommt sie stets eine Meldung. Ihr Handy bimmelt, sie holt es raus und liest laut vor: »Drei Meilen entfernt, in Sherwood Court, hat es einen Einbruch gegeben.« Wir machen uns über ihre App lustig, aber irgendwann habe ich sie gefragt, warum sie sie überhaupt benutzt.

»Ich weiß, dass es eine doofe Angewohnheit ist und dass sie mich beunruhigt«, meinte sie, »aber sie gibt mir ein Gefühl der Kontrolle.«

Kontrolle kann gegen Stress helfen – im nächsten Kapitel werden wir darüber sprechen. Aber konstante Wachsamkeit hält uns in Gemütszustand gelb gefangen, einem Zustand mit erhöhtem Stresslevel jenseits jeglicher Entspannung. Eine bessere Strategie ist es, sich mit Unsicherheit anzufreunden – sein Nervensystem an die Realität, nicht alles wissen zu können, zu gewöhnen und es okay zu finden. Wenn wir gut darin sind, Unsicherheit auszuhalten, sind wir eher dazu bereit, anderen zu vertrauen und mit ihnen zusammenzuarbeiten.[6] Und egal, ob wir liberal oder konservativ sind, ist die Wahrscheinlichkeit geringer, dass wir starre, hochgradig polarisierte Meinungen vertreten (die eine Hauptquelle von Stress sind!).[7]

Letztendlich löschte Cheryl ihre Warn-App. Sie denkt, dass es die richtige Entscheidung war, da es ihr hilft, ein wenig Abstand von der konstanten Gefahrensuche zu nehmen. Wahrscheinlich fällt die Stressantwort von manchen von uns immer etwas stärker aus, und vermutlich werden wir das nicht radikal ändern können. Was wir anders machen können, ist, was wir *als Nächstes* tun. Egal, wo Sie sich auf dem Unsicherheitstoleranzspektrum befinden, Sie müssen eines wissen: *Sie können spürbare Veränderungen herbeiführen*. Sie können im Lauf Ihres Tages und Ihres Lebens gegenüber Unsicherheit toleranter werden.

Der Effekt der »Erwartungsverletzung« und wie man ihn bekämpft

Vivian und ihre erwachsene Tochter Alicia telefonieren jeden Tag miteinander. Obwohl sie an entgegengesetzten Enden der USA wohnen, Vivian in San Francisco und Alicia in New York, haben sie eine ziemlich enge Beziehung. Vivian findet es toll, dass sie und ihre Tochter es schaffen, ihren Kontakt trotz der großen räumlichen Entfernung so regelmäßig zu pflegen. Dadurch hat sie ein gutes Gespür dafür, wie Alicias Tage aussehen. Allerdings ist ihr etwas aufgefallen. Ihre Unterhaltungen enden häufig damit, dass Alicia sich darüber beschwert, dass irgendetwas am jeweiligen Tag nicht so gelaufen ist, wie sie es sich vorgestellt hatte. Vivian findet es auffallend, dass Alicia durch diese Vorkommnisse immer sehr gestresst ist – Probleme, bei einem Ausflug einen Parkplatz zu finden, scheinen Alicia genauso zu stressen wie die Vermutung eines Lehrers, dass ihr Kind an ADHS leiden könnte. Oft lässt sich Alicia darüber aus, wie gut die Dinge am Vortag gelaufen sind. Sie beendet ihre Ausführungen über schiefgelaufene Pläne stets mit ihrem Lieblingsspruch: »Es ist immer irgendwas!«

Vivian ist dann stets ein wenig ratlos. »Naja natürlich ist das so«, pflegt sie zu antworten. »Was bringt dich dazu, etwas anderes zu erwarten?«

Vivian wundert sich oft: Wie kann es sein, dass sie und ihre Tochter so unterschiedliche Mindsets haben? Gemäß ihrer Einstellung läuft das Leben nun einmal so. Es gibt keinen Anlass zu glauben, dass irgendetwas glattgeht. Als Kind zog sie mit ihrer Familie oft um und lernte, sich schnell anzupassen und das Beste aus einer Situation zu machen. Als ihre Tochter geboren wurde, wollte Vivian für mehr Stabilität sorgen. Sie ließ sogar die ein oder andere Karrierechance verstreichen, da dies die Entwurzelung ihrer Familie bedeutet hätte und sie sich für Alicia mehr Beständigkeit wünschte. Nun aber fragte sie sich, ob sie ihrer Tochter den Eindruck vermittelt hatte, dass die Welt kontrollier- und vorhersehbar ist und sich an die eigenen Pläne und Erwartungen anpassen lässt. Hatte sie, indem sie für Alicia die ein oder andere Schwierigkeit aus dem Weg geräumt hatte, darin versagt, sie für das *wirkliche* Leben stark zu machen? Vivian erwartete Umwege und Baustellen; Alicia erwartete ebene, gerade Wege, grüne Ampeln, ein ruhiges Meer, über das sie problemlos segeln konnte.

Vivian ist eine Freundin, keine Studienteilnehmerin. Ich habe sie niemals ins Labor bestellt, um ihr Blut abzunehmen, ihre Antworten in den Stressfragebögen durchzugehen oder mir ihre Zellen unter dem Mikroskop anzusehen. Doch ich frage mich, was ich herausgefunden hätte, wenn ich die ihren mit denen ihrer Tochter verglichen hätte. Gut möglich, dass sich die Lücke, was ihr biologisches Alter anbelangt, immer weiter schließt, obwohl der kalendarische Altersunterschied von 32 Jahren stabil bleibt. Bei Vivian, die den kleinen und großen Widrigkeiten des Lebens gelassen begegnet, scheint keine Stressantwort ausgelöst zu werden, wenn sie unerwartet einen Umweg machen muss. Alicia zeigt eine völlig andere physiologische Reaktion, wenn sie auf ein Schild mit »Durchfahrt verboten!« stößt. Ihr sympathisches Nervensystem legt einen Raketenstart hin, jederzeit bereit, die Bedrohung zu bekämpfen. Wenn das oft passiert – tagtäglich, ständig –, ist das nicht gut.

Wenn Dinge schiefgehen, löst das oft eine Stressreaktion bei uns aus. Im Buddhismus spricht man vom Problem mit dem zweiten Pfeil. Immer wenn uns etwas Schlimmes passiert, ist es, als würden uns zwei Pfeile treffen. Der erste Pfeil ist die schmerzhafte Sache, die uns widerfährt. Der zweite Pfeil ist unsere Reaktion darauf. In anderen Worten: Probleme (der erste Pfeil) sind unvermeidlich, doch Leiden (der zweite Pfeil) ist optional. Es passiert immer irgendetwas. Der erste Pfeil trifft jeden. Doch wenn wir *angesichts des Leids leiden*, schießen wir den zweiten Pfeil auf uns ab, und das ist dann doppelt bitter. Bei Alicia war dies wegen einer »Verletzung ihrer Erwartung« der Fall. Sie dachte, *Warum ich?*, während Vivian dachte: *Warum nicht ich?*

Wir stellen uns ständig vor, wie der Rest des Tages, der Woche oder sogar unseres Lebens verlaufen wird oder sollte. Das menschliche Gehirn ist unglaublich gut darin, sich mögliche Szenarien bildlich vorzustellen. Es kostet uns keine Mühe, und oft machen wir es unbewusst. Wir malen uns das Mittagessen aus: draußen, auf einer Parkbank in der Sonne. Wir malen uns das Meeting am Nachmittag aus und was wir sagen werden, wenn wir in die Enge getrieben werden. Wir machen uns eine Vorstellung von der Zukunft: dass wir den Job bekommen, für den wir uns beworben haben. Wenn diese Erwartungen dann enttäuscht werden, fühlt es sich oft so an, als hätte sich eine Tragödie ereignet. Als wären wir betrogen worden. Als wären wir ein Opfer. Aber man kann auch von der Zukunft träumen, ohne sich ständig in Gemütszustand rot zu befinden.

Schrauben Sie Ihre Erwartungen zurück

Zu Beginn der Covid-Studie hatte ich auf Basis vorheriger Studien ziemlich konkrete Vorstellungen davon, wie alles ablaufen würde: prall gefüllte Schränke mit allen nötigen Utensilien. Genügend Personal. Pünktlich erscheinende Probanden. Ich dachte über die Tatsache, dass ich diese Erwartungen hatte, überhaupt nicht nach – aber sie waren da, und immer, wenn sie zerschlagen wurden, fühlte ich mich *bedroht.* Bei jedem unerwarteten Vorfall hatte ich einen Adrenalinschub, mein Herz raste, während meine Gedanken um die Frage kreisten: *Was jetzt?*

Mein Kollege Aric, der die Studie zusammen mit mir leitete, gab mir den entscheidenden Gedankenanstoß. Nach einer anstrengenden Woche voller Pannen und Krisen brachte Folgendes das Fass zum Überlaufen: Eine Probandin hatte ihren Biosensor-Ring verloren ... weil ihr Haus abgebrannt war. Plötzlich zweifelte ich generell an der Studie. Ich dachte: *Diese*

Teilnehmerin hat gerade eines der traumatischsten Ereignisse durchgemacht, die es überhaupt gibt, und anderen wird es ähnlich ergehen. Wir hätten diese Studie niemals machen sollen! Wir sollten alle in den Unterkünften für die Evakuierten des Flächenbrands mithelfen. Ich war kurz davor, die Hände über dem Kopf zusammenzuschlagen und die Fördergelder zurückzugeben. Aric aber blieb ruhig und wies darauf hin, dass hinsichtlich des weiteren Verlaufs der Studie klar gewesen war, dass die Dinge schief- und nicht gut laufen würden. Warum also sollten wir plötzlich etwas anderes erwarten?

Er hatte recht. Angesichts pandemiebedingter Lieferschwierigkeiten, angeordneter Evakuierungen, Buschbränden, blockierter Straßen und Mitarbeitern und Studienteilnehmern, die wegen einer Covid-Infektion oder fehlender Kinderbetreuung Termine absagten, konnten wir nur noch mehr Widrigkeiten erwarten. Für den restlichen Verlauf der Studie wachte ich jeden Morgen auf und nahm eine offene innere Haltung an, egal, was der Tag bringen würde – auch wenn es eine weitere Krise war. Wenn etwas schieflief, zuckten wir lediglich mit den Schultern. »War ja klar«, sagten wir dann. Wir hatten einen Punkt erreicht, an dem wir Pannen erwarteten, und wenn sie eintraten, konnten wir damit umgehen. Wenn die Dinge zu unserer Überraschung glattgingen, waren wir dankbar dafür. Um es kurz zu machen: Ich hatte akzeptiert, dass jeder Tag von absoluter Unsicherheit geprägt war, und so war sie keine Bedrohung mehr für mich.

Wenn Sie heute damit beginnen, Ihre eigene Stressantwort zu verändern, liegt mir eine Sache besonders am Herzen: Sie sollten sich klarmachen, dass diese Woche Dinge schieflaufen werden und das okay ist. Mit »schief« meine ich nicht unbedingt »schlecht«. Ich meine damit, dass sie nicht wie erwartet laufen.

Starke Erwartungen sind schädlich für uns, egal, ob sie positiv (etwas, auf das wir uns freuen) oder negativ (etwas, vor dem uns graut) sind. Am besten dämpfen wir unsere Erwartungen, so gut wir können.

Eine gegenwartszentrierte Geisteshaltung ist eine flexible Geisteshaltung

Meine Yogalehrerin sagt: »Erwartungen verwehren uns die Möglichkeit, im gegenwärtigen Moment zu leben.« Das liegt daran, dass Sie nicht länger hier, in der Gegenwart sind, wenn Sie in die Zukunft blicken. Aber das *Hier und Jetzt* ist der einzige Ort, an dem Sie Sicherheit erfahren können.

Ich werde Ihnen nicht vorschreiben, niemals gewisse Erwartungen für Ihren Tag oder Ihr Leben zu hegen. Unsere Gehirne sind Maschinen, die Prognosen erstellen – wir machen es automatisch und die ganze Zeit. Es ist einfach nicht realistisch, unsere Erwartungen völlig aufzugeben. Wir müssen uns in unserer Vorstellung Dinge ausmalen und brauchen Träume. Unsere Erwartungen werden dann ein Problem, wenn wir zu starr an ihnen festhalten. Die Lösung besteht nicht darin, keine Erwartungen mehr zu haben, sondern wahrzunehmen, wenn sie sehr konkret sind, über sie zu lächeln und uns daran zu erinnern, uns nicht zu sehr an ihnen festzuklammern – und darauf vorbereitet zu sein, wenn sie sich zerschlagen.

Wenn wir als Stressforscher Methoden evaluieren, die Menschen dabei unterstützen sollen, besser mit Stress umzugehen, testen wir, wie sehr sich das Wohlbefinden der Personen verbessert und wie lange diese Verbesserung anhält. Wir haben herausgefunden, dass einige Techniken (bestimmte Atemübungen, Hochintensitäts- und Intervalltraining) effektiv sind, sich die positiven Effekte aber abschwächen, wenn man sie nicht regelmäßig praktiziert. Meditation und Achtsamkeitsübungen hingegen, die darauf basieren, sich in einer gegenwartszentrierten Geisteshaltung zu üben, haben längerfristige Effekte – selbst dann, wenn man nicht jeden Tag übt.

Meine Kollegen und ich führten eine Studie durch, für die wir Frauen auswählten, die noch nie zuvor meditiert hatten, und teilten sie in zwei Gruppen auf. Die Kontrollgruppe schickten wir in einen einwöchigen Urlaub in einem Luxus-Resort, wo die Frauen schwimmen, spazieren gehen und entspannen konnten. Auch die Frauen der anderen Gruppe verweilten in dem Resort – doch sie praktizierten täglich acht Stunden lang Mantra-Meditation, Yoga und Selbstreflexion. Was wir wissen wollten: Lindert eine lange, entspannende Auszeit Stress ebenso gut wie Übungen zur Kontemplation?

Alle Teilnehmerinnen hatten von dieser Woche profitiert – sie fühlten sich toll. Sie gaben an, dass sich ihre Vitalität enorm verbessert habe und sie eine Linderung von Stress und Depressionen feststellten. (Dass es dem menschlichen Nervensystem in einem wunderschönen Resort gut geht, egal, ob mit Meditation oder ohne, ist keine große Überraschung!) Doch als wir ein knappes Jahr später erneut eine Befragung durchführten, ließen sich mit Blick auf das Wohlbefinden Unterschiede zwischen den beiden Gruppen feststellen. Die Kontrollgruppe war wieder bei dem Stress- und Depressionslevel vor dem Urlaub gelandet – es war, als hätte diese Auszeit nie stattgefunden. Die Meditationsgruppe hingegen hatte sich ein Jahr später die geringeren Stress- und Depressionslevel bewahrt. Einige Frauen hatten die Übungen weitergemacht, doch damit ließen sich die positiven Ergebnisse in der gesamten Gruppe nicht vollständig erklären. Wir denken, dass selbst eine kurze Unterweisung in Meditation uns mit einem veränderten mentalen Filter ausstatten kann: Wir bekommen ein neues Bewusstsein dafür, wie unser Geist funktioniert, erlangen die Fähigkeit zu erkennen, dass Gedanken nur Gedanken sind – eher flüchtige Beobachtungen als echte Begebenheiten oder wahre Aussagen –, und nehmen ihnen damit die Macht, eine unnötige Stressantwort auszulösen. Diese Fähigkeit, unseren Geist zu beobachten, wird als *Metakognition* bezeichnet.

Meditation ist seit Langem Teil meines Stressmanagements. Zwar nehme ich mir nicht jeden Tag Zeit zum Meditieren, aber ich versuche, mich mindestens einmal im Jahr in ein Retreat einzubuchen, wo ich mich darin üben kann, im Moment verankert zu bleiben. Danach profitiere ich noch eine ganze Weile von den Nachwirkungen. Allerdings empfinde ich den Wechsel vom Zustand tiefer Entspannung zurück in meinen schnelllebigen, äußerst stressigen Alltag oftmals als unsanft und schrill. Einmal machte ich mich gerade von einem Retreat auf den Weg nach Hause. Ich setzte mich hinters Lenkrad, schnallte mich an, drehte den Zündschlüssel im Schloss und spürte, wie meine Gedanken wie der Motor meine Autos dröhnend ansprangen. Gerade erst hatte ich noch in mir geruht. Und von einem Moment auf den anderen war ich mittendrin im fieberhaften Planungsmodus: Ich fragte mich, wie der restliche Tag ablaufen sollte, dachte über anstehende Aufgaben nach und an die, die danach dran waren. Ich hatte schon fünf Punkte auf meiner To-do-Liste stehen, und das altbekannte

Rennen gegen die Zeit hatte begonnen. Mein Körper verkrampfte sich: *Was kommt als Nächstes?*

Ich schaltete den Motor ab und rief die Meditationslehrerin an, mit der ich gerade das Wochenende verbracht hatte.

»Mir ist gerade all das abhandengekommen, was wir das ganze Wochenende lang geübt haben«, jammerte ich. »Ich habe das Gefühl, dass sich in dem Moment, als ich abgereist bin, ein Hebel in meinem Gehirn umgelegt hat. Ich bin quasi wieder eine klassische Typ-A-Persönlichkeit.«

»Okay«, sagte sie. »Halte für einen Moment inne. Schau, was dein Körper macht. Lehnst du dich nach vorne?«

Genau das tat ich.

»Das ist es, was wir gedanklich machen«, erklärte sie, »wenn wir uns im Planungswirrwarr verstricken. Ich möchte, dass du dich jetzt körperlich zurücklehnst. Und dass du dich *geistig* zurücklehnst. Lass die Erfahrung auf dich wirken. Lass die Zeit sich Moment für Moment aufblättern und erlaube ihr, dir zu begegnen, wo auch immer dein Körper gerade ist. Unsere Körper können keine Zeitreisen unternehmen. Nutze deinen Körper, um dich im Hier und Jetzt zu verankern.«

Ich lehnte mich zurück und atmete ruhiger. Begeistert stellte ich fest, dass es half.

Wir verbringen so viel Zeit damit, vorauszudenken – wir versuchen, Pläne zu schmieden und jegliche Ungewissheit auszubügeln. Natürlich müssen wir die Logistik unseres Alltags durchdenken. Doch überschreiten wir nur allzu leicht die Grenze zwischen produktiver Planung und einem Leben im Hamsterrad, das uns auslaugt, uns die Laune verdirbt und unseren Körper in Alarmbereitschaft versetzt. An jenem Tag lernte ich, dass die Körperhaltung ein großartiges Gegenmittel ist.

Wenn wir uns nach vorne lehnen, befehlen wir unserem Geist, die Zukunft der Gegenwart vorzuziehen, wodurch wir radikal von unserem Körper abgeschnitten werden und kein Gefühl mehr dafür haben, wo wir sind. Indem wir uns zurücklehnen, bringen wir unseren Geist wieder zurück in unseren Körper. Jetzt, da wir im Hier und Jetzt verankert sind, können wir die Sicherheit dieses Moments erfahren.

»Aber wie steht es damit, sich auf potenzielle Probleme vorzubereiten?«, fragen Sie jetzt vielleicht. »Ist es nicht besser, einen Plan zu haben, wie man darauf reagiert?« Tja, selbst wenn – wie vermutet – etwas Negatives passiert, verschlimmern Sie Ihre Reaktion darauf, wenn Sie es den ganzen Tag schon vorausahnen. Eine Studie konnte zeigen, dass Menschen, die bevorstehende Stressoren antizipierten, mehr negative Emotionen hatten, so als wären es echte Stressoren. Das ist nicht wirklich überraschend. Später aber, wenn das Ereignis tatsächlich eintraf, waren diese Menschen nicht resilienter, als sie es ohne die ganzen mentalen Extrarunden gewesen wären – ihre Stressantwort war ebenso hoch wie bei Ereignissen, die sie nicht antizipiert hatten.[8] In anderen Worten: Ihre Sorgen halfen ihnen kein Stück weiter. In einer unserer eigenen Studien fanden wir heraus, dass Menschen unter chronischem Stress eine bevorstehende Aufgabe antizipierten und auf sie reagierten, noch bevor sie die Aufgabe bearbeiteten. Je früher das Cortisol bei den Personen in die Höhe schoss, desto höher war auch ihr oxidatives Stressniveau im Verlauf der darauffolgenden Stunde.[9]

Probleme vorauszuahnen ist nicht hilfreich. Es treibt unsere Stressantwort in die Höhe und macht negative Erfahrungen, für die wir uns eigentlich wappnen wollten, im Zuge eines herausfordernden Ereignisses wahrscheinlicher. Anstatt sich an feste Vorstellungen zu klammern, wie die Dinge laufen werden, sollten Sie eine innere Haltung gemäß dem Motto »Ich weiß nicht« annehmen – eine offene Denkweise, die sich durch Neugier, Bescheidenheit und Neutralität auszeichnet. Wenn Sie dieses »Ich weiß nicht« verinnerlichen, klammern Sie sich nicht länger an ein Ergebnis, geben das Katastrophennarrativ auf und öffnen sich für die große Bandbreite an möglichen Ergebnissen. Wenn Sie jemandem mit einem (ehrlich gemeinten, nicht höhnischen)»Ich weiß nicht« antworten, wird dies wahrscheinlich mit einem überraschten Lächeln beantwortet. Während der Studie im Jahr 2020 war diese »Ich weiß es nicht«-Haltung wie eine Rüstung für mich. Heute habe ich das Gefühl, auf die nächste Pandemie oder was auch immer kommen mag innerlich besser vorbereitet zu sein.

Heute werden Sie sich die Frage stellen: *Verspüre ich jetzt gerade Unsicherheit? Habe ich starre Vorstellungen von der Zukunft?* Dann werden Sie Abstand von Ihren Erwartungen nehmen und daran denken: Das Heute bietet eine breite Palette von Möglichkeiten.

Heute und vor jedem weiteren Übungsteil werden Sie dieses Bild einer Welle finden. Sie ist eine visuelle Erinnerung, sich zurückzulehnen, einen langen, tiefen Atemzug zu nehmen und bereit zu sein für eine neue Erfahrung.

Übung des Tages

MITBEKOMMEN UND LOSLASSEN

Fähigkeit für den Notfall:
Unsicherheit und Offenheit annehmen
Heute lernen wir, uns in unsicheren Momenten zu entspannen, anstatt uns schon im Vorfeld zu verkrampfen. Unsicherheit äußert sich häufig in körperlichem Stress: Wir verspüren Stress und negative Gefühle als körperliche Empfindungen und Verspannungen. Zum Glück können unsere körperlichen Empfindungen auch unsere Gefühle beeinflussen: Indem wir körperliche Spannungen abbauen, verändern wir unseren emotionalen Zustand.

Suchen Sie sich zunächst einen Sitzplatz, wenn Sie nicht schon sitzen. Im Idealfall ist er ruhig und bequem, aber Sie können diese Übung überall machen, sogar in der U-Bahn, im Bus oder am Schreibtisch in der Arbeit. (Verwenden Sie nach Möglichkeit Ohrstöpsel, um Ablenkung zu vermeiden, oder hören Sie ruhige Musik.) Dann folgen Sie der Anleitung unten.

- **Hören Sie auf Ihren Körper.** Schließen Sie Ihre Augen. Erden Sie sich: Nehmen Sie drei ruhige Atemzüge und atmen Sie tief in den Bauch. Nehmen Sie für einen Augenblick die körperlichen Empfindungen wahr, die Sie im Moment verspüren: wie sich der Stuhl, auf dem Sie sitzen, anfühlt und die Temperatur des Raums, in dem Sie sind.

- **Suchen Sie nach Stress im Körper.** Gehen Sie Ihren Körper etwa 60 Sekunden lang durch und verwenden Sie Ihre Aufmerksamkeit als Taschenlampe. Beginnen Sie beim Kopf, bis Sie allmählich unten bei Ihren Zehen angelangen. Stress befindet sich im Körper, doch bei jedem Menschen an unterschiedlichen Stellen. Nehmen Sie wahr, wo Sie Verspannungen haben – vielleicht im Nacken, im unteren Rücken oder in den Schultern? Lösen Sie sie auf. Öffnen Sie Ihre Hände, wenn Sie sie zu Fäusten geballt haben. Sollten Sie Ihre Schultern angespannt haben, rollen Sie sie locker nach hinten. Atmen Sie in alle engen oder schweren Körperbereiche – dort sitzt Ihre Unsicherheit.
- Stellen Sie sich folgende Fragen:
  - Was geht Ihnen mit Blick auf den nächsten Tag, die nächste Woche oder Ihre Zukunft im Allgemeinen gerade durch den Kopf?
  - Was verursacht am meisten Unsicherheit bei Ihnen?
  - Welche Erwartungen haben Sie an zukünftige Geschehnisse?
- **Lassen Sie Ihre Erwartungen los**. Nehmen Sie Ihre sehr konkreten Vorstellungen wahr, wie die Dinge laufen sollten, und sehen Sie sie als das, was sie sind: eine Möglichkeit und nicht etwas, das sicher eintritt. Wischen Sie vor Ihrem inneren Auge das Whiteboard des Tages oder der Woche sauber. Denken Sie daran, dass alles passieren kann, auch unerwartet positive Dinge. Unsicherheit ist willkommen. Jetzt, da Sie sie benannt haben, lächeln Sie darüber. Atmen Sie in sie

hinein. Das ist das Unbekannte, das Unvorhersehbare und das Geheimnis, das sich mit der Zeit entfalten wird.

- **Zu guter Letzt: Lehnen Sie sich zurück.** Lehnen Sie sich körperlich in Ihrem Stuhl zurück. Je tiefer Sie sich zurücklehnen, desto empfänglicher, entspannter und offener sind Sie für das Kommende. Lehnen Sie sich entspannt zurück und bringen Sie Ihre mentale Haltung mit Ihrer gelassenen Körperhaltung in Einklang. Lassen Sie die Erfahrung sich entfalten und Moment für Moment auf Sie wirken. Genießen Sie die Sicherheit *dieses* Moments. In diesem Moment sind Sie sicher. Sie können sich entspannen.

Zusatzübung

Durch Unsicherheit verursachter Stress schleicht sich gerne unbemerkt ein. Fangen Sie ihn ab, bevor er sich im Tagesverlauf in Ihrem Körper festsetzt.

- **Legen Sie heute drei Zeitpunkte fest, an denen Sie Stress im Körper angehen:** Stellen Sie sich auf Ihrem Handy einen Timer, der Sie an diese drei Termine erinnert. Wählen Sie einen angenehmen Signal- oder Klingelton.
- **Wenn der Timer losgeht:** Unterbrechen Sie, was Sie gerade tun, und lächeln Sie. Jetzt ist es Zeit, in Ihren Körper hineinzuhorchen! Suchen Sie sich einen Sitzplatz und wiederholen Sie die vorherige Übung: Was verursacht Ihnen momentan Unsicherheit? Scannen

Sie Ihren Körper nach Stress und Verspannungen durch und lösen Sie sie auf.

- **Immer, wenn Sie heute merken, dass Sie sich verkrampfen:** Wahrscheinlich handelt es sich um unbewussten Stress. Sie können ihn sich bewusst machen, indem Sie ihn benennen. Dann lösen Sie ihn auf. Schließen Sie Ihre Augen, lehnen Sie sich zurück und konzentrieren Sie sich auf Ihre Atmung. Heißen Sie das angenehme, warme Gefühl willkommen, dass Sie für diesen Moment ganz offen sind. Denken Sie daran, dass die Ungewissheit alles Zukünftigen (selbst das, was in fünf Minuten sein wird!) eine unumstößliche Gegebenheit ist. Sie können sich immer, wenn Sie wollen, mit dem gegenwärtigen Moment verbinden und die Sicherheit und das Gefühl der inneren Ruhe dieses Moments genießen – *genau jetzt.*

Troubleshooting

Manchmal können wir einfach nicht damit aufhören, uns über irgendetwas Sorgen zu machen. Die Kontrolle abzugeben ist schwer, daher ist es zunächst einmal wichtig, dass Sie nicht zu hart mit sich ins Gericht gehen. Menschen mit frühkindlichen Traumata entwickeln mit der Zeit starre Denkgewohnheiten, die es ihnen schwermachen, sich sicher zu fühlen und zu spüren, was es heißt »loszulassen«. Wenn Sie merken, dass Sie das Gedankenkarussell nicht abstellen können, versuchen Sie es damit:

1. *Nehmen Sie eine realistische Einschätzung vor, wie groß das Risiko ist.*

Falls Sie sich über etwas Sorgen machen, das vielleicht eintreten könnte, wägen Sie ab: Was passiert im schlimmsten Fall? Wie groß ist die Wahrscheinlichkeit, dass es wirklich eintritt? Alles im Leben ist mit gewissen Risiken behaftet, aber oft sind diese sehr gering. Richten Sie Ihren Blick darauf, was *wahrscheinlich* ist, nicht darauf, was *möglich* ist.

Für Menschen mit tiefen Ängsten (oft auch als generalisierte Angststörung bezeichnet) können chronische Sorgen lähmend sein. Strategien aus der kognitiven Verhaltenstherapie können helfen, die Sorgen zu mildern, um wieder aktiver am Leben teilzunehmen. Versuchen Sie, kleine Unsicherheits-Experimente durchzuführen: Wählen Sie ein Problem (zum Beispiel, sich soziale Kontakte zu wünschen, aber Angst zu haben, auf eine Party zu gehen) und treffen Sie eine Vorhersage (wenn ich zur Party gehe, werde ich niemanden haben, mit dem ich reden kann; ich werde die ganze Zeit alleine herumsitzen). Würden Sie diese Erfahrung überleben? Ja, mit großer Wahrscheinlichkeit. Machen Sie das Experiment und schreiben Sie auf, was passiert. Sie haben Ihren Unsicherheits-Muskel spielen lassen. Wiederholen Sie es und kräftigen Sie ihn. Dadurch gewinnen Sie noch mehr genaue Daten, wie oft das eintritt, was Ihnen die größte Angst bereitet. (Viel seltener als gedacht!)

2. Schmieden Sie einen Plan … und legen Sie ihn beiseite. Der Drang, Pläne zu machen, ist manchmal ein Zeichen für das Bedürfnis, sich mental einzustellen, um sich später vorbereitet und entspannt zu fühlen. Legen Sie los und tun Sie es. Aber dann stoppen Sie – planen Sie gedanklich nicht immer weiter! Sollten Sie sich tatsächlich in einer stressigen Situation befinden, ist es wichtig, ganz im Moment zu sein. Nur so können Sie die Situation realistisch einschätzen (und nicht so, wie Sie sie sich vorgestellt haben) und effektiv handeln. Eine gegenwartszentrierte Geisteshaltung ist eine flexible, resiliente Geisteshaltung: Machen Sie für eine Situation konkrete Pläne, aber dann legen Sie Ihre Liste beiseite. So können Sie im Hier und Jetzt sein.

Ich persönlich bin dabei, ein starkes Kontrollbedürfnis zu bekämpfen, und habe es mir als Teil meines Abendrituals zur Gewohnheit gemacht, eine To-do-Liste zu schreiben und diese dann wegzulegen. Auf diese Weise verschwende ich nicht wertvollen Schlaf damit, meine Liste durchzugehen oder zu erweitern in dem Versuch, die Zukunft zu kontrollieren.

3. Wenn es das Weltgeschehen ist, das Ihnen nahegeht … Sie sind keine Insel und leben auch in keiner Blase. Die Welt ist zu einem sehr unsicheren Ort geworden, und was in ihr geschieht, hat Auswirkungen auf unser Leben. Heute konsumieren wir alle jede Menge Nachrichten. Während der letzten Wahl wollte ich minutenaktuell wissen, was vor sich ging. Ständig checkte ich die Nachrichtenportale. Ich war erschöpft, schlief aber trotzdem schlecht. Manchmal schaute ich mitten in der Nacht nach, ob es Neuigkeiten gab!

Übermäßiger Medienkonsum – besonders während Katastrophen – ist tatsächlich eine Hauptursache für posttraumatische Stresssymptome.[10]

Es ist ein gut erforschtes Phänomen: Wenn wir während Krisen Nachrichten schauen, fühlen wir uns schlechter, nicht besser. Eine nach den Terroranschlägen am 11. September 2001 durchgeführte Studie konnte zeigen, dass die Menschen mit dem größten Medienkonsum, besonders dem Konsum von visuellen Darstellungen, bis zu drei Jahre danach stärkere Angstsymptome und gesundheitliche Probleme entwickelten.[11] In einer immer enger vernetzten Welt haben die meisten von uns rund um die Uhr Zugang zu Nachrichten. Doch die evidenzbasierte Wahrheit ist, dass wir dies nicht nutzen sollten. Kontinuierliches Nachrichten-Checken hilft nicht gegen das Gefühl allgemeiner Unsicherheit.

Stellen Sie sich die Frage: Hilft es mir, wenn ich jetzt die Nachrichten checke, oder kann es warten? Der Nachrichtenstrom reißt nie ab. Es gibt immer etwas, das Sie nachschauen können. Aber in Wahrheit ist es eher selten der Fall, dass wir Nachrichten in Echtzeit brauchen. Sollten Sie den Drang verspüren, etwas zu überprüfen, sagen Sie sich selbst: *Später. Die Nachrichten werden auch später noch da sein.*

TAG 2

KONTROLLIEREN SIE, WAS SIE KÖNNEN, UND LASSEN SIE ALLES ANDERE BEISEITE

JANE WAR GERADE 45 Jahre alt geworden. Bereits seit ihren Teenagerzeiten litt die Eventmanagerin an Depressionen, doch nun hatte sie ein akuter Schub völlig aus der Bahn geworfen. Normalerweise wusste sie, wie sie einen solchen Schub in den Griff bekam: mit Therapie und Medikamenten. Doch dieses Mal hatte sie nicht schnell genug reagiert. Ehe sie bemerkte, dass sie Hilfe brauchte, hatte sie der Sog schon nach unten gezogen. Jane hatte mittlerweile ihren Job in einem hochklassigen Restaurant verloren und dadurch kein regelmäßiges Einkommen mehr. Die Stadt, in der sie lebte, war teuer. Sie hatte immer von Monat zu Monat gelebt und keine Rücklagen gebildet.

Sie zog zu ihrer Mutter, eine Stunde vom Stadtzentrum entfernt, die ein freies Zimmer für sie hatte. Es sollte eine Übergangslösung sein, bis Jane wieder auf die Beine kam. Sie fand einen neuen Job als Eventmanagerin, aber es war nur eine Teilzeitanstellung im Bereich Firmencatering. Für Jane war es ein Rückschritt in ihrer Karriere. Die Rechnungen häuften sich, und sie war dauergestresst, weil sie kein Geld zur Seite legen konnte. Wie sollte sie jemals wieder ausziehen können?

Dann geschah das Undenkbare: Ihre Mutter erlitt einen Schlaganfall. Die Ergebnisse einer MRT-Untersuchung im Krankenhaus waren nicht besonders ermutigend. Die Ärzte meinten, dass sich mit Physiotherapie einige ihrer funktionellen Beeinträchtigungen verbessern ließen, während andere dauerhaft bleiben würden. Im Bruchteil einer Sekunde war Janes leistungsfähige, relativ junge Mutter außer Gefecht gesetzt worden.

Einige Monate später: Der Gesundheitszustand von Janes Mutter hat sich deutlich verbessert – tatsächlich sogar stärker, als von den Ärzten vermutet. Mithilfe eines Rollators kann sie herumgehen. Ihre Sprache ist wieder ziemlich klar, auch zu ihrem bissigen Humor hat sie zurückgefunden, und sie geht wieder den meisten Dingen nach, die ihr auch vor dem Schlaganfall Freude bereitet haben. Doch sie hat eine Lähmung in ihrem rechten Arm und Bein. Sie kann nicht für sich selbst kochen, und Jane fürchtet, dass ihre Mutter stürzen könnte, während sie bei der Arbeit ist. Externe Hilfe aber lehnt Janes Mutter ab, und Jane denkt, nicht mehr ausziehen zu können – zumindest nicht, solange sich der Zustand ihrer Mutter nicht weiter verbessert hat. Allerdings lassen sie die Ärzte darüber im Ungewissen, wie wahrscheinlich dies ist und ob es überhaupt noch Verbesserungen geben wird. Unterdessen kriegt Jane bei ihrer Arbeit Panik wegen Dingen, die sie zuvor kaltgelassen hatten: fehlendes Silberbesteck unmittelbar vor einem Event, ein Abrechnungsfehler. Manchmal hat sie das Gefühl, dass ihr das Herz den ganzen Tag in die Hosentasche rutscht. Sie hat den Eindruck, nichts mehr unter Kontrolle zu haben.

Das Gefühl der Kontrolle ist mit Blick auf das Steigen und

Sinken des Stresslevels einer der entscheidenden Faktoren. Wir *lieben* Kontrolle. Wie wir im vorangegangenen Kapitel erfahren haben, wünscht sich das menschliche Gehirn Vorhersehbarkeit. Wir wollen unsere Zukunft kennen. Aber nicht nur, dass wir sie *kennen* wollen, nein, wir möchten soweit überhaupt möglich über unsere Zukunft bestimmen. Das Gefühl, »alles unter Kontrolle« zu haben, kann Stress reduzieren, besonders toxischen, chronischen Stress. Man hat zwar immer noch stressige Erlebnisse, doch wenn man denkt, über seinen Tag bestimmen zu können, ist man besser dafür gerüstet, eine gesunde Peak-and-Recovery-Stressreaktion mit einer raschen Rückkehr zur Baseline zu haben, von der sowohl Körper als auch Seele *profitieren*. Menschen aber, die meinen, in Hinblick auf ihren Tagesablauf, ihren Job und andere wichtige Lebensumstände keinerlei Mitspracherecht zu haben, können auf denselben Stressortyp gegenteilig reagieren: mit einer Stressantwort als Reaktion auf eine Bedrohung, die sich aber nicht auflöst; einem durch Unsicherheit und Machtlosigkeit bedingten, chronischen Stresszustand.

Ein hohes Maß an gefühlter Kontrolle wird mit Glück, Gesundheit und Wohlstand assoziiert.[1] Das Gefühl, unser Leben unter Kontrolle zu haben, hilft uns, unsere Emotionen zu regulieren und resilienter zu sein. Menschen mit einem höheren Kontrollempfinden weisen beispielsweise eine geringere emotionale Reaktivität auf stressige Ereignisse bei der Arbeit, zu Hause oder in ihrem sozialen Umfeld auf.[2] Nach einem stressigen Vorfall verspüren Personen mit einem hohen Kontrollempfinden nicht nur weniger Angst, sondern haben auch weniger körperliche Symptome wie Kopfschmerzen, Magenbeschwerden oder andere Schmerzen. Je mehr Kontrolle ein

Mensch über sein Leben zu haben glaubt, desto öfter und intensiver hat er positive Gefühle und desto weniger häufig und intensiv verspürt er negative Gefühle. Ein Gefühl der Kontrolle verbessert unsere emotionale Stabilität. Und hier noch eine gute Nachricht an alle Rentner: Besonders ältere Menschen sind durch ihr Kontrollgefühl vor den negativen Auswirkungen von großem Stress geschützt – diese Aussage erwies sich sogar während der Covid-Pandemie als richtig.[3]

Aber mit der Kontrolle ist es so eine Sache. Ja, hohes Kontrollempfinden kann uns ein Gefühl der Macht anstatt der Machtlosigkeit verleihen und Ängste, Sorgen und Stress lindern. Doch wenn wir versuchen, das Unkontrollierbare zu kontrollieren, passiert das Gegenteil.

Kontrolle: Ein zweischneidiges Schwert

Um mit Stress umgehen zu können, müssen wir, wann immer möglich, ein echtes Gefühl der Kontrolle haben, aber auch *wissen*, was außerhalb unseres Einflussbereichs liegt. Unsere natürliche Antwort auf die Unsicherheit des Lebens ist, mehr Kontrolle auszuüben, um die Welt berechenbarer und somit »sicherer« zu machen. Wenn wir das Gefühl haben, dass die Dinge uns entgleiten, packen wir instinktiv noch fester zu. Aber der Versuch, unbeeinflussbare Situationen unserem Willen zu unterwerfen, führt nur zu konstantem und somit chronischem Stress.

Eine interessante Studie mit Schimpansen zeigt dies sehr deutlich, und auch für Menschen lassen sich daraus Lehren ziehen – wir sind in vielerlei Hinsicht wie Schimpansen in Kleidern, da wir ebenfalls hochsoziale Wesen sind und soziale Hierarchisierungen auch unsere Gesundheit beeinflussen.

Schimpansen sind Menschenaffen, die in stark hierarchisch organisierten Gesellschaften leben, in denen dominante Männchen alles, von den Interaktionen rangniedrigerer Tiere bis zum Zugang zu den Ressourcen, kontrollieren. Dominante männliche und weibliche Schimpansen profitieren von ihrem Status und der Möglichkeit, ihre Umgebung zu kontrollieren: Ihr allgemeiner Gesundheitszustand ist besser, und sie haben tendenziell weniger Herz-Kreislauf-Erkrankungen.[4]

Werden die hierarchischen Strukturen für die Männchen instabil, ändern sich die Dinge allerdings. Soziale Hierarchien bei Schimpansen können durch Todesfälle, extreme Wetterereignisse, Umweltveränderungen, Konflikte mit anderen Gruppen oder innerhalb der Gruppe gestört werden. Leben ehemalige Alphamännchen nicht mehr in ihrer gewohnten, stabilen, berechenbaren Umgebung – etwa durch den Transfer in ein neues Gehege mit neuen sozialen Gruppen, wo sie sich erst behaupten müssen –, lösen sich ihre physiologischen Vorteile zusammen mit ihrer Machtstellung in Luft auf. Sie entwickeln mehr Herz-Kreislauf-Erkrankungen als rangniedrigere Affen. Doch das Problem besteht nicht nur darin, dass sie keine Kontrolle mehr haben. Es liegt daran, dass sie weiterhin versuchen, Kontrolle auszuüben. Dies entspricht ihrer Veranlagung, aber es ist, als wollten sie mit dem Kopf durch die Wand. Und sie zahlen einen hohen Preis: Sie schütten mehr Stresshormone aus und haben mehr Krankheiten.[5]

Kontrolle ist eine tolle Sache, wenn man sie hat. Doch wenn man sie anstrebt und nicht erlangt, leidet man. Kontrolle ist ein zweischneidiges Schwert: Sie kann in einem stabilen, berechenbaren Umfeld als Taktik fungieren, aber nur dann. Wie im vorherigen Kapitel erläutert, kann sich »Berechenbarkeit« von einem Moment auf den anderen zerschlagen. Wir genießen ein berechenbares Umfeld – bis wir es, warum auch immer, nicht mehr haben.

Krankheit stellt in unserer modernen Welt einen der tiefsten Einschnitte dar. Sollten Sie jemals einen schwerkranken, geliebten Menschen gepflegt haben, haben Sie sich angesichts seiner Erkrankung wahrscheinlich hilflos gefühlt. Im Lauf meiner Karriere habe ich mich intensiv mit Pflegepersonen beschäftigt. In meinen Stressstudien galt mein besonderes Interesse dem Empfinden von Pflegepersonen, weil es in ihrem Leben so viele Faktoren gibt, über die sie keine Kontrolle haben. Für unsere Studien zu den Themen Stress und Gesundheit warben wir pflegende Angehörige an (im Gegensatz zu Berufspflegern), da ihr unkontrollierbarer und unerbittlicher Stress sich über die Jahre aufbaut und gesundheitliche Folgen haben kann. Meine Kollegin Janice Kiecolt-Glaser und ihr verstorbener Ehemann Ron Glaser führten zu diesem Thema mustergültige Untersuchungen durch, die beispielsweise zeigen, dass die Wunden von Pflegepersonen langsamer heilen und es bis zur vollständigen Ausheilung neun Tage länger dauert.[6]

Nachdem ich mich in meiner Forschung jahrelang mit pflegenden Angehörigen beschäftigt habe und selbst eine Pflegeperson war, weiß ich, dass das Thema Kontrolle eine große Rolle spielt. Menschen, die sich um Familienmitglieder mit psychischen Erkrankungen kümmern, haben es besonders schwer: Sie leben unter Bedingungen, in denen ihre Amygdala alarmiert wird, der Bereich des Gehirns, der für Gefühle wie das der Überforderung, Überlastung oder Ausweglosigkeit zuständig ist. Die Kosten für die Pflege sowie Einkommenseinbußen und eine geringere Produktivität haben Auswirkungen auf ihre finanzielle Situation. Pflegepersonen leiden häufiger an Depressionen und Angststörungen und nehmen öfter medizinische Dienste in Anspruch.[7] Daher müssen sie sich, um zu überleben, auf das wenige konzentrieren, das sie kontrollieren können, um ihre Stressresilienz zu steigern.

Die Frage »Was kann ich kontrollieren?« ist für Pflegepersonen eine sehr wichtige. Man will sich für seine geliebten Angehörigen einsetzen. Man will, dass sie Unterstützung und medizinische Hilfe erhalten, damit es ihnen gut geht. Zugleich kann man an der Tatsache, dass jemand nicht gesund ist oder eine Erbkrankheit hat, nichts ändern. Auch der Krankheitsverlauf lässt sich nicht vorhersagen. Jede Diagnose macht die Zukunft (die der kranken Person und die Ihre) ungewiss. Die Herausforderung für pflegende Angehörige in dieser Situation ist es, zu lernen, Hilfe zu leisten, ohne Kontrolle anzustreben – herauszufinden, wo sie ihre Liebe und Energie in konkrete Taten oder Recherche investieren können, ohne sich vergeblich abzumühen, Berge zu versetzen, die sich nicht versetzen lassen.

Es handelt sich um einen Prozess, in dem man sich ständig mental neu einstellt und der sich nicht auf die Pflege kranker Menschen oder Elternschaft beschränkt. Er trifft auch auf die Pflege von Suchtkranken zu, ebenfalls etwas, das sich unserer Kontrolle entzieht, oder Tätigkeiten, die ein großes Engagement voraussetzen, wie etwa Berufe im Aktivismus, in der Medizin oder im Sozialwesen. In jeder Situation, in der uns das Ergebnis sehr am Herzen liegt, lassen wir uns nur allzu leicht dazu hinreißen, einen langwierigen Kampf gegen Kontrollverlust anzuzetteln. Allzu oft ist es ein Kampf, der sich nicht gewinnen lässt: Während man es nicht schafft, die angestrebte Kontrolle zu erlangen, leidet die eigene Gesundheit.

Was wir in diesen Lebenssituationen lernen müssen, ist, unsere Lebensumstände in zwei Bereiche aufzuteilen: was wir kontrollieren können und was nicht. Lange Zeit hatte ich an meinem Kühlschrank einen Spruch des Dalai Lama hängen:

> Wenn ein Problem lösbar ist, wenn du in einer Situation etwas tun kannst, dann besteht kein Anlass zur Sorge. Wenn etwas nicht lösbar ist, dann hilft es nicht, sich Sorgen zu machen.

Heute werden wir daran arbeiten: Kontrollieren Sie, was Sie kontrollieren können, und lassen Sie den Rest beiseite.

Sich deutlicher bewusst zu machten, wo Ihre mentale Energie hinfließt, ist etwas, das Ihnen eventuell sofort weiterhilft. Sie haben eine begrenzte geistige Bandbreite, und Ihre Aufmerksamkeit ist eine wertvolle, limitierte Ressource. Nehmen Sie wahr, wenn Sie viel Zeit darauf verwenden, etwas, das noch nicht passiert ist, vorauszuahnen oder über bereits Geschehenes nachzugrübeln. Wenn es etwas gibt, das Ihre mentalen Kapazitäten auffrisst, sollten Sie sich fragen: *Handelt es sich um etwas, das ich kontrollieren kann?*

Erinnern Sie sich noch an meinen Freund Bryan, den wir zu Beginn des Buchs kennengelernt haben? Dieser Moment der Erkenntnis – als er einsah, dass er gegen das Unkontrollierbare ankämpfte – war entscheidend für ihn. Er akzeptierte das, was er nicht beeinflussen konnte, konzentrierte sich auf das wenige, das er kontrollieren konnte, und gewann dadurch ein überwältigendes Freiheitsgefühl. Dieser Moment der Erkenntnis verwandelte sich in eine Art von Resilienz, die sein allgemeines Wohlbefinden und seine Glücksfähigkeit verbesserte. Indem er sich auf die kleinen Dinge in seinem Alltag fokussierte, die er kontrollieren konnte, eröffnete sich ihm die Welt der Sinne, wodurch er das Leben auf eine neue Art in vollen Zügen genießen konnte. Er fühlte sich ganz und gar lebendig und wusste es zu schätzen. Er ging mit seinen Mitmenschen tiefere Bindungen ein und hatte das Gefühl, ihre Emotionen besser nachvollziehen zu können. Dieses Gefühl der Glückseligkeit dauerte mehrere Monate an, und Bryan hat nie vergessen, wie es sich anfühlte. Es scheint paradox, dass es eine der Phasen in seinem Leben war, in denen er am wenigsten Stress hatte. Wir können daraus etwas lernen. Würden wir uns auf die Dinge fokussieren, die wir kontrollieren können, und alles andere akzeptieren – wie würden unsere Tage dann aussehen?

Machen Sie Inventur

Oft arbeiten wir uns an Dingen ab, über die wir, wenn überhaupt, nur sehr wenig Kontrolle haben: das Verhalten oder die Diagnose eines Kindes. Wie ein Mitmensch über uns denkt oder uns behandelt. Probleme, mit denen ein geliebter Mensch zu kämpfen hat. Wahlergebnisse. Oder Naturereignisse: Feuersbrünste, Überflutungen, extreme Wetterereignisse, Pandemien. Wir investieren viel Energie in Situationen, die wir nicht verändern können. Beim Versuch, das Unkontrollierbare unter Kontrolle zu bringen, zeigt unser Körper eine »Sofortmaßnahmen«-Stressantwort, die uns nicht weiterbringt, aber unsere Stress-Baseline dauerhaft erhöht.

Deswegen teilen wir heute die Dinge, die Sie am meisten stressen, in zwei Bereiche auf:

1. Das, was ich ändern kann.
2. Das, was ich nicht ändern kann.

Im vorherigen Kapitel ging es um die Vagheit von Stress, der durch Unsicherheit entsteht: wie er so allgegenwärtig wird, dass wir gar nicht mehr merken, dass er unsere Ressourcen auffrisst – sowohl unsere körperlichen als auch unsere mentalen. Wir haben am Mitbekommen und Loslassen gearbeitet: daran, unsere stressigen Momente abzupassen und den Stress loszulassen. Darauf wollen wir nun aufbauen und die Stressoren in Ihrem Leben unter die Lupe nehmen.

Stressoren schauen für jeden von uns anders aus. Jeder sieht die Welt durch eine einzigartige Brille, geformt durch die Vergangenheit, Gene und vieles mehr. Der eine empfindet das Pendeln zur Arbeit als stressig, während der andere diese Zeit für sich alleine genießt. **Nehmen Sie sich einen Moment und folgen Sie den Anweisungen für die Stress-Inventur im Kasten unten.**

Stress-Inventur

Nehmen Sie Stift und Papier zur Hand (oder besser noch ein Notizbuch, um den Überblick zu behalten) und schreiben Sie alles auf, was Ihnen Druck, Stress, Wut oder Unsicherheit verursacht. Denken Sie an Ihre Tagesroutine, Beziehungen und Ihren Job. Gehen Sie so umfassend und detailliert wie möglich vor. Eine wichtige Anmerkung: Denken Sie momentan nicht über Lösungen nach. Ihre Aufgabe ist es lediglich, jeden Stressor, der Ihnen einfällt, aufzuschreiben.

Wenn Sie mit Ihrer Inventur fertig sind, schauen Sie sich Ihre Liste an. Als Erstes werden wir prüfen, ob es etwas gibt, das Sie streichen können, ähnlich, wie man Äste zurückschneidet. Was wir alle von Zeit zu Zeit machen sollten, ist, auf unsere Liste mit Stressoren zu schauen und zu überlegen: *Brauche ich das noch?* Etwas niederzuschreiben und dann Nein zu sagen, ist eine Möglichkeit, Kontrolle auszuüben.

Merzen Sie Stress aus

Das Gefühl des Kontrollverlusts haben wir dann, wenn wir alle Bälle zugleich in der Luft halten wollen. Manchmal ist es das Richtige, ein paar von ihnen fallen zu lassen. Die häufigste Antwort, die ich auf diesen Ratschlag zu hören bekomme, ist, dass keiner der Bälle auf den Boden fallen darf. Alles ist notwendig. Alles ist entscheidend. Menschen hängen davon ab. Aber es ist äußerst wichtig, dass wir diese Glaubenssätze hinterfragen.

Ich biete mehrmals im Jahr Achtsamkeits-Retreats für die Allgemeinheit an. Meine Lieblingsbeschäftigung ist es, wissenschaftliche Erkenntnisse aus der Body-Mind-Medizin in konkrete, praktisch umsetzbare Tipps zu übersetzen, und bei den Retreats leite ich diese Übungen an. Nachdem ich die absehbare Antwort bekommen habe, dass sich an der Stress-Liste nichts abändern lässt, bitte ich die jeweilige Person, nochmals tief in sich zu gehen und sich zu fragen, ob das wirklich stimmt. Die Realität ist, dass man einfach nicht alles machen kann. Sie müssen etwas aufgeben. Machen Sie eine Bestandsaufnahme dessen, was Sie mit sich herumtragen: Gibt es etwas, das Sie zumindest eine Zeit lang ablegen können? Gibt es etwas, das Sie vollständig loslassen können?

Es ist nicht immer leicht, die Dinge zu erkennen, von denen man sich trennen oder zumindest eine Pause gönnen kann. Sie haben sich eine bestimmte Sache zur Aufgabe gemacht, und das aus gutem Grund. Vielleicht hat es mit Ihrem Job oder Ihrer Familie zu tun. Sie haben das Gefühl, keine Wahl zu haben. Doch manchmal müssen wir rauszoomen und unseren Blickwinkel erweitern, um uns diese schweren Fragen zu stellen:

Kann ich die Löschtaste drücken?

Wie viel Bedeutung hat eine bestimmte Aktivität langfristig?

Wer sagt, dass sie notwendig ist, und stimmt das wirklich? Wessen Stimme höre ich?

Was würde passieren, wenn ich mich aus dieser Situation oder Verantwortung herausziehen würde? Oder wenn ich die Aufgabe an jemand anderen delegieren würde?

Besteht die Möglichkeit, sie allmählich zu reduzieren?

Was passiert im schlimmsten Fall? Könnte ich damit leben?

Welche Vorteile hätte das Ganze?

Für viele Menschen sind die beruflichen Verpflichtungen am problematischsten. Man fühlt sich gezwungen, Verantwortung zu übernehmen, weil man sich Anerkennung oder eine Beförderung wünscht, weil man unter Druck steht, ein Teamplayer sein will oder Angst hat, seinen Job zu verlieren. Aber wenn man überlastet ist, ist es besonders wichtig, sich zu überlegen, wie man Anfragen höflich ablehnen und klare Grenzen setzen kann. Das Setzen von Grenzen kann bei der Arbeit auch als

Zeichen der Stärke gesehen werden: Kollegen werden Ihre Zeit vielleicht mehr respektieren und Ihnen weniger aufbürden. Bei der Arbeit Nein sagen zu können, ist eine unglaublich wertvolle Fähigkeit. Natürlich ist jede Arbeitsumgebung anders. Es gibt Arbeitskulturen, in denen ein Nein – egal, wie liebenswürdig es formuliert sein mag – leider nicht vorgesehen ist. Sollten Sie in einem Arbeitsbereich tätig sein, in dem ein Nein nicht toleriert wird, lohnt es sich herauszufinden, ob Sie in anderen Unternehmen oder Branchen gesündere Arbeitsbedingungen vorfinden.

Ein idealer Arbeitsplatz verbessert unser Wohlbefinden. In Wirklichkeit sind in vielen Arbeitskulturen die Voraussetzungen für einen Burn-out fest verankert – in diesem Fall beeinträchtigt die Arbeit unsere Gesundheit. Es sind Jobanforderungen gepaart mit unzureichenden Ressourcen oder Unterbesetzung, die zu Burn-out führen, nicht unser persönliches Versagen.

Burn-out ist eine äußerst schädliche Form von chronischem Stress, der durch konstante, jahrelange Beanspruchung ohne Zeit für Erholung entsteht. Dies führt zu einer toxischen und zyklisch verlaufenden Triade: emotionaler Erschöpfung, Zynismus und dem Gefühl, ineffektiv zu sein und unzureichende Leistungen zu erbringen. Man kommt kaum noch durch den Tag. Es kann zu Störungen des Schlaf- und Hormonrhythmus kommen. Der Cortisolspiegel kann entweder zu hoch oder in manchen Fällen zu niedrig sein.[8] Die einzige Lösung besteht darin, Ihre Copingstrategie und Ihre Arbeitsbedingungen zu verändern oder, wenn eine Verbesserung der Arbeitsbedingungen nicht möglich ist, den Job zu kündigen. Dr. Christina Maslach, die Pionierin auf dem Gebiet der Burn-out-Forschung, hat entscheidende Faktoren identifiziert, die vor Burn-out schützen:

unterstützende Kollegen, ein gewisses Maß an Kontrolle über Entscheidungen und Arbeitsbelastung, Wertschätzung und Anerkennung für die geleistete Arbeit, das Gefühl, dass es fair und gerecht zugeht und die eigene Arbeit sinnvoll ist.[9] Ich habe erkannt, dass es für ein gutes Leben entscheidend ist, den täglichen Zeitdruck zu reduzieren und vom Gaspedal zu gehen – mehr Momente zu erleben, in denen wir unseren Körper im Hier und Jetzt wahrnehmen, Dankbarkeit und Erholung zulassen und Mitmenschen ganzheitlich und nicht als Teil eines Arbeitsvorgangs sehen. Ständiger Zeitdruck ist schuld daran, dass unsere Tage weniger gut verlaufen. Sich zwischen zwei Tätigkeiten einige Minuten zu nehmen, um ein paar Mal bewusst zu atmen, sich auf das nächste Meeting einzustellen und sich positive Vorsätze zu vergegenwärtigen, kann schon helfen.

Auch soziale Verpflichtungen sind schwierig. Wir wollen uns für die wichtigen Menschen in unserem Leben einsetzen. Doch oft gehen wir in einer Flut sozialer Verpflichtungen unter, die uns mehr belasten als erfüllen. Ja, Gemeinschaft ist sehr wichtig. Menschen mit starken sozialen Netzwerken reagieren weniger stark auf Stress. Aber ein starkes soziales Netz bedeutet nicht unbedingt ein großes soziales Netz. Studien und Erhebungen haben gezeigt, dass wir mit zunehmendem Alter unser soziales Netz verkleinern, weil wir nicht mehr bereit sind, in unbefriedigende Beziehungen zu investieren, die erhebliche Nachteile mit sich bringen. Wir könnten uns also die Frage stellen: *Warum damit warten, mein soziales Netzwerk zu verkleinern, damit es positiver und unterstützender wird? Warum nicht jetzt schon ausschließlich auf positive Beziehungen setzen?*

Damit fordere ich Sie aber ganz sicher nicht auf, Freunde fallenzulassen, die eine schwere Zeit durchmachen. Beziehungen kippen manchmal in die eine oder andere Richtung. Es gibt Zeiten, da stützen Sie sich auf jemanden, und später ist es vielleicht genau andersherum. Keine Beziehung ist auf Dauer perfekt ausbalanciert. Wenn Sie Ihr Leben unter die Lupe nehmen, um zu sehen, wo Sie Druck und Verantwortung abbauen können, sollten Sie langfristig denken. Dies wird Ihnen helfen, sich wieder auf die wichtigen Dinge im Leben zu konzentrieren, in die Sie Zeit und Energie investieren wollen. Diese Perspektive wird es Ihnen erleichtern, Stressoren zu »eliminieren«, die momentan Ihre Tage zumüllen.

Denken Sie einmal so: Einiges davon zu streichen, *schenkt* Ihnen *wieder* Zeit für geliebte Menschen, die Sie ansonsten nicht hätten.

Viele von uns, vor allem diejenigen, die soziale Medien nutzen, leiden unter FOMO – der Angst, etwas zu verpassen. Wir sagen Ja, weil wir nichts verpassen wollen. Wir wollen überall dabei sein. Wir wollen Teil der Gruppe sein, um mitzuhalten. Aber all diese Dinge, zu denen Sie sich gedrängt fühlen, sind nicht unbedingt Dinge, die Ihre sozialen Bindungen aufrechterhalten – nicht, wenn Sie sich überlastet und zerbrechlich fühlen. Manchmal ist es für Ihr Wohlbefinden, Ihre Beziehungen und Ihre Fähigkeit, mit dem Stress in Ihrem Leben umzugehen, das Beste, Nein zu sagen.

Vereinfachen Sie Ihren Tag

Genau zu diesem Thema konnten wir aus der Covid-19-Pandemie eine interessante Lehre ziehen. Als es im März 2020 zu Lockdowns kam, waren wir alle gezwungen, uns von der Welt zurückzuziehen, und zwar auf die wohl abrupteste und extremste Weise, die wir je erlebt hatten. Für viele war der Arbeitsplatz plötzlich weit weg. Ihre sozialen Netzwerke schlossen sich und umfassten nur noch die Mitglieder ihres Haushalts oder sogar nur sie selbst. Ein Freund sagte mir in jenem Jahr in einer Zoom-Sitzung: »Ich habe seit sechs Monaten keinen anderen Menschen mehr berührt.« Als dann die Möglichkeit bestand, sich impfen zu lassen, und es nicht mehr nötig war, streng Abstand zu halten, konnten es die meisten von uns kaum erwarten, wieder in die Welt hinauszugehen und »zur Normalität zurückzukehren«. Dennoch war damals ein interessantes Phänomen zu beobachten. Viele zögerten, einfach da weiterzumachen, wo sie aufgehört hatten. Die Menschen hielten inne. Manches, das sie vor der Pandemie als »notwendig« betrachtet hatten, war im Grunde gar nicht so dringend erforderlich. Sich wieder mit der Welt auseinanderzusetzen, barg die Möglichkeit, die verschiedenen Aspekte unseres Lebens neu zu bewerten und uns die Frage zu stellen: *Brauche ich das wirklich? Braucht es mich?* Meine Zeit und Aufmerksamkeit sind begrenzt – will ich sie dieser Sache widmen?

Wahrscheinlich wollten wir alle nicht mehr so viel wie zuvor um die Ohren haben. Vielleicht wollten wir, dass unsere Auseinandersetzung mit der Welt mehr im Einklang mit unseren Werten und den Dingen, für die wir brannten, war. Plötzlich war da die Möglichkeit, sich zu fragen: *Wie soll mein Leben aussehen? Und passt dieser ganze Krempel zu meiner Vorstellung?*

Es braucht keine Pandemie, um unser Leben durchzugehen und diese Art von »Bestandsaufnahme« etwas häufiger zu machen. Oft sehen wir gar keinen Anlass, unser Leben mit etwas mehr Abstand zu betrachten – bis irgendetwas Bedeutendes passiert. Manchmal ist es ein runder Geburtstag in der

Lebensmitte. Oder etwas Trauriges, wie der Verlust eines geliebten Menschen. Was auch immer der Auslöser ist, er katapultiert uns aus der engen Perspektive, die wir notgedrungen einnehmen, um mit viel Fleiß und Disziplin alles auf die Reihe zu kriegen. Doch im Lauf der Zeit kann es passieren, dass wir unbemerkt von unserem »Weg« abkommen. Heben wir nicht immer wieder den Kopf, um uns einen Überblick zu verschaffen, kann es passieren, dass wir plötzlich meilenweit von dem entfernt sind, was wir ursprünglich angesteuert haben. Immer wenn wir zu irgendetwas Ja sagen, bleibt uns vielleicht weniger Zeit für die Dinge, die uns wirklich wichtig sind. Können Sie Ihre Zeit mit Blick auf Ihren Wochenplan vielleicht besser investieren?

Ich rede hier über große Themen, und heute ist natürlich nur ein einziger Tag. Sie werden heute nicht Ihr ganzes Leben umkrempeln – keine Sorge! Bei der Erforschung von Stress werfen wir einen Blick darauf, unter welchen Rahmenbedingungen Menschen ihr Leben führen, auf allgemeine Faktoren, die Stress vergrößern, beispielsweise wenig Kontrolle am Arbeitsplatz oder Verantwortlichkeiten im Pflegebereich, die die Kapazitäten des Pflegenden massiv überschreiten. Wir schauen uns auch stressreduzierende Faktoren an, wie etwa eine optimistische Weltsicht oder das Gefühl, ein sinnerfülltes Leben zu führen. Wir interessieren uns für tägliche Gewohnheiten, die Bausteine unserer Gesundheit. Die Auswirkungen unserer Alltagsroutinen summieren sich auf und verstärken sich im Lauf der Zeit. Unser Leben setzt sich aus unseren Gewohnheiten, Routinen und Tagesplänen zusammen. »Nächsten Monat gebe ich eine Aufgabe ab« ist leicht gesagt, aber schieben Sie es nicht auf. Die Autorin Annie Dillard bringt es so auf den Punkt: »Wie wir unsere Tage verbringen, so verbringen wir unser

Leben. Was wir mit dieser oder jener Stunde anfangen, ist das, was wir tun.«[10]

Um herauszufinden, ob Sie Ihren Stress reduzieren können, indem Sie einen Punkt (oder mehrere) von Ihrer Liste streichen, sollten Sie sich mit Blick auf Ihren heutigen Tag und die nächste Woche die Frage stellen: *Ist all das, was ich tue, darauf ausgerichtet, was mir wirklich wichtig ist im Leben?* Wenn Sie sich diese Frage beantworten, bekommen Sie Klarheit darüber, was bleiben muss (obwohl es Stress verursacht) und was Sie streichen können.

Was ist wirklich wichtig?

Eine sehr effektive Methode, um herauszufinden, was gestrichen werden kann und worin man seine Energie stecken sollte, ist, sein Leben *vom eigenen Tod her aufzurollen*.

Martica Hall, eine Freundin und Kollegin, hatte die Diagnose bekommen, unheilbar an Krebs erkrankt zu sein. Kürzlich trommelte sie alle Menschen zu einer Telefonkonferenz zusammen, die wichtig in ihrem Leben und ihrer Karriere waren – Freunde, Forschungskollegen, ehemalige Studenten –, um sich zu verabschieden. Sie befand sich damals in einem Hospiz, und man hatte ihr gesagt, dass sie höchstwahrscheinlich nicht mehr lange zu leben hatte. Es war ein Schock, und wir alle rangen angesichts der Plötzlichkeit um Fassung. Ich war nervös, ehe ich mich zuschaltete, doch als die Konferenz startete, verflog meine Angst. Letztlich verbrachten wir eine Stunde voller Unbeschwertheit und Gelächter, in der wir unsere Wertschätzung für Tica zum Ausdruck brachten, Erinnerungen aufleben ließen und aussprachen, welchen Einfluss sie auf unser aller

Leben hatte. Doch am eindrucksvollsten fand ich, dass alles, was sie sagte, die Vermutung nahelegte, dass sie es genauso gemacht hat, wie man es sich wünscht: das Leben voll auszukosten, ohne irgendetwas zu bereuen.

»Ich bereue nicht, dass ich mein Leben der Forschung gewidmet habe«, sagte Tica. »Meine Arbeit war mir wichtig. Es wäre schön, wenn Studenten sich mit Blick auf mein Leben denken würden: *Ich kann etwas Sinnvolles machen, wenn auch nur für kurze Zeit*. Ich hatte ein erfülltes Leben.«

Tica hatte mit den gleichen täglichen Herausforderungen zu kämpfen wie wir alle: dem Spagat zwischen Arbeit und Familie und der Zerrissenheit zwischen Verpflichtungen und dem, wofür unser Herz brennt. Doch als sie Lebensbilanz zog, stellte sie fest, dass sie ihre Werte und ihre Leidenschaft so gut wie möglich ausgelebt hatte. Ich merkte, dass auch ich das von mir behaupten wollte.

Kürzlich erreichte mich eine tolle Neuigkeit. Ticas Ärztin hatte bei ihrer Behandlung beharrlich neue Medikamente ausprobiert, und nun ging es Tica besser! Doch mit einer Diagnose wie ihrer weiß man, dass der Zeitpunkt, um irgendetwas an seinem Leben zu verändern, jetzt sofort ist. Als sie uns alle einweihte, gab sie uns ein großzügiges Geschenk mit auf den Weg: Sie forderte uns sanft dazu auf, unser Leben genauer zu betrachten und uns aus übergeordneter Perspektive zu fragen: *Koste ich mein Leben voll und ganz aus? Wo möchte ich meine Energie hineinstecken, und was kann ich loslassen?*

Zuvor beschrieb ich, wie wir mit zunehmendem Alter positiver denken und unsere Beziehungen positiver werden. Doch das ist keine Frage des Alters. Es geht vielmehr um unsere Zeitwahrnehmung. Je weniger Zeit wir noch zu haben meinen, desto eher streben wir Ziele an, die emotional von Bedeutung sind, wie etwa, anderen zu helfen.[11] Anders gesagt, verbringen wir unsere Zeit mit Dingen, die uns wirklich wichtig sind, wenn wir davon ausgehen, nicht mehr lange zu leben. Dieses Phänomen wird als *spirituelle Eile* bezeichnet und ist ein Geschenk, das wir in unseren Notfallkoffer packen können. Spirituelle Eile zu verspüren, kann uns zu einem Freiheitsgefühl verhelfen: Widmen Sie sich gleich den Zielen, die für Sie von Bedeutung sind. Leben Sie jetzt, als wäre es Ihr letztes Jahr.

Prioritäteninventur

Wenn Sie nur noch ein Jahr zu leben hätten, wie würden Sie dann Ihre Zeit verbringen wollen?
Mit wem würden Sie sie verbringen?
Wie würde ein perfekter Tag aussehen?

Uns diese Fragen zu stellen, hilft dabei, unsere persönlichen Werte zu ermitteln. Es hilft uns zu erkennen, wo unsere Prioritäten liegen, diese mit unserem Alltag in Einklang zu bringen und, wenn möglich, all das loszuwerden, was sich nicht mit unseren Prioritäten deckt.

Zuvor habe ich Sie darum gebeten, die Stressoren in Ihrem Leben aufzulisten. Dazu können auch Menschen gehören, die Sie stressen. Jetzt richten Sie Ihren Fokus auf Menschen, die Ihr Leben bereichern: Wer macht Sie glücklich und gibt Ihnen das Gefühl, geliebt zu werden und etwas Besonderes zu sein? Denken Sie an all die Menschen, die Ihr Leben bereichern, und wie

Sie sich mehr Zeit für sie nehmen könnten. Vielleicht versuchen Sie zunächst einmal, diese Menschen öfter zu treffen und zu sprechen.

Es liegt nicht in unserer Hand, wie lange wir auf dieser Welt sind. Aber wir können uns anpassen und mehr im *Jetzt* leben, so, als wäre es unser letztes Jahr – um unsere Werte und Prioritäten auszuleben. Später werde ich darauf zu sprechen kommen, dass sich Stress am besten abmildern lässt, indem man ein sinnerfülltes und bedeutungsvolles Leben führt.

Sicher, einiges, das sich nicht mit unseren Werten oder Prioritäten deckt, steht trotzdem nicht zur Debatte – Verantwortlichkeiten, die wir nicht abgeben können, beispielsweise bestimmte Aufgaben im Job oder im Bereich der Fürsorge. Wie gehen wir mit den Dingen um, die wir nicht ändern können?

Die Dinge, die man nicht ändern kann

Lassen Sie uns zu Jane zurückkehren. Sie befand sich in einer Situation, die besonders stark von Unsicherheit geprägt war (es war weder klar, wie sich der Gesundheitszustand ihrer Mutter noch wie sich ihre berufliche Zukunft entwickeln würde), und bemühte sich verständlicherweise um ein gewisses Maß an Kontrolle über ihre Lebensbedingungen. Alles hatte sich so plötzlich verändert. Manchmal wälzte Jane bis spät in der Nacht Fachzeitschriften, um mehr über Neuroplastizität zu erfahren. Sie hatte das Gefühl, mit den richtigen Informationen die Uhr zurückdrehen zu können, damit ihre Mutter wieder so würde wie zuvor. Unterdessen zerrannen ihr Dinge, auf die sie durchaus einen gewissen Einfluss *hatte* (wie ihre Leistung im Job), wie Wasser zwischen den Fingern.

Wir verpulvern Unmengen von mentaler Energie beim Versuch, Probleme zu lösen, die sich unserer Kontrolle entziehen. Die Diskrepanz zwischen dem, was wir für möglich halten, und dem, was möglich ist, verursacht unseren Stress. Wir können andere Menschen nicht kontrollieren. Wie können nicht kontrollieren, ob sich im Gehirn eines Mitmenschen ein Blutgefäß zusammenzieht. Wir haben keine Kontrolle über die Vergangenheit. Eine Übung aus der dialektischen Verhaltenstherapie für Menschen, die unter extremen Emotionen und Ruminieren (ständigem Wiederholen von Gedanken und Grübeln über vergangene Situationen) leiden, ist, sich immer wieder Folgendes klarzumachen: *Das ist passiert. Die Realität ist, wie sie ist.*[12] Mit etwas Hilfe gelang es Jane, sich dies in Bezug auf die Erkrankung ihrer Mutter zu sagen: *Das ist passiert. Das ist die Realität.* Ja, manchmal war sie traurig. Aber sie fand auch besser zur Ruhe und war weniger zerrissen und erschöpft.

Ich bin froh, dass es Jane gelang, diese mentale Kehrtwende zu vollziehen. Etliche Studien mit Pflegepersonen konnten zeigen, dass es nicht die Pflege selbst ist, die ihre Zellen altern lässt, sondern sekundäre Reaktionen, die aus dem Wunsch resultieren, die Situation möge anders sein, als sie tatsächlich ist. Pflegepersonen haben öfter Gedanken, in denen sie ihre gegenwärtige Realität ablehnen. Dies wird als *negative mind-wandering* bezeichnet: der Wunsch, woanders zu sein oder etwas anderes zu machen.[13] Diese Gedanken prognostizieren ein geringeres Glücksgefühl. Wir fanden heraus, dass sie auch Alterungsprozesse beeinflussen und in Zusammenhang mit verkürzten Telomeren stehen.[14]

Sollte man folglich jeden Rückschlag im Leben einfach hinnehmen? Nein, das würde ich nicht empfehlen! Aber Sie können an der Verbesserung der Situation arbeiten, ohne unbedingt Faktoren verändern zu wollen, die nicht veränderbar sind. Soviel Jane auch googelte, sie konnte den Krankheitsverlauf ihrer Mutter nicht beeinflussen, genauso wie es ein Ding der Unmöglichkeit war, für hundertprozentige Sicherheit zu sorgen, wenn diese allein zu Hause war. Was Jane tun konnte, war, ihre Mutter zu bitten, eine Notruf-Kette zu tragen. Zunächst sperrte diese sich dagegen, aber Jane formulierte es so, als würde sie ihre Mutter um einen Gefallen bitten: »Ich muss mich auf meine Arbeit konzentrieren können, ohne mir Sorgen zu machen, und es würde mir helfen, wenn du die Kette für mich tragen würdest.« Da legte ihre Mutter sie um.

Kurze Zeit später konnte Jane in eine eigene Wohnung in der Nähe ziehen. Die Situation in der Arbeit verbesserte sich schnell, und sie konnte sich wieder intensiver ihrem Job widmen. Es war schwer, sich nicht zu wünschen, alles wäre anders – von Zeit zu Zeit ertappte sich Jane dabei, sich in Was-wäre-wenn-Szenarien zu verstricken. *Was, wenn ich Symptome bemerkt hätte? Was, wenn der Schlaganfall schneller behandelt worden wäre?* Aber meist konnte sie sich noch rechtzeitig stoppen, bevor sie in eine Grübelfalle geriet.

Wenn ich mich dabei ertappe, etwas ändern zu wollen, das sich meiner Kontrolle entzieht, nehme ich mir einen Moment und stellte mir bildhaft vor, wie ich an einem Seil ziehe, das an einem unverrückbaren Gegenstand hängt, wie etwa einem riesigen Felsbrocken. Ich verbrauche all meine Energie beim Versuch, ein unlösbares Problem zu lösen. Dieser Felsbrocken bewegt sich keinen Millimeter. Dann frage ich mich vorsichtig: »Kann ich das Seil einfach hinwerfen und es sein lassen?«[15] Manchmal aber, in besonders heiklen Situationen, von denen ich nur schwer ablassen kann, braucht es ein resolutes *Lass das Seil fallen!* und etwas radikale Akzeptanz, die wir in einem nächsten Schritt einüben werden.

Im Schmerz Akzeptanz lernen und Frieden finden

Wenn sich eine Situation unserer Kontrolle entzieht, können wir immer noch kontrollieren, wie wir darauf reagieren. Viele greifen an diesem Punkt auf achtsame Meditation zurück, da sie sich stark auf die Akzeptanz von Gefühlen und Gedanken fokussiert. Forscher verglichen in einer Studie die Wirksamkeit von zwei verschiedenen Achtsamkeitskursen, in denen die Teilnehmer täglich für kurze Zeit meditierten.[16] Die erste Gruppe nutzte eine App, die die Probanden aufforderte, ihre Aufmerksamkeit gezielt zu lenken und bewusst wahrzunehmen, worauf ihre Aufmerksamkeit lag: Die Teilnehmer richteten ihren Fokus auf ihre Atmung und lenkten ihn darauf zurück, sobald sie merkten, dass sie abschweiften. (Viele Untersuchungen zeigen, dass diese Praxis dem Fokus und der Aufmerksamkeit sehr zuträglich ist – besonders der Aspekt der achtsamen Wahrnehmung, da sie einem ermöglicht, sich bewusst zu machen, wenn man gedanklich abschweift oder zu grübeln anfängt.)

Die zweite Gruppe nutzte eine andere App, die darüber hinaus auf die Akzeptanz des eigenen Zustands abzielte – nicht nur auf die bewusste Wahrnehmung von Gedanken und Gefühlen, sondern auch auf ihre Akzeptanz, insbesondere negativer Erfahrungen, die wir normalerweise verdrängen. In beiden Gruppen verbesserte sich die Aufmerksamkeit. Doch nur die zweite Gruppe – die Akzeptanz-Gruppe – zeigte ein verbessertes Stressreaktivitätsprofil. Damit ist unsere Fähigkeit gemeint, auf Ereignisse auf gesunde Weise zu reagieren, uns von ihnen zu erholen und mehr positive Emotionen zu empfinden.[17] *Akzeptanz* war das Element, das tatsächlich zu Stressresilienz führte.

Die meisten von uns haben diesen Ratschlag schon gehört: Falls man im Meer in eine Rippströmung gerät, sollte man *nicht dagegen ankämpfen*. Hadern Sie nicht mit der Realität. Sie vergeuden nur Ihre Kräfte und werden noch weiter ins Meer hinausgezogen. Rippströmungen sind einfach zu stark – wir sind ihnen nicht gewachsen. Der einzige Weg, über Wasser zu bleiben, ist, mit der Strömung parallel zum Ufer zu schwimmen. Lassen Sie sich von ihr treiben und schauen Sie, wo Sie landen. Vielleicht können Sie sie sich auf andere Weise zunutze machen. Man kann mit starken negativen Emotionen kreativ arbeiten, um an ihnen zu wachsen, anstatt sie zu vermeiden. Weitere Anleitungen dazu finden sich in »Weiterführende Literatur und Quellen«.

Radikale Akzeptanz bedeutet zunächst einmal, dass man akzeptiert, dass etwas Furchtbares oder Traumatisierendes passiert ist. Es ist eine geistige Haltung, die die Tatsache zulässt, dass wir das Ereignis nicht ändern können und radikale Akzeptanz besser als die Alternative ist: die Realität zu verdrängen und zu leugnen, gegen die Rippströmung anzukämpfen und sich als Opfer zu fühlen (*warum ausgerechnet ich?*). Radikale Akzeptanz kann schmerzhafte Gefühle wie Scham, Schuld und Wut angesichts des Geschehenen mindern und hat sich bei Menschen mit extremen Gefühlsschwankungen, PTBS (posttraumatischer Belastungsstörung) und chronischen Schmerzen als wirksam erwiesen.[18] Radikale Akzeptanz hat Jane geholfen, die Erkrankung ihrer Mutter und ihre neue Rolle als pflegende Angehörige zu akzeptieren.

Es gibt so viele vergangene oder zukünftige Ereignisse im Leben, die wir uns nicht gewünscht und die wir nicht gewollt haben, die unglaublich enttäuschend und schmerzhaft sind und uns viel Zeit kosten, um uns auf sie einzustellen. Meist handelt es sich um unkontrollierbare Ereignisse oder Situationen. Sie bergen die Möglichkeit, stärker und resilienter zu werden, auch wenn wir das vielleicht gar nicht wollten. Diese Tiefpunkte sind die Basis für Wachstum: Wenn man keine Wahl hat, entwickelt man ungeahnte Stärke. Dazu müssen Sie akzeptieren und Ihre Erwartungen und Gefühle lenken. Heute werden Sie anfangen, sich in radikaler Akzeptanz zu üben – dabei ist wichtig zu wissen, dass Sie diese nicht über Nacht und gleich im ersten Versuch erreichen. Es ist ein schrittweiser Prozess. Sobald wir merken, dass wir angesichts einer bestimmten Situation Schmerz empfinden, können wir eine Kehrtwende hinlegen und versuchen, die Situation als solche und unsere emotionale Reaktion darauf zu akzeptieren.

Natürlich lässt sich nicht alles sauber in »kontrollierbar« und »unkontrollierbar« einteilen. Es gibt Abstufungen und Grauzonen. Wir müssen ständig abwägen, wo wir unsere kognitive und emotionale Energie investieren, wann wir uns durch eine schwierige Situation kämpfen und wann wir loslassen und mit dem Strom schwimmen.

Übung des Tages

KONTROLLIEREN SIE, WAS SIE KÖNNEN, UND LASSEN SIE ALLES ANDERE BEISEITE

Fähigkeit für den Notfall:
Loslassen, was Ihnen nichts mehr bringt

Machen Sie eine Bestandsaufnahme

Fertigen Sie eine Liste mit allen stressigen Situationen in Ihrem Leben an. Nehmen Sie dazu die Stress-Inventur auf Seite 68 zu Hilfe. Sollten Sie dies bereits beim Lesen des Kapitels getan haben, großartig – dann gehen Sie direkt zum nächsten Schritt über. Wenn nicht, blättern Sie zurück und erledigen Sie es jetzt. Nichts ist zu unbedeutend oder speziell für diese Liste. Was größere Problemfelder anbelangt (Arbeit, Probleme mit den Kindern oder in der Beziehung), versuchen Sie, konkrete Situationen aufzuschreiben, alles, was Ihnen großen Stress bereitet.

Streichen Sie, was Sie streichen können

Werfen Sie einen Blick auf Ihre Liste und streichen Sie jede Situation durch, aus der es einen Ausweg gibt oder der Sie ein Ende setzen können. Hier ein Beispiel: Haben Sie vielleicht ein Projekt, für das Sie keine Zeit haben oder das Ihnen besonders viel Ärger macht? Was, wenn Sie dieses Ziel oder Projekt aufgeben? Stellen Sie sich vor, wie Ihr Tag ohne diesen Stressor aussehen würde.

Sollte Ihnen kein Punkt ins Auge springen, den Sie streichen können, beantworten Sie sich diese Fragen: Welchen Punkt würden Sie streichen, wenn Sie dazu gezwungen würden? Ohne was könnten Sie (und andere) leben? Was würden Sie verlieren? Was wäre das Schlimmste daran, es aufzugeben? Und wie schwer wiegt dieser negative Aspekt im Vergleich zu den Konsequenzen, wenn Sie daran festhalten? (Siehe den Abschnitt in diesem Kapitel »Kann ich die Löschtaste drücken?«, S. 70.) Die meisten von uns haben das Gefühl, dass der Tag nicht genügend Stunden hat, daher mindert es nicht nur Stress, wenn wir unseren Alltag etwas auslichten, vereinfachen und uns auf unsere Prioritäten konzentrieren. Es schafft auch mehr Raum für Dinge, die Sinn ergeben und glücklich machen.

Sind Sie bereit, es zu versuchen?

Sollte Ihre ehrliche Antwort Nein sein, ist das in Ordnung. Wir werden darauf am Ende des Buchs zurückkommen im Kapitel »Holen Sie sich ein Folgerezept«.

Doch sollten Sie dazu bereit sein, streichen Sie *heute* etwas. Schauen Sie, wie es sich anfühlt, wenn Sie eine Sache weniger um die Ohren haben, und sei sie auch noch so klein.

Bauen Sie Ihren Einflussbereich aus: der Kreis der Kontrolle

Nun schauen Sie auf Ihre Liste und kreisen alle Situationen ein, die Ihrer Meinung nach beeinflussbar und verbesserungsfähig sind. Darauf können Sie heute etwas

Ihrer mentalen Energie verwenden. Schreiben Sie neben jeden Kreis eine kleine Sache, die Sie tun können, um die Situation zu verbessern. Vielleicht empfinden Sie beispielsweise die Hektik am Morgen stressig. Der Morgen ist tatsächlich die Tageszeit, an der sich Menschen am häufigsten regelmäßig gestresst fühlen. Können Sie sich vorstellen, etwas an Ihren Schlafens- oder Aufwachzeiten zu verändern oder Ihr Outfit, Ihre Mahlzeiten oder Ihren Tagesablauf schon am Vorabend vorzubereiten?

Einige Themen (Finanz-, Erziehungs- oder Jobprobleme) lassen sich nicht allein verändern, und wahrscheinlich müssen Sie erst einmal das Gespräch mit anderen suchen, um kleine Veränderungen anzustoßen. Stress im Job ist weit verbreitet, wobei hier zwischen kontrollierbaren und unkontrollierbaren Aspekten unterschieden werden muss. Gibt es einen Vorgesetzten, der Sie schlecht behandelt? Das ist eine schwierige Situation, aber es lohnt sich, das Problem zu lösen, vielleicht mithilfe eines Freundes oder einer Freundin. Im Extremfall kann die Veränderung einer toxischen Arbeitssituation bedeuten, sich einen neuen Job zu suchen.

Wissen, was man akzeptieren muss: ein Kasten für die Ziegelsteine

Werfen Sie erneut einen Blick auf die Liste und malen Sie einen Kasten um die Situationen oder Stressoren, über die Sie keine (oder wenig) Kontrolle haben. Hier ein paar Beispiele: die Erkrankung oder das Suchtproblem eines geliebten Menschen. Ein Projekt, das Sie nicht abgeben können. Die Möglichkeit, dass Sie wegen extremer Wetterverhältnisse tage- oder wochenlang kaum rauskommen. Ein traumatisches Erlebnis.

Lassen Sie etwas Kontrolle zu. Stellen Sie sich bei jedem dieser Stressoren die Frage: Gibt es in diesem Szenario irgendetwas, das ich kontrollieren kann und das mir helfen würde, das Gefühl der Ohnmacht abzumildern? Jane beispielsweise hatte keine Kontrolle darüber, ob ihre Mutter wieder stürzen würde, doch sie konnte ihr eine Notruf-Kette für medizinische Notfälle kaufen. Ich habe keinen Einfluss darauf, wann das nächste Großfeuer in der Nähe meines Zuhauses ausbrechen wird; es ist nur eine Frage der Zeit. Aber ich habe genügend Luftreiniger (und einen Notfallkoffer!). Die meisten Situationen sind nicht völlig unkontrollierbar, da man ihnen gelassener begegnen kann. Sollte es eine einfache Maßnahme geben, dank der Sie das Steuer wieder selbst in die Hand nehmen können (und dabei akzeptieren, dass vor Ihnen eine kurvige Strecke liegt, an der Sie nichts ändern können), dann setzen Sie diese auf Ihre To-do-Liste für diese Woche.

Lassen Sie Selbstmitgefühl zu. Einige der eingekastelten Themen müssen Sie vielleicht anders angehen: mit Akzeptanz und Selbstmitgefühl. Eine Sache, die Sie in Situationen, die sich nicht ändern lassen, tun können, ist anzuerkennen, wie schwierig es ist, und Ihre Gefühle zu begrüßen, anstatt sie zu verdrängen. Können Sie schmerzhafte Gefühle identifizieren (wie Trauer, Zurückweisung, Wut oder Verbitterung) und diese loslassen? Diese Gefühle sind berechtigt und natürliche Reaktionen. Was würden Sie in dieser Situation zu einer engen Freundin sagen, um sie zu trösten? Können Sie sich selbst mit derselben Freundlichkeit begegnen?

Und jetzt werfen Sie endlich Ballast ab! Stellen Sie sich jeden Kasten als schweren Ziegelstein in einem Koffer vor, den Sie mit sich herumschleppen. Er ist da und geht nicht weg. Aber Sie brauchen ihn nicht mit sich herumzutragen. Sie können ihn ein Weilchen abstellen. Schmerzhafte Erfahrungen sind besonders schwer. Schauen Sie, ob Sie solche Ziegelsteine dabeihaben. Vielleicht ist es hilfreich, einen kleinen Griff an all diese Kästchen mit unkontrollierbaren stressigen Situationen zu zeichnen. Bevor Sie zum nächsten Tagesordnungspunkt übergehen, stellen Sie sich vor, diese Ziegelsteine für eine Weile an einem sicheren Ort abzuladen. Machen Sie sich keine Gedanken darüber, ob es realistisch oder möglich ist, sich nie mehr wegen dieses Problems den Kopf zu zerbrechen – es wird später wieder auftauchen. Aber wenn Sie diesen Stress die ganze Zeit mit sich herumschleppen, brennen Sie aus und kommen in einen Zustand der Erschöpfung. Ihre Gesundheit wird darunter leiden. Und Sie werden weniger gut in der Lage sein, andere Herausforderungen zu meistern. Stellen Sie Ihr Gepäck erst einmal ab! Sie müssen diese Ziegelsteine nicht den ganzen Tag mit sich herumtragen.

Zusatzübung

Radikale Akzeptanz ist eine Möglichkeit, den schwierigen unabänderlichen Dingen zu begegnen. Es bedeutet, die Situation voll und ganz zu akzeptieren: mental, emotional, körperlich. Und das ist schwer. Deshalb handelt es sich um eine Übung: etwas, das man immer wieder macht, bis es bei einem ankommt. Erst wenn Sie aufhören, die Realität zu ignorieren, gegen sie anzukämpfen und zu versuchen, sie zu ändern, können Sie tatsächlich Gelassenheit empfinden, mit all den damit einhergehenden physiologischen Vorteilen. Etwas zu akzeptieren bedeutet nicht, es gutzuheißen. Stattdessen entscheiden Sie sich, nicht dagegen anzukämpfen und sich nicht noch tiefer ins Unglück zu stürzen.

Versuchen Sie es mit dieser Übung, um radikale Akzeptanz zu trainieren:

Denken Sie an eine unabänderliche Situation, die sich bereits zugetragen hat, Ihnen überhaupt keine Ruhe lässt und nur schwer zu akzeptieren ist.

1. Schließen Sie die Augen und konzentrieren Sie sich auf Ihren Atem.
2. Spüren Sie in sich, ob in Hinblick auf die Situation schmerzvolle Gefühle auftauchen, wie etwa *Das ist nicht fair* oder *Ich kann damit nicht leben* oder *Warum ich?*.
3. Begegnen Sie dem schmerzvollen Gedanken mit einer Aussage, die Akzeptanz und Sicherheit zum Ausdruck bringt, wie etwa: *Es ist, was es ist* oder *Das ist die Realität* oder *Es ist passiert* oder *Die Dinge sind genauso, wie sie jetzt gerade sind.*
4. Erlauben Sie sich Traurigkeit, Gram und Enttäuschung und erkennen Sie diese Gefühle an. Achten Sie auf körperliche Empfindungen.

5. Legen Sie Ihre Hände sanft auf die Brust und spüren Sie, wie sich ein Gefühl der Wärme und Güte ausbreitet. Atmen Sie lange und ruhig aus und denken Sie daran: *Ich kann diese Last jetzt sofort sanft abladen.* Wiederholen Sie das, bis Ihnen leichter ums Herz wird.

Troubleshooting

Manchmal ist es schwierig, die Dinge exakt zu benennen, die uns das Leben schwer machen. Die Quellen unseres Stresses können vage und undefiniert sein oder im Verborgenen liegen. Manchmal liegen wir auch völlig daneben. Wir denken, dass die eine Sache unseren Stress in die Höhe treibt (die Tellerstapel im Spülbecken!), wohingegen es tatsächlich etwas ganz anderes ist (Spannungen in der Beziehung, Geldsorgen, Unzufriedenheit mit dem Job etc.) oder es sich um zehn kleinere Dinge handelt. Sollten Sie Schwierigkeiten bei der Stress-Inventur gehabt haben, versuchen Sie diese Methode, um Ihren Sorgen einen Namen zu geben. Diese Übung hilft auch Menschen, die sich zu viele Sorgen machen, Sorgen nur ein begrenztes Zeitfenster zuzugestehen.

Das Sorgenfenster

Besorgen Sie sich mehrere Blätter Papier und etwas zum Schreiben, einen Computer, ein Tablet oder ein Aufnahmegerät und stellen Sie einen Timer auf Ihrem Handy auf fünf Minuten. Sobald Sie den Startknopf drücken, haben Sie nur eine Aufgabe: sich Sorgen zu machen.

Sie schaffen sich jetzt ein Sorgenfenster.

Wir verbringen viel Zeit damit, unseren Verstand im Zaum zu halten, wenn er sich über Dinge sorgt, die noch nicht passiert sind und es vielleicht auch nie werden. Dieses kognitive Ringen hat seinen Preis. Lassen Sie daher Ihren Gedanken in den nächsten fünf Minuten freien Lauf und begeben Sie sich in die Krisengebiete. Lassen Sie Ihren Verstand sich Sorgen machen, egal, was es ist. Lassen Sie ihn nach Lust und Laune in Katastrophenszenarien schwelgen. Zensieren Sie sich nicht selbst – schreiben Sie alle Sorgen auf, die Ihnen in den Sinn kommen. Egal, ob klein oder groß, bringen Sie Ihre Sorgen zu Papier, damit Sie einen objektiveren Blick darauf werfen, sie benennen und entscheiden können, ob Sie sich weiter den Kopf darüber zerbrechen wollen. Wie sieht die Situation hinter dieser Sorge aus? Sollten Sie die Ursache für Ihre Angst nicht kennen, zählen Sie auf, wie sich diese Angst gestaltet – ihre Größe, Form, Temperatur, Farbe. Sie genau zu bestimmen, hilft Ihnen, sie zu bearbeiten.

Vielleicht stellen Sie fest, dass es sich bei vielen dieser Sorgen nur um eine gewisse Überempfindlichkeit oder Unsicherheit handelt, Dinge, die wahrscheinlich nicht passieren, wie wir bereits an Tag 1 besprachen. Stellen Sie sich bildhaft vor, wie diese unwahrscheinlichen Situationen aus dem Fenster fliegen. Dann lenken Sie Ihren Fokus auf die großen, stressigen Situationen, die vor Ihnen liegen – stellen Sie fest, was Sie jetzt sofort ändern können und was nicht.

Paradoxerweise hat sich gezeigt, dass es während des restlichen Tages Sorgen reduziert, wenn man sich in einem limitierten Zeitfenster Sorgen macht. Sehr wahrscheinlich haben Sie danach das Gefühl, etwas für den restlichen Tag »losgeworden« zu sein. Ihre Sorgen schwirren Ihnen nicht mehr im Kopf herum, weil Sie sie zu Papier gebracht haben. Sie haben ihnen Grenzen gesetzt. Und morgen können Sie sich wieder auf diese limitierte Weise Sorgen machen! Stellen Sie einen Timer auf Ihrem Handy und schaffen Sie sich morgen ungefähr zur selben Tageszeit ein Sorgenfenster. Sollten heute später am Tag Sorgen auftauchen, sagen Sie sich, dass Sie morgen dafür Zeit eingeplant haben. Sollte es Ihnen schwerfallen, Ihre Stressoren zu identifizieren, oder sollten Sie oft aufgrund von diffuser Ungewissheit und Unsicherheit angespannt sein, könnte das Sorgenfenster eine gute Übung für Sie sein.

Wie wäre es mit einem Sorgenfenster für zwei?
Wenn Ihr Stress ein Familienmitglied oder einen Lebenspartner betrifft, könnte ein Sorgenfenster für zwei helfen. Unser Zuhause kann ein stressiger Ort sein, wenn es Konflikte mit Menschen gibt, mit denen wir zusammenleben. Da unser Zuhause der Ort ist, an dem wir schlafen und essen, ist es wichtig, den Konflikt zu begrenzen, ihn bildlich betrachtet in einen Kasten zu packen, den Sie beide kontrollieren. Limitieren Sie die Zeit, in der Sie über diesen Konflikt sprechen und nachdenken. Vielleicht planen Sie 15 Minuten für ein Sorgenfenster ein, um darüber zu diskutieren. Denken Sie daran, dass es hilfreich ist, wirklich offen zu sein für die Ansichten des anderen, seine

Gefühle zu akzeptieren, und dass Frieden oft besser ist, als recht zu haben. Mein Partner und ich hatten mit einer andauernden, scheinbar unlösbaren Situation zu tun, zu der wir unterschiedliche Ansichten hatten. Eine Therapie brachte uns nicht weiter. Wir planten jede Woche Zeit ein, in der wir uns wirklich zuhörten, unsere Ansichten austauschten und über nächste Schritte sprachen. Als die Zeit um war, hörten wir auf. Wir versuchten, das Thema bis zu unserem nächsten »Teatime«-Gespräch (Sorgenfenster) nicht mehr anzusprechen.

TAG 3

SEIEN SIE DIE LÖWIN

STELLEN SIE SICH eine Löwin auf der Jagd nach einer Gazelle vor, wie sie sie erbarmungslos durch die heiße Savanne jagt. Die Gazelle hat Todesangst und rennt im Kampf-oder-Flucht-Modus um ihr Leben. Die Löwin hingegen ist positiv erregt und freut sich schon auf ihr hart erkämpftes Mahl, während sie den Abstand zwischen sich und der Gazelle immer weiter verringert. Welches der beiden Tiere hat Stress – die Löwin oder die Gazelle?

Die Antwort lautet: *beide.*

Die Nervensysteme beider sind hochaktiviert und unterliegen unkontrollierbaren physiologischen Veränderungen. Dennoch erleben Löwin und Gazelle den Stress auf zwei sehr unterschiedliche Arten. Die Gazelle ist in einer Bedrohungsreaktion gefangen. Sie hat große Angst und rennt vollgepumpt mit Adrenalin um ihr Leben. Ihre Durchblutung ist eingeschränkt, weil sich ihre Gefäße verengt haben (Vasokonstriktion), um eine übermäßige Blutung zu verhindern. Ihr Gehirn ist schlechter mit Sauerstoff versorgt, da physiologische Ressourcen in die Gliedmaßen geleitet werden. Ihr Körper ist zu einer Maschine geworden, die nur einen Zweck hat: dem Fressfeind davonzulaufen. Die Löwin hingegen hat eine Herausforderungs-Reaktion (*challenge response*). Ihr Herz pumpt effizient große Mengen Blut durch ihren Körper, wodurch sie extrem schnell rennen und sich zugleich auf ihr baldiges Festmahl freuen kann. Sie ist fokussiert und motiviert und scheint über unendliche Energiereserven zu verfügen.

Zwar handelt es sich um zwei unterschiedliche physiologische Profile, doch haben sie beide eine feste Größe: *Stress*. Der Unterschied besteht in den verschiedenen Stressreaktionen der beiden Akteure: wie sie ihn wahrnehmen und – daraus resultierend – geistig und körperlich erfahren. Der Unterschied zwischen Löwin und Gazelle? Die Gazelle nahm eine Bedrohung wahr: Ihr Leben war in Gefahr. Die Löwin nahm eine Herausforderung wahr: ihre nächste Mahlzeit.

Natürlich schlage ich nicht vor, dass eine Gazelle im echten Leben einfach ihre Perspektive ändert – dann wird sie gefressen! Doch wir können aus diesem einfachen Beispiel aus der Tierwelt etwas lernen. Die meisten von uns müssen nicht von Löwen verfolgt um ihr Leben rennen. Doch verhalten sich unsere Körper so, als ob sie es müssten. Allzu oft reagieren wir auf plötzlich auftauchende Stressoren, als wären sie eine tödliche Gefahr, die es zu bekämpfen oder vor der es zu flüchten gilt, statt eine Mahlzeit, die es zu verspeisen gilt. Unser Körper schaltet in den Kampf-oder-Flucht-Modus, schüttet Cortisol und Adrenalin in unseren Blutkreislauf aus und versetzt unser Nervensystem in einen Zustand der Angst und Alarmbereitschaft. Wenn diese Reaktion bei jedem stressigen oder unerwarteten Ereignis in vollem oder nur mittlerem Ausmaß erfolgt, weiß unser Körper nicht mehr, wie er von dem Stress »herunterkommen« soll.

Sind Sie eher Löwin oder Gazelle?

Jeder reagiert anders auf Stress. Warum stecken manche Menschen Tag für Tag bis zum Hals im Stress und überreagieren selbst auf Kleinigkeiten, während andere scheinbar einen Schutzschild haben, von dem auch bedeutende, bedrohliche Vorfälle förmlich abprallen? Bei der Erforschung von Stress geht es zum einen um die universelle Funktionsweise des menschlichen Gehirns, zum anderen aber auch um die Einzigartigkeit eines jeden Menschen. Jeder von uns betrachtet die Welt durch eine Brille, die sich individuell stark unterscheidet. Unsere Gene, persönliche Lebenserfahrungen und kleinere tagesaktuelle Schwankungen, z. B. die Schlafdauer und Art der Mahlzeiten, bestimmen, wie diese Brille aussieht. Wenn die Dinge ihren Lauf nehmen, nehmen wir sie auf bestimmte Art und Weise durch unseren persönlichen mentalen Filter wahr.[1]

Warum aber reagiert jeder Mensch unterschiedlich auf vergleichbare Ereignisse? Nun, das Gehirn verarbeitet ständig Sinneseindrücke, die es von unserem Körper und aus der Umgebung bekommt, und vergleicht diese mit Erfahrungen aus der Vergangenheit, um die Zukunft bestmöglich vorherzusagen. Das menschliche Gehirn ist eine Vorhersagemaschine, es nutzt unsere persönlichen Vergangenheitsdaten. Sogar frühkindliche Erfahrungen bestimmen, wie wir auf Kleinigkeiten reagieren. Menschen, die früh im Leben mit vielen Widrigkeiten konfrontiert waren, entwickeln oft Denkgewohnheiten, die sie in Gemütszustand gelb verharren lassen: Sie haben tagtäglich eine erhöhte Stress-Baseline, unabhängig davon, ob ein stressiges Ereignis stattfindet oder nicht. Sie haben das Gefühl, dass ihr Leben durch stressige Ereignisse stark bedroht ist, und es braucht nicht viel, um eine Stressreaktion auszulösen, die sie in Gemütszustand rot versetzt.

Unser Gehirn ist im Vorhersagen besser als darin, die Realität zu checken. Das bedeutet, dass wir eher auf etwas reagieren, von dem wir glauben, dass es passieren wird, und nicht auf das, was *tatsächlich* passiert. (Michel de Montaigne wird folgendes Zitat zugeschrieben: »Mein Leben war voller schrecklicher Unglücke, von denen die meisten nie eingetreten sind.«) Doch es besteht die Möglichkeit, in diesen Prozess einzugreifen.

Dr. Stefanie Mayer von der UCSF fand heraus, dass Menschen mit frühen Kindheitstraumata ihre täglichen Stressoren übertrieben bedrohlich einschätzen, was später im Leben zu Depressionen führt.[2] In ihrer nächsten Studie mit einer ähnlichen Gruppe pingte sie die Probanden tagsüber an, um sie einzuladen, einen Moment lang achtsam ihre Gedanken und Gefühle wahrzunehmen und sich in Selbstmitgefühl zu üben. Sie fand heraus, dass die Teilnehmer nach einem kurzen Moment der Kontemplation mehr »Herausforderungs-Checks« vornahmen, was bedeutet, dass sie mit den Ereignissen des Tages besser umgehen konnten und mehr positive Emotionen verspürten.[3] Mit anderen Worten: Wenn wir die Art und Weise, wie wir tägliche Stressoren *wahrnehmen*, ändern, indem wir sie als weniger bedrohlich ansehen, ändern wir unsere Stressreaktion. Wir können uns eher als Löwin statt als Gazelle fühlen.

Aus dem Gazellen-Modus aussteigen

Steven hatte sein ganzes Berufsleben lang für Kodak gearbeitet, wo er die Verwaltung von wichtigen Kundenkonten bei großen Einzelhändlern wie Target und Walmart verantwortete. Dann brach die Filmindustrie zusammen. Die Umstellung auf die Digitaltechnik hatte sich schon seit einiger Zeit abgezeichnet, aber als die Börse 2008 zusammenbrach, nahmen viele Filmunternehmen radikale Personalkürzungen vor, um im Spiel zu bleiben. Diese Kürzungen trafen auch Steven. Mit 60 Jahren fiel es ihm schwer, sich beruflich neu zu orientieren. Er probierte vieles aus, aber meist landete er in einer Sackgasse. Schließlich beschloss er, etwas zu tun, das er schon immer tun wollte: für ein Amt zu kandidieren.

Er hatte schon lange mit dem Gedanken gespielt, in die Politik zu gehen, aber es schien nie der richtige Zeitpunkt zu sein, seinen sicheren Arbeitsplatz aufzugeben. Nun aber hatte die amtierende Bürgermeisterin seiner kleinen Heimatstadt in New England angekündigt, für keine weitere Amtszeit zu kandidieren. Jetzt war die Zeit gekommen, es zu probieren.

Steven wusste, dass es stressig werden würde. Er hatte nur keine Ahnung, *wie* stressig. Es kam zu einem erbitterten Wahlkampf – sein Gegner scheute nicht vor einer Schlammschlacht zurück und nahm jede Gelegenheit wahr, um unfaire Mittel anzuwenden. Steven konnte nicht die Lokalzeitung aufschlagen oder auf Facebook gehen, ohne sich zu fragen, ob sein Gegner wieder zu einer neuen Attacke ausgeholt hatte. Er stand ständig unter Spannung und war immer in Alarmbereitschaft. Er sagte sich, dass es sich nur um den Wahlkampf handelte – dass es bald vorbei sein würde. Doch dann kam die überraschende Wende: Er gewann die Wahl.

Aus »nur ein paar Monate« wurde eine vierjährige Amtszeit. Jetzt tauchten die Stressoren in Gestalt von Bürgern mit verschiedenen Beschwerden und Problemen vor seiner Bürotür auf. Das Telefon schrillte den ganzen Tag. Es gab Notfälle und

Haushaltsprobleme. Erlaubte er sich einen Fehler, wurden sofort seine Kritiker laut. Die vielen Fragen der Wähler, die er nicht sofort beantworten konnte, versetzten ihn in Panik, während er sich auf der Suche nach einer Antwort das Hirn zermarterte. Steven hing in Gedankenschleifen fest, was er alles hätte anders machen können. Langsam fing er an zu denken: *Vielleicht bin ich für diesen Job nicht geeignet.*

Wenn ein Mediziner zu dieser Zeit in sein Büro gekommen wäre, um seine Vitalwerte zu überprüfen, hätte er eine flache Atmung, eine erhöhte Herzfrequenz und einen überdurchschnittlich hohen Cortisolspiegel im Blut festgestellt. So würde Steven die vierjährige Amtszeit nicht durchhalten – und das wusste er. Er wusste nur nicht, was er dagegen tun sollte.

Da unbehandelter chronischer Stress die Telomere abnutzt und den Alterungsprozess der Zellen beschleunigt, kann er uns zu früh in die »Krankheitsphase« versetzen: die Lebensphase, in der wir allmählich Alterskrankheiten entwickeln. Chronischer Stress verändert unser Verhalten und unseren Appetit. Er lässt uns zu »Trostessen« (mit hohem Zucker- und Fettgehalt) greifen. Im Glauben, überlebenswichtige Energiereserven anlegen zu müssen, verlangsamt der Körper den Stoffwechsel und speichert Fett in der Bauchregion. Großer Stress hält uns davon ab, gut zu schlafen, sodass wir ständig erschöpft sind, außerdem begünstigt er Suchtverhalten. Das »Stressgehirn« aktiviert Gehirnbahnen, die das Verlangen nach Genuss und Druckabbau steigern, was die Attraktivität kalorienreicher Lebensmittel erhöht und Insulinresistenz, Entzündungen und Fettleibigkeit fördert.

Gleichzeitig ist unsere akute Stressantwort – die kurzfristige Reaktion, wenn wir unter Druck stehen – eine erstaunliche

Fähigkeit. Unser Körper ist darauf ausgelegt, mit dieser Art von kurzzeitigem Stress umzugehen. Wenn wir mit einem negativen Ereignis konfrontiert sind oder erwarten, dass dieses eintritt, kommt es zu dieser punktgenauen, perfekt abgestimmten Akutreaktion. Binnen kürzester Zeit steigt der Blutdruck, das Nervensystem wird in Alarmbereitschaft versetzt, und Cortisol und Adrenalin, die wichtigsten Stresshormone, werden automatisch in den Blutkreislauf ausgeschüttet. Das sympathische Nervensystem (Kampf oder Flucht) wird hochgefahren, während der Parasympathikus (Ruhe und Verdauung) herunterfährt, was eine intensive, energetisierende Stressreaktion ermöglicht. Dieser blitzschnelle, kraftvolle biologische Dominoeffekt hilft uns, uns auf Gefahren zu konzentrieren, Kraftreserven zu mobilisieren und schnell zu reagieren. Unsere akute Stressreaktion ist ein großes Plus – wir würden sie niemals missen wollen. Aber wir brauchen eine »Schnellabschaltung«: Die Stressreaktion muss mit Verschwinden des Stress auslösenden Ereignisses stoppen.

Lassen Sie uns hier für einen Moment innehalten, denn die gute Nachricht ist: Daran arbeiten Sie bereits. Die Techniken aus den beiden ersten Kapiteln zielen darauf ab, unsere Stressreaktion besser zu regulieren. Wenn es gelingt, das Unerwartete zu erwarten, für alle Eventualitäten offen zu bleiben und flexibel auf sie zu reagieren, sind unerwartete Probleme leichter zu bewältigen – und man hat nicht mehr diese reflexartige »Gazellen«-Reaktion. Wenn uns klar ist, was wir kontrollieren können und was nicht, vergeuden wir nicht unsere Zeit damit, das Unplanbare zu planen. Beide Strategien unterstützen Sie dabei, Stress auf eine gesündere, ausgeglichenere Art zu erleben. Voraussetzung dafür ist aber ein weiterer Schritt: die Fähigkeit, stressige Ereignisse in unserem Alltag als Herausforderungen und nicht als Bedrohungen zu sehen. Und das ist leichter gesagt als getan.

Es ist eine Sache, zu verstehen, dass man plötzliche, beunruhigende oder stressige Situationen in seinem Leben nicht als Bedrohung, sondern als Herausforderung betrachten »sollte«; es ist eine andere, diesen mentalen Wandel in dem Moment zu vollziehen, in dem etwas passiert. Aber es gibt einige spezifische Strategien, mit denen wir genau das erreichen können. Die erste besteht darin, unsere Reaktion als Vorteil zu betrachten, wodurch wir uns nicht vom Stress selbst bedroht fühlen.

Ihr Stress ist Ihre Stärke

Um den Unterschied zwischen *Stress durch Bedrohung* und *Stress durch Herausforderung* zu untersuchen, manipuliert meine Kollegin Wendy Mendes die Stressreaktionen von Menschen im Labor. Sie versetzt sie entweder in Situationen, denen sie sich gewachsen fühlen und über die sie Kontrolle haben, oder im Gegensatz dazu in wirklich unangenehme, neuartige Situationen, die emotionale und physiologische Reaktionen auf eine akute Bedrohung auslösen. Mendes fand heraus, dass wir umso positiver auf Stress reagieren, je mehr wir das Gefühl haben, die Kontrolle zu haben und mit Ressourcen ausgestattet zu sein. Dies wird als Herausforderungs-Mindset (*challenge mindset*) bezeichnet. Die Reaktion auf eine Herausforderung zeichnet sich durch mehr positive Emotionen und eine gesteigerte Herzleistung (es wird eine größere Blutmenge aus dem Herzen gepumpt) aus. Im Gegensatz dazu kommt es bei einer Bedrohungsreaktion zu einer Gefäßverengung. Einen Stressor als herausfordernd statt bedrohlich zu empfinden, steht sogar in Zusammenhang mit längeren Telomeren, die, wie wir wissen, mit Langlebigkeit und Vitalität verbunden sind.[4]

Viele von uns fühlen sich von der Stressreaktion selbst bedroht. Wissenschaftliche Untersuchungen aber zeigen, dass sich die eigene Stressreaktion mit etwas Übung manipulieren lässt. Wenn man lernt, seine Stressantwort als Stärke zu betrachten, erlebt man Stress mental und physiologisch als Herausforderung und verkraftet ihn besser.[5] Und das könnte einfach schon dadurch zu schaffen sein, dass man *sich selbst sagt*, dass die eigene Stressreaktion hilfreich ist.

In einer Studie brachten Mendes und ihre Kollegen Studenten bei, ihre Stressreaktion als unterstützend zu sehen, um bei einer wichtigen Prüfung gut abzuschneiden, und tatsächlich verbesserten sich ihre Leistungen – sie hatten das Gegenteil von Prüfungsangst![6] Dr. Alia Crum, eine Forscherin in Stanford, hat einen Fragebogen zum Stress-Mindset (*stress mindset measure*) entwickelt, damit Menschen leichter herausfinden können, wie sie über Stress denken.[7]

Ihr Stress-Mindset

Bewerten Sie auf einer Skala von 1 (überhaupt nicht) bis 10 (voll und ganz), in welchem Ausmaß folgende Aussagen zutreffen. Denken Sie an stressige Ereignisse, nicht an chronischen, toxischen Stress.

Stress ist schädlich	**Bewertung (1–10)**	**Stress ist hilfreich**	**Bewertung (1–10)**
Stress sollte völlig vermieden werden.		Stress sollte angestrebt und genutzt werden	
Stress verhindert meine Lern- und Weiterentwicklungsfähigkeit.		Stress steigert meine Lern- und Weiterentwicklungsfähigkeit.	
Stress zehrt an MEINER Gesundheit und Vitalität.		Stress verbessert meine Gesundheit und Vitalität.	
Gesamtpunktzahl		**Gesamtpunktzahl**	

Dr. Crum fand heraus, dass unser Stress-Mindset beeinflussbar ist: Informiert man Menschen über die schädlichen Auswirkungen von Stress, geht es ihnen schlechter. Erzählt man ihnen von dessen Vorteilen, geht es ihnen tendenziell besser. So einfach ist das. Wenn wir uns auf die Vorteile von Stress konzentrieren, empfinden wir weniger Stress durch Stress, achten eher auf positive als auf bedrohliche Signale und gehen Situationen souveräner an, anstatt sie zu meiden.

Menschen mit einer positiven Haltung gegenüber Stress fühlen sich bei ihrer Arbeit engagierter, haben positivere Emotionen und eine geringere physiologische Reaktivität. Was Sie sich selbst sagen, ist wichtig! Sollten Sie im Fragebogen auf der Seite mit der negativen Stresseinschätzung eine hohe Punktzahl erreicht haben, sollten Sie sich mehr auf die Vorteile von Stress fokussieren und daran denken, bevor Sie eine heikle Situation angehen.

Erinnern Sie sich als Allererstes, wenn Sie die Symptome

einer Stressreaktion verspüren (erhöhte Alarmbereitschaft, Herzrasen, feuchte Hände, Nervosität), dass die Fähigkeit, auf eine schwierige Situation mit Stress zu reagieren, eine Stärke und keine Schwäche ist. Sehen Sie es so: Bei Schwierigkeiten um Hilfe zu bitten, ist eine Stärke (eine Lektion, die wir in der Pandemie lernten). Nun ist es Ihr Körper, der in diesem stressigen Moment um Hilfe bittet, um stärker zu sein. Steven half diese Umdeutung sehr. Als er seine Stressreaktion als etwas betrachtete, das dazu da war, die Herausforderungen seiner neuen Rolle zu bewältigen, empfand er sehr stressige Momente nicht mehr als toxisch. Er konnte Stress sogar gutheißen (*okay, her mit dem Energiekick!*) und sich schneller davon erholen.

Ihr Körper ist darauf ausgelegt, sich schnell von Stress zu erholen. Das menschliche Nervensystem befindet sich binnen Minuten wieder auf Baseline-Niveau, und auch die meisten Hormone pendeln sich innerhalb von 30 Minuten wieder im Normalbereich ein (die entzündungsfördernden Zytokine bleiben etwas länger im Körper, falls sie für die Wundheilung benötigt werden). Das ist der Goldstandard für eine gesunde Stressreaktion: sich schnell von akutem Stress zu erholen. Sie haben diese Fähigkeit bereits – Sie dürfen sich nur nicht selbst im Weg stehen und müssen Ihren Körper das tun lassen, wozu er programmiert ist. Rasch und auf gesunde Weise wieder »herunterzukommen«, ist für unseren Körper nach einer *Herausforderung* wesentlich einfacher als nach einer *Bedrohung*. Eine bedrohliche Situation hinterlässt in biologischer und mentaler Hinsicht tiefere Spuren – wir grübeln darüber und spielen sie gedanklich immer wieder durch. Herausforderungen sind ganz anders – wie beim Bergsteigen erklimmen wir den Gipfel und steigen auf der anderen Seite wieder ab.

Ich möchte, dass Sie sich diese beiden wichtigen Punkte für den Rest der Woche vor Augen halten:
Meine Stressreaktion ist ein Vorteil – sie hilft mir, die Herausforderung zu meistern.
Ich kann mich schnell von Stress erholen: Mein Körper ist dafür gemacht.

Dieses Verständnis der menschlichen Biologie – dass Stress nicht von Natur aus ungesund ist oder vermieden werden sollte und dass eine natürliche Stressreaktion nicht »falsch« ist – ist eine wichtige Voraussetzung, um von einer Bedrohungsreaktion zu einer Herausforderungsreaktion zu wechseln. Steven half es, angesichts seines Stresses und seiner Reaktion darauf weniger reaktiv zu sein. Als er merkte, dass ihm dieser Ansatz half, war er weniger selbstkritisch und fand sich leichter mit einer Situation ab. Der Wahlkampf war eine Sache. Ein paar Monate großer Stress richten bei niemandem irreparable Schäden an; der Körper verfügt über enorme Fähigkeiten, sich von Stress zu erholen. Aber eine vierjährige Amtszeit, vielleicht auch länger, stellte ein Problem dar. Die Stressfaktoren in diesem Job würden nicht verschwinden, und wenn diese Karriere für seinen Körper tragbar sein sollte, musste Steve lernen, anders darauf zu reagieren. Aber wie schafft man diese Umstellung?

Dem Stress das Bedrohliche nehmen

Stevens Herausforderung bestand hauptsächlich darin, dass er sich in einer neuen und ungewohnten Rolle wiederfand. Jeder kann in diesen Bedrohungsreaktionsmodus geraten, wenn er ins kalte Wasser geworfen und mit Unbekanntem konfrontiert wird. Ein enttäuschendes Feedback im Job, ein wenig erfreulicher Moment im Elternleben, ein Streit mit einem wichtigen Menschen – all das und vieles mehr kann uns das Gefühl des Scheiterns oder Versagens geben.

Die erste notwendige Umdeutung besteht darin, sich klarzumachen, dass Scheitern Teil des Erfolgs ist. Es scheint leichter, neuartige Situationen zu meiden, um das Risiko und schmerzhafte Erfahrungen zu minimieren. Doch immer wenn Sie etwas anstreben, das für Sie von Bedeutung ist – eine wissenschaftliche Karriere, ein politisches Amt, eine Unternehmensgründung, Mutter oder Vater zu werden –, werden Sie dabei notgedrungen Fehler machen. Jeder macht Fehler. Es ist normal und Teil unseres Weiterentwicklungsprozesses. Erwarten Sie, dass Sie scheitern; es ist die Normalität und weder eine Katastrophe noch etwas, das nur Sie persönlich trifft. Es ist bekannt, dass erfolgreiche Menschen Risiken eingehen – sie setzen sich der Gefahr aus, Misserfolge zu erleben. Echtes Scheitern besteht nur darin, etwas aufzugeben, das Durchhaltevermögen erfordert. Die Erkenntnis, dass Fehler und Scheitern schlichtweg Teil des Wegs zum Erfolg sind, verhilft uns zu weniger Bedrohungs- und mehr Herausforderungsreaktionen.

Überzeugung bei Stress durch Bedrohung:
Wenn ich scheitere, bedeutet das, dass ich dafür nicht geeignet bin.

Umdeutung:
Wenn ich scheitere, bedeutet das, dass ich mich Herausforderungen stelle.

Steven realisierte, dass Scheitern in der Politik die Regel und nicht die Ausnahme ist (genauso wie im Geschäftsleben, in der Kunst, in der Forschung usw.). Die meisten seiner Initiativen führten ins Leere – es gab politischen Widerstand, Haushaltszwänge und Referenden, die darüber bestimmten, was tatsächlich umgesetzt wurde. Auf jeden Erfolg, den er verbuchen konnte, kamen zehn Misserfolge – dies war Teil seiner Rolle als patentes Stadtoberhaupt. Seine Misserfolge waren Zeichen dafür, dass er sich für Dinge, die er für wichtig hielt, einsetzte. Nach der Umdeutung fühlte er sich von Misserfolgen nicht mehr bedroht. Er empfand Stress eher als Antreiber und Motivator und weniger als Feind, der ihm im Nacken saß. Er hatte seine Rolle als Gazelle abgelegt!

> ***Überzeugung bei Stress durch Bedrohung:***
> *Das schaffe ich nie.*
>
> ***Umdeutung:***
> *Ich habe alles, was es braucht, um das hinzukriegen.*
> *Bei Problemen kann ich um Hilfe bitten.*

Wenn Sie in einer herausfordernden Situation plötzlich gegen innere Widerstände ankämpfen, könnte es daran liegen, dass Sie sich in einem inneren Monolog Dinge sagen, die einem Herausforderungs-Mindset zuwiderlaufen: dass Sie nicht gut genug sind, dass Sie gar nicht qualifiziert sind, dass Sie nicht dazugehören, dass Sie nicht mithalten können. Im Extremfall entwickelt sich daraus das *Hochstapler-Syndrom*: Sie haben Angst, als Betrüger entlarvt zu werden. Das kann Sie wirklich aus der Bahn werfen und Sie davon abhalten, sich persönliche

Karriereziele zu setzen. Das Hochstapler-Syndrom steht in enger Verbindung mit einem geringen Selbstwertgefühl, Selbstzweifeln und einem mangelnden Selbstmitgefühl. Es birgt das Risiko von Leistungsschwäche und Burn-out[8] und kann sowohl zu Versagens- als auch zu Erfolgsängsten führen.[9]

Das Witzige am Hochstapler-Syndrom ist, dass selbst Beweise für den eigenen Erfolg keine Rolle spielen: Häufig sind Spitzenkräfte, sogar Menschen in Führungsebenen betroffen. Mehr als 30 Prozent der Medizinstudenten, chirurgischen Assistenzärzte und Oberärzte leiden unter dem Syndrom.[10]

Das Hochstapler-Syndrom verstärkt das Bedrohungs-Mindset: Man bewegt sich auf unsicherem Terrain – wenn man in erster Linie an all die Gründe denkt, warum man nicht fähig genug, erfahren genug oder *was auch immer* ist, um erfolgreich zu sein, ist es nahezu unmöglich, sich wie eine Löwin zu fühlen.

Selbstgespräche sind ein einfaches und doch effizientes Werkzeug in unserem Notfallkoffer: Wie wir mit uns selbst reden, kann unseren Stress vergrößern oder uns direkt in einen ruhigeren Zustand versetzen.

Die meisten von uns hatten schon einmal den Gedanken: *Das habe ich nicht verdient, ich sollte nicht hier sein, darin bin ich nicht so gut, wie ich sein sollte*. Diese Selbstgespräche sind immer dieselben, egal, ob es sich um einen Job oder eine schulische oder persönliche Leistung handelt. Um dieser falschen, aber weitverbreiteten Selbstsabotage entgegenzuwirken, sollten Sie Ihre Aufmerksamkeit auf Ihren inneren Kompass richten: Beurteilen Sie sich selbst im Vergleich zu Ihren bisherigen Leistungen, nicht auf Basis der Erwartungen anderer oder übermäßig starrer oder perfektionistischer Standards.

Obwohl Steven neu in der Politik war, *verfügte* er über die Fähigkeiten und Kompetenzen, die er brauchte, um in dieser Rolle Erfolg zu haben. Er hörte nicht mehr auf diese innere Stimme, die ihm androhte, als Hochstapler aufzufliegen. Er war fixiert darauf gewesen, dass ihm die Branchenkenntnisse, auf die er sich in seinem vorherigen Job verlassen konnte, in seiner neuen Rolle fehlten. Dabei hatte Steven andere wichtige Fähigkeiten entwickelt, die ihn für die Rolle des Bürgermeisters prädestinierten, auf die er sich bislang aber nicht fokussiert hatte: Er war gut darin, einen gemeinsamen Nenner zu finden und klar zu kommunizieren. Außerdem lernte er schnell und war innovativ bei der Lösung von Problemen. Wenn er sich diese wichtigen Fähigkeiten vor einem schwierigen Gespräch, einer öffentlichen Debatte oder einer anderen stressigen Aufgabe ins Gedächtnis rief und sich daran erinnerte, wie oft er in einer ähnlichen Situation erfolgreich gewesen war, schwand seine Unsicherheit.

> ***Überzeugung bei Stress durch Bedrohung:***
> *Wenn ich das nicht hinkriege, ist alles ruiniert.*
>
> ***Umdeutung:***
> *Ich kann nicht mehr tun, als mein Bestes zu geben. Alles andere entzieht sich meiner Kontrolle.*

Forscher haben die Auswirkungen eines Perspektivwechsels untersucht, der als *spontane Selbstdistanzierung* bezeichnet wird. In vielen Studien wurde festgestellt, dass dadurch die emotionale Reaktivität auf künftige Stressoren verringert wird.[11] Was aber bedeutet »Selbstdistanzierung«? Es bedeutet, dass manche

Menschen *herauszoomen*, wenn sie sich angesichts einer bevorstehenden Situation gestresst fühlen. Sie betrachten die Situation aus einer »selbstdistanzierten« statt »selbstversunkenen« Perspektive. Sie vergegenwärtigen sich die Gesamtsituation, wodurch ihr Körper ruhiger auf den Stressor reagiert. Die Lektion, die Sie daraus lernen können, ist: Wenn es Ihnen gelingt, sich von der wichtigen Aufgabe, die Sie gerade erledigen, zu lösen und sich daran zu erinnern, was daran wichtig ist und für wen, empfinden Sie sie eher als positive Herausforderung denn als toxische Bedrohung.

Eine der besten Methoden, um sich auf gesunde Weise zu distanzieren, besteht darin, etwas Zeit zwischen sich und dieses belastende Ereignis zu bringen. Nein, Sie können natürlich nicht durch die Zeit reisen, aber Sie können es gedanklich tun.

Zoomen Sie auf die Zukunft und stellen Sie sich die Frage: Welche Bedeutung wird diese Sache langfristig haben? Welche Auswirkungen wird sie auf mein Leben in einer Woche, einem Monat, in zwölf Jahren haben?

Es ist schon komisch – manchmal, wenn ich mich am Esstisch über eine Situation aufrege, stellt mir mein Sohn genau die Frage, die er sich bei mir abgeschaut hat und die ich ihm schon oft gestellt habe: »Mama«, sagt er dann, »welche Rolle wird das in fünf Jahren noch spielen?«

Diese Frage erdet mich jedes Mal. Sie macht die Situation weniger bedeutsam. Sie ist immer noch da, nimmt aber nicht mehr so viel Raum in meinem Kopf oder Leben ein. Wenn Stressoren so groß werden, dass wir nur noch sie im Blick haben, ist es Zeit für einen Perspektivwechsel. Oft blähen sich aufkommende stressige Ereignisse in unseren Köpfen zu einer Größe auf, die sie einfach nicht verdienen. Wir alle haben nur ein Leben. Wenn wir uns eine gesunde Perspektive bewahren, fühlen wir uns eher herausgefordert als bedroht.

Überzeugung bei Stress durch Bedrohung:
Das ist so stressig. Ich hasse dieses Gefühl.

Umdeutung:
Das ist aufregend. Ich weiß dieses Gefühl zu schätzen!

Aber kann es wirklich so einfach sein? Sich selbst zu sagen, dass etwas aufregend und nicht bedrohlich ist, kann tatsächlich dazu beitragen, dass Sie Stress positiver empfinden. Es liegen inzwischen 36 Studien vor, die sich damit beschäftigen, wie Autosuggestion oder eine Neubewertung die Einschätzung von Stress verändert.[12] Diese Aussagen verbessern teilweise die Reaktion des vegetativen Nervensystems und reduzieren zuverlässig emotionalen Stress. In anderen Worten: Das, was Sie über Stress sagen und denken, kann Ihren negativen Stress wesentlich verringern und Sie dazu befähigen, bessere Leistungen zu erbringen.

Das kann so aussehen, dass Sie Stress selbst als lebensverbessernd ansehen (positives Stress-Mindset), Ihre körperliche Stressreaktion als leistungsfördernd betrachten (meine schwitzigen Hände und mein erhöhter Puls helfen mir – mein Körper ist aufgeregt!) oder sich selbst als gestärkt und vorbereitet statt bedroht sehen. Wenn Sie etwas Zeit investieren, können regelmäßige Achtsamkeitsübungen dabei helfen, Ihre *Bedrohungs*reaktion auf Stress in eine *Herausforderungs*reaktion zu verwandeln. In einer Studie, die wir an der UCSF durchführten, fanden wir heraus, dass Teilnehmer, die ein Achtsamkeitstraining absolvierten, nach einer Konfrontation mit einem Stressor ein höheres Maß an positiven »Herausforderungs«-Emotionen (Gefühle wie Aufregung und Zuversicht) aufwiesen und diese länger bestehen blieben. Außerdem beobachteten wir bei ihnen eine gesteigerte Herzleistung und eine geringere Vasokonstriktion.[13] Bei Achtsamkeitstraining übt man sich in Metakognition, der Fähigkeit, seine Gedanken zu beobachten. Dies macht es leichter, Umdeutungen vorzunehmen.

Für Sie ist wichtig zu wissen, dass Sie Ihre Stressreaktion bis zu einem gewissen Grad beeinflussen können. Sie spüren zwar den Adrenalinschub, können aber dann selbst entscheiden, wie Sie die natürliche Stressreaktion Ihres Körpers interpretieren und den Verlauf der Dinge verbessern.

Bis Steven sich die Zeit nahm, eine Umdeutung vorzunehmen und seine Bedrohungs- in eine Herausforderungsreaktion zu ändern, war ihm nicht einmal klar, dass sein Bedrohungsstress eine Hauptursache hatte: Er hatte sein Amt mit einem unerreichbaren Ziel angetreten: *alle glücklich zu machen*. Das war er aus der Welt des Marketings gewohnt, wo das Ziel glückliche Kunden waren. Aber eine Stadt zu leiten, war eine ganz andere Geschichte. Steven musste seine Vorstellung von Erfolg radikal ändern: Er beschloss, würde es ihm gelingen, die Stadt in seiner vierjährigen Amtszeit auch nur in einem Punkt zu verbessern, dann würde er es als Erfolg verbuchen.

Letztendlich gab es in den vier Jahren mehr Misserfolge als Erfolge, und ja, das war oft mit Stress verbunden. Aber er hatte sich gegenüber Stress eine positive Einstellung angeeignet und betrachtete die Herausforderungen als Weg zum Erfolg, als notwendige Brücke auf dem Weg zu den Zielen, die er *erreichte*, und aufgrund dieses Mindsets konnte er anders auf Herausforderungen reagieren. Meist fühlte sich Steven durch seine Arbeit motiviert und energiegeladen – nicht dauergestresst, angegriffen und ausgelaugt. Und wenn er doch einmal zu weit in den Bereich »Gemütszustand rot« abglitt, konnte er sich mit gedanklichen Umdeutungen wieder auf Kurs bringen. Nach vier Jahren wurde Steven wiedergewählt (obwohl er nicht alle glücklich gemacht hatte). In seiner zweiten Amtszeit wurde seine Stressresilienz abermals auf die Probe gestellt. Die Herausforderung bestand darin, sich nicht zu sehr mit der Rolle des »Bürgermeisters« zu identifizieren. Beim Vorhaben, ein Löwe oder eine Löwin zu werden, ist dies der letzte und wohl schwierigste mentale Knackpunkt: unsere Identität und unser Selbstwertgefühl nicht an eine bestimmte Rolle oder einen speziellen Aspekt unseres Lebens zu binden.

Setzen Sie nicht alles auf eine Karte

Wenn Sie ein Basketball-Fan sind, kennen Sie vielleicht Kevin Love, den Power Forward der Cleveland Cavaliers. Love ist ein äußerst erfolgreicher Sportler: Er ist fünffacher NBA-All-Star, war bei den Olympischen Spielen dabei und hat 2016 mit den Cavaliers die NBA-Meisterschaft gewonnen. Außerdem ist er der Sohn eines NBA-Spielers. Für seine Leistungen in diesem Sport erfuhr er einen Großteil seines Lebens große Anerkennung. Ich hatte die Ehre, mit ihm über seine Erfahrungen mit dem Hochstapler-Syndrom und »Stress durch Identitätsbedrohung« zu sprechen.[14] Es begann mit einem Hilfeschrei seines Nervensystems.

Im Jahr 2017 erlitt Love während eines Heimspiels gegen die Atlanta Hawks eine Panikattacke. In einem Essay, den er einige

Monate nach dem Vorfall veröffentlichte, beschrieb er einen fatalen Mix aus Stress und Druck im Vorfeld des Spiels: innerfamiliäre Probleme, Schlafstörungen, hoher Leistungsdruck und Versagensängste.[15] Kaum hatte das Spiel begonnen, begannen die Probleme. Love fühlte sich erschöpft und ausgelaugt, er fand nicht ins Spiel und verfehlte immer wieder den Korb. Alles schien sich zu drehen. Schließlich verließ er das Spielfeld mit Herzrasen und landete im Krankenhaus, wo eine Reihe von Tests durchgeführt wurde. Love fehlte nichts. Aber beim nächsten Spiel passierte es wieder.

Love begab sich wegen seiner Panikattacken in Therapie und merkte, dass sein riesiger Stress daher rührte, dass er seine Identität eng mit seinem Beruf und seiner Leistung verknüpfte. In der Hoffnung, anderen Athleten bzw. allen zu helfen, deren Selbstwert stark von ihrer Leistung in einem gewissen Lebensbereich abhängt, machte er seine Erfahrung öffentlich. Seine Aussage war: Eine Person, die sich darüber definiert, ein »großartiger Basketballspieler« zu sein, ist am Boden zerstört, wenn sie ein schlechtes Spiel spielt. Davon erholt man sich schwer. Er schrieb: »Wenn ich die Leistung nicht abrufen konnte, hatte ich das Gefühl, auch als Mensch erfolglos zu sein.«

Das Gefühl, als Mensch angegriffen zu werden, versetzt uns in den Gazellen-Modus. Wenn Sie sich im Gazellen-Modus befinden, Ihnen aber nicht klar ist, warum, nehmen Sie sich einen Moment Zeit und fragen Sie sich: *Was an dieser Situation stellt eine Bedrohung für mein Selbstwertgefühl dar?* Wenn Sie »alles auf eine Karte setzen« und das, worüber Sie sich hauptsächlich definieren, ins Wanken gerät, fühlen Sie sich notgedrungen bedroht. Vielleicht denken Sie, dass Ihr größter Wert darin besteht (oder andere Ihren größten Wert darin sehen), eine gute Mutter oder ein guter Vater zu sein. Vielleicht ist es auch Ihr hohes Einkommen oder Ihre Fähigkeit, pünktlich Ergebnisse zu liefern. Egal, was es auch ist, Sie werden feststellen, dass die normalen Probleme und Schwierigkeiten, die in diesen Rollen auftreten, Ihnen stärker und häufiger an die Substanz gehen. Wenn es darum geht, »wer Sie sind«, Ihr »Status« bedroht ist, reagiert Ihr Körper, als ob er angegriffen würde.

Es gibt in unserer Kultur eine Botschaft, die unsere Werte unbewusst prägt, nämlich dass wir Außergewöhnliches erreichen, erwerben und leisten müssen, um Wert zu haben. Das führt dazu, dass jeder Rückschlag einen Dämpfer für unser Selbstwertgefühl bedeutet, vor allem, wenn dieses an ein bestimmtes Ergebnis gekoppelt ist (diese Frist einhalten, diesen Verkauf abschließen, diese Studie veröffentlichen etc.). Die Lösung?

Diversifizieren Sie.

Damit meine ich nicht, dass Sie mehr *tun* sollen. Denken Sie stattdessen an all die anderen Dinge, die Sie bereits sind. Keiner von uns ist nur eines. Wie Love es ausdrückte: »Was du beruflich tust, muss nicht definieren, wer du bist.«

Erinnern Sie sich an die Dinge, die Ihnen wichtig sind, und an die anderen Rollen, die Sie im Leben spielen. Mithilfe dieser Methode durchbrach Steve in seiner zweiten und dritten Amtszeit als Bürgermeister den Teufelskreis aus chronischem Stress. Viele Menschen sahen in Steven nur den Bürgermeister. Er hatte das Gefühl, dass sie ihn nur deshalb schätzten und respektierten. Als er sich auf diese Weise sah, war der Gedanke, sein Amt zu verlieren, niederschmetternd. Wenn er daher als Bürgermeister vor großen Herausforderungen stand, solchen, die Auswirkung auf künftige Wahlen haben konnten, bewältigte Steven seinen Stress, indem er sich an alles andere erinnerte, was er war. Er war ein wundervoller Vater und liebevoller Ehemann. Er war ein aktives Gemeindemitglied, das in verschiedenen Gremien und ehrenamtlichen Organisationen mitwirkte, und er war ein engagierter Sohn, der sich um die Pflege und Finanzen seiner gebrechlichen Eltern kümmerte. Seine Identität – und sein Wert für die Welt im Allgemeinen – hatte viele Facetten. Er konnte nicht auf eine einzige Rolle reduziert werden.

Eine wirksame Methode, sich wieder an seinem inneren Kompass zu orientieren und sich an all das zu erinnern, was man *bereits tut*, sind *positive Affirmationen*. Manche Menschen halten Affirmationen – positive Aussagen über sich selbst – für abgeschmackt und sinnlos und fühlen sich dabei unwohl. Ich verstehe das – Affirmationen erinnern mich an Stuart Smalley, eine Figur aus einem Sketch in *Saturday Night Live*, der jede Woche sagte: »Ich bin gut genug, ich bin klug genug, und verdammt noch mal, die Leute mögen mich!« Aber diese Art von Selbstbestätigung meine ich nicht. Es ist wissenschaftlich belegt, dass wertbezogene Affirmationen – bei denen man die zentralen, treibenden Werte im Leben aufschreibt und dann auflistet, wie man diese Werte derzeit lebt und verkörpert – äußerst effektiv sind. Sie sind wesentlich wirksamer als allgemeine positive Aussagen über uns selbst (tut mir leid, Stuart!). Wenn wir das Gefühl haben, dass unsere persönliche Integrität und unser Ego bedroht sind, können wir den Stress abmildern, indem wir uns an unsere Grundwerte erinnern und daran, wie wir bereits auf das hinarbeiten, was uns am wichtigsten ist.[16]

Die Forschungsergebnisse sind vielversprechend: Mithilfe von wertbezogenen Affirmationen verbesserten sich die Leistungen von Studierenden, besonders die von hispanoamerikanischen und Schwarzen Studierenden. Sogar die Leistung von Assistenzärzten steigerte sich dadurch.[17] Wertbezogene Affirmationen können Stresshormone wie Cortisol und Katecholamine dämpfen. David Creswell, ein Forscher der Carnegie Mellon University, führte Untersuchungen zu Affirmationen durch: Frauen mit Brustkrebs schrieben drei Wochen lang einmal pro Woche darüber, wie sie mit ihrer Krebserkrankung umgingen. Dann wurden ihre Aufsätze auf Selbstbestätigungen hin untersucht. Eine Affirmation konnte beispielsweise lauten: »Ich betete mehr denn je. Beten war schon immer eine meiner persönlichen Stärken.« Frauen, die mehr selbstbestätigende Aussagen niederschrieben, befanden sich drei Monate später in einem besseren Gesundheitszustand.[18] Anschließend wollte Creswell wissen, ob Affirmationen »sichtbare« Gehirnaktivitäten auslösen, und fand heraus, dass wertbezogene Affirmationen genauso wie Gedanken an Sex oder glückliche Erinnerungen die Belohnungsbereiche des Gehirns aktivieren (ventromedialer präfrontaler Cortex). Bei wiederholter Übung wirkt diese Denkweise wie eine Schutzimpfung gegen eine Bedrohungsreaktion.[19]

Probieren Sie es gleich aus! Wählen Sie einige Werte oder persönliche Stärken aus – wenn Sie wollen, auch aus der unten stehenden Liste – und denken Sie intensiv darüber nach, warum diese für Sie wichtig sind und wie Sie sie verkörpern.

Meine wichtigsten Werte

Wählen Sie drei Werte in Ihrem Leben (Ideen finden Sie unten) und finden Sie ein Beispiel dafür, wie Sie sie leben:

- *Kreativität (künstlerische/musikalische)*
- *Gemeinschaft/Beziehungen*
- *Eine gute Freundin oder ein gutes Familienmitglied zu sein*
- *Vergrößerung des eigenen Wissens/Neugier*
- *Hilfsbereitschaft/ausgeprägter Gerechtigkeitssinn/Gleichberechtigung*
- *Ehrlichkeit/Integrität/moralische Prinzipien*
- *Mut/Unerschrockenheit*
- *Freundlichkeit/Großzügigkeit/Mitgefühl*
- *Natur/Umwelt/Nachhaltigkeit*
- *Spiritualität/Religion*

Wenn Sie Klarheit darüber haben, worauf Ihr Selbstwert basiert und welche Ihre Werte sind, sind Sie eher in der Lage, bei Stress physiologisch eine Herausforderungsreaktion zu zeigen und sich schneller zu erholen. Die Fähigkeit, sich selbst als facettenreiche Persönlichkeit zu sehen, ist ein wichtiger Faktor, um Stressresilienz zu entwickeln. Mit dieser Selbsterkenntnis kann etwas, das einen Teil Ihres Lebens bedroht, Sie nicht mehr in Ihrem ganzen Sein bedrohen.

In Stressbewältigungsseminaren coachen wir die Teilnehmer in »Identitätsvielfalt«, d. h. darin, ihr Selbstverständnis so zu erweitern, dass es alles umfasst, was sie sind. Wir wollen nicht, dass unser Selbstwert sich auf ein kleines Stückchen Kuchen beschränkt – wir wollen den ganzen Kuchen sehen, und zwar jeden Tag.

Und es geht nicht nur darum, was Sie tun oder was für Sie wichtig ist – einfach Sie selbst zu sein reicht schon aus. Trotz der gesellschaftlichen Botschaft, dass wir nur so gut wie unsere Leistungen sind, müssen wir uns daran erinnern und darauf vertrauen, dass unser natürlicher, angeborener Wert immer vorhanden und unsere Identität komplex und vielschichtig ist. Bei unseren Retreats bieten wir den Teilnehmern ein Mantra an, auf das sie zurückgreifen können: *Ich bin genug*. Sagen Sie es sich in Momenten, in denen Ihnen ein Problem in einem Lebensbereich wie ein Angriff, eine Verletzung oder eine Bedrohung vorkommt. In diesem kurzen Satz steckt das Wissen, dass Sie vieles sind und von Natur aus wertvoll und wichtig – egal, was passiert.

Ich bin genug, ich habe genug, und ich mache genug.

Angesichts des impliziten und expliziten Sexismus, mit dem wir im Lauf unseres Lebens konfrontiert werden, entwickeln vor allem Frauen eine negativere Selbsteinschätzung, bewerten Stress härter und haben schlicht ein höheres durchschnittliches Stressniveau – das zeigen alle mir bekannten Studien.

Personen aus einer sozialen Randgruppe stehen vor der gleichen Herausforderung, da sie möglicherweise Stigmatisierungen und verletzende Botschaften verinnerlicht haben. Deshalb ist es umso wichtiger, zu prüfen, was wir uns selbst sagen. Unsere selbstkritische Stimme ist manchmal so laut und meldet sich so oft zu Wort, dass wir sie gar nicht mehr wahr-, sondern einfach hinnehmen. Tina Fey, eine Komikerin, die in Improvisationsclubs anfing und dann in der Comedy-Show *Saturday*

Night Live berühmt wurde, hat mich schon oft zum Lachen gebracht. Sie sagte einmal etwas, das mir wirklich imponierte: »Ich bin immer wieder erstaunt über Tina Fey. Und ich *bin* Tina Fey.«

Ich bitte die Teilnehmer eines Retreats, dies zu wiederholen, aber ihren eigenen Namen zu verwenden. Am Anfang werden Sie sich überhaupt nicht wohl dabei fühlen, aber versuchen Sie es trotzdem. Sie haben im Leben unzählige Notlagen, Verluste und Zurückweisungen überlebt, und dennoch sind Sie immer noch hier und versuchen, Ihr Bestes zu geben und an sich zu arbeiten. Sagen Sie es nochmals. Wie sehr glauben Sie das, was Sie sagen?

Cathy Caplener, Teilnehmerin eines meiner Workshops, kündigte einmal an (scherzhaft, wie ich annahm), eine große Reklametafel aufstellen zu wollen, auf der in riesigen Blockbuchstaben geschrieben stand: DU BIST GENUG. Keine Werbung, kein Marketinggag. Sie wollte, dass die Menschen es lesen und wissen, dass sich jemand wirklich Gedanken macht und diese Plakatfläche kauft, um eine Botschaft als Gegenmittel zu diesem allgegenwärtigen Mangel-Mindset zu verbreiten, das uns Druck macht, immer mehr zu leisten, zu erreichen und zu verdienen, um uns wertvoll zu fühlen.

Ich sagte ihr, dass ich es für eine tolle Idee hielt, aber befürchtete, dass die Leute es nicht verstehen würden. Wie sich herausstellte, lag ich falsch. Ein Jahr später hatte sie 15 Reklametafeln in Los Angeles und im Silicon Valley aufgestellt. Sie bekommt Rückmeldungen von Leuten, die eine der Werbetafeln sehen, die Botschaft notieren und Kontakt mit ihr aufnehmen, um ihr zu sagen, welch großen Einfluss diese auf sie hat.

Besonders bei Menschen mit Depressionen oder Selbstmordgedanken scheint die Botschaft Anklang zu finden – einige Menschen sprachen Cathy an, um ihr zu sagen, dass die Botschaft ihre Rettung war. Momentan arbeitet sie mit Organisationen zusammen, die weitere Plakatwände mit dieser Aussage sponsern wollen. Cathy hat selbst mit Angstzuständen und Depressionen zu kämpfen, und diese Botschaft – du bist genug – hilft ihr.

»Ich wollte die Leute umarmen«, meinte sie. »Jetzt umarmen die Leute mich und verbreiten Reklametafeln im Zuge unserer *Giving Purpose*-Kampagne.«[20] Cathy hofft, in jedem US-Bundesstaat zumindest eine aufstellen zu können.

Wenn die Basis Ihres Selbstwertgefühls Bestätigung erfährt oder insgesamt breiter aufgestellt ist, stellt Stress für Sie weniger leicht eine Bedrohung dar. Sie können ihn als Herausforderung sehen … und das ist es, was wir wollen.

Übung des Tages

LAUFEN SIE NICHT WEG … BRÜLLEN SIE!

Fähigkeit für den Notfall: Stellen Sie sich der Situation und erholen Sie sich gut davon

Nehmen Sie sich jetzt einen Moment und denken Sie an ein bevorstehendes Ereignis, das Ihnen Sorgen bereitet. Dabei kann es sich um ein wichtiges Meeting, eine Präsentation oder ein Projekt handeln. Vielleicht aber ist es auch ein kleiner, stressiger Aspekt in Ihrem Alltag: der Berufsverkehr, eine gesellschaftliche Veranstaltung oder ein Streit. Fragen Sie sich, warum diese Situation Ihnen Stress bereitet und was dabei auf dem Spiel steht. Nun machen Sie, dieses Ereignis vor Augen, Folgendes:

Basteln Sie sich einen Schutzschild gegen Stress: Ihr persönliches Rezept, um gegen Stress immun zu werden.

Mit einem Schutzschild aus Selbstvertrauen können Sie Ihre Zellen vor Stress schützen. Daher konzentrieren wir uns auf Ihre Ressourcen, mit dieser speziellen Situation umzugehen, und bauen diese weiter aus.

Notieren Sie auf der nächsten Seite mindestens drei Gründe, warum Sie auf dieses Ereignis vorbereitet sind: Sie können Fähigkeiten, Ressourcen oder Unterstützung durch andere Menschen nennen oder sich an ähnliche Situationen erinnern, in denen Sie Ähnliches durchgestanden haben. Listen Sie die Gründe auf, warum Sie das Zeug dazu haben, diese Situation zu meistern. Sie sind sich nicht sicher, ob Sie daran glauben? Dann glauben Sie zumindest das: Alleine der Gedanke daran erhöht die Wahrscheinlichkeit, dass Sie es schaffen. Gehen Sie das stressige Ereignis selbstbewusst an und glauben Sie an Ihre Kompetenz: *Ich habe das Zeug dazu, das zu tun.*

Schutzschild gegen Stress: Ich habe das Zeug dazu, weil …

Wenn Sie Ihre Stressschutz-Aussagen aufgeschrieben haben, schließen Sie die Augen und stellen sich die stressige Situation möglichst lebhaft vor. Malen Sie sich vor dem Hintergrund dieser Aussagen einen positiven Ausgang aus, bei dem Sie Ihr Bestes gegeben haben.

Zusatzübungen

Nehmen Sie eine übergeordnete Perspektive ein und denken Sie daran, wer Sie sind: Rufen Sie sich beim Gedanken an ein anstehendes stressiges Ereignis einige wichtige Werte ins Gedächtnis, für die Sie stehen und die nichts mit der Situation zu tun haben (siehe »Meine wichtigsten Werte«, S. 119). Die Vielschichtigkeit Ihrer Persönlichkeit kann das Bedrohungsgefühl angesichts dieser speziellen Situation abmildern.

Beziehen Sie auch die zeitliche Perspektive ein – zoomen Sie heraus: Blicken Sie auf dieses Ereignis (auch wenn es noch nicht stattgefunden hat!) aus dem Blickwinkel Ihres zukünftigen Ichs zurück: Wie sehr wird Sie diese Sache in einem Jahr beeinflussen? In fünf Jahren? In zehn Jahren? Meistens lautet die Antwort, dass dieses Ereignis in einem Jahr wahrscheinlich keine Auswirkungen auf unser Leben haben wird. Natürlich besteht immer die Möglichkeit, dass es sich doch auswirkt. In diesem Fall steht wirklich viel auf dem Spiel, aber denken Sie daran: Wir können nur unser Bestes tun und die Kontrolle über alles andere aufgeben.

Troubleshooting

Wenn gegen den Bedrohungsstress nur schwer anzukommen ist

Herausforderungsstatements, Perspektivwechsel und positive Affirmationen unterstützen uns dabei, weniger zu grübeln und Situationen gedanklich zu lösen. Diese

Praktiken geben ein Gefühl der Ruhe und bauen überschüssiges Cortisol im Vorfeld eines Ereignisses (unseren antizipativen Stress) ab, um ganz im Moment und – wenn nötig – eine Löwin zu sein. Aber manchmal verweigert unser Körper die Kooperation, und wir reagieren mit heftiger Angst, Panik und Herzrasen – was dann? Versuchen Sie in solchen Momenten folgende Taktiken aus diesem Kapitel:

Nutzen Sie die Energie Ihres Körpers! Das Gefühl von Stress, wenn Sie mittendrin sind – Herzrasen, Nervosität, Unruhe und sich überschlagende Gedanken durch den Adrenalinschub –, kann ein Pluspunkt sein, der Ihnen Energie gibt und Sie stärkt. Dies ist vor allem dann der Fall, wenn Sie es selbst so sehen. Stellen Sie sich vor, was Ihr Körper bei einer Herausforderungsreaktion tut: Er schickt mehr Blut und Sauerstoff ins Gehirn. Sie haben mehr Glukose zur Verfügung, was Ihnen einen Energieschub verleiht. Dies wiederum fördert ein positives und kreatives Mindset. Ihr Körper sorgt dafür, dass Sie sich konzentrieren und das tun können, was Sie für Ihren Erfolg brauchen. Bei diesem Prozess werden Ihre Energiereserven nicht bis zur völligen Erschöpfung geplündert. Es handelt sich um regenerative Energie. Denken Sie daran: *Dieser Stress ist eine enorme Energiequelle, die mir hilft, erfolgreich zu sein. Mein Körper ist aufgeregt und enthusiastisch!* Formulieren Sie positive Gedanken, wählen Sie ein Herausforderungsstatement aus diesem Kapitel oder formulieren Sie Ihr eigenes – **Sie werden zur Löwin.**

Von »Warum ich?« zu »Jetzt erst recht!«. Wir haben an Tag 1 schon daran gearbeitet, aber wie bereits besprochen, hören wir nie auf, Erwartungen zu haben. Ziel ist es, aufmerksamer wahrzunehmen, wenn wir uns zu sehr an unsere Erwartungen klammern und diese loszulassen. Dadurch reagieren wir nicht mit einer Bedrohungsreaktion, wenn die Dinge nicht wie erwartet laufen. Sollte es doch passieren, drehen Sie den Spieß einfach um. Wenn Sie das Gefühl haben, die Welt hat sich gegen Sie verschworen (*warum ich?*), können Sie stattdessen denken: *Jetzt erst recht!* Denken Sie an all die schwierigen Situationen, die Sie bereits überstanden haben. Ihre Lebenserfahrung kann Ihnen keiner nehmen. Ihre Stresseinstellung prägt Ihre Gedanken, Ihr Erleben und auch Ihre physiologischen Reaktionen auf Ereignisse. Gehen Sie an die Situation mit der Einstellung heran: *Na, Universum, was hast du noch für mich parat?* Schauen Sie, ob es sich jetzt anders anfühlt.

TAG 4

TRAINIEREN SIE IHRE RESILIENZ

EVY POUMPOURAS IST ehemalige Spezialagentin des US-Geheimdienstes, ein Beruf, in dem man buchstäblich damit rechnen muss, eine Kugel abzubekommen. Poumpouras, knapp 1,60 groß, mit weißblondem Pferdeschwanz und makellos geschminkten Katzenaugen, ist nicht zu unterschätzen: Sie hat Bill Clinton, der das Bad in der Menge liebte, beschützt, sie hat George W. Bush in Ägypten sicher durch dichtes Gedränge geführt und ist mit Barack Obama um die Welt gereist. Am 11. September 2001 war sie im World Trade Center und rannte direkt in die Katastrophe hinein statt vor ihr weg, wofür sie vom US Secret Service mit einer Tapferkeitsmedaille ausgezeichnet wurde. Heute ist sie eine gefragte Rednerin zum Thema psychische Widerstandsfähigkeit. Ihr Rat für stressige Situationen: *Akzeptieren und anpassen*. Kämpfen Sie nicht gegen Umstände an, die Sie nicht kontrollieren können. Akzeptieren Sie die Realität, passen Sie sich schnell an und lösen Sie dann das Problem.

Sicher ein guter Rat, aber leichter gesagt als getan! Wie können wir uns ein solches Mindset aneignen, wenn der Stress über uns hereinbricht? Eine von Poumpouras' liebsten Übungen, um ihre Resilienz zu fördern, ist überraschend einfach: Sie duscht kalt.

Warum das hilfreich ist? Tja, nach Poumpouras' eigener Aussage fing sie damit an, weil sie die Kälte fürchtete. Sie hasste sie regelrecht und ertappte sich dabei, sie zu meiden. Doch sie wollte sich nicht von einer Aversion oder Angst einschränken lassen. Daher begann sie damit, jeden Tag kalt zu duschen, um Gehirn und Körper beizubringen, dass sie Kälte sehr gut überstehen konnte. Danach fühlte sie sich stärker.

Studien legen nahe, dass sie danach tatsächlich stärker ist. Indem sie sich unter die kalte Dusche stellt, setzt sie ihren Körper einem geringfügigen, lenkbaren Stressor aus. Ihr sympathisches Nervensystem springt an. Aber dann erholt es sich. Unserer Meinung nach stellt dieser Peak-and-Recovery-Prozess ein wesentliches Element der Stressresilienz dar.

Bislang haben wir uns in erster Linie auf unsere Reaktion auf vorhandene Stressoren konzentriert und wie wir diese verbessern können. Doch Stressresilienz besteht hauptsächlich darin, sich selbst zu stählen, bevor das Chaos ausbricht. Man arbeitet dann an seiner Stressreaktion, wenn man nicht hochgradig gestresst ist. Um dies umzusetzen, stresst man den Körper *absichtlich*.

Damit meine ich nicht, sich über einen längeren Zeitraum hinweg psychischem Stress auszusetzen. Ich spreche von kurzzeitigen, konzentrierten, akuten Stressspitzen, von denen man sich leicht und ganz von selbst erholt, beispielsweise ein knackiges Work-out oder das Schwimmen in kaltem Wasser. Es hat sich gezeigt, dass kontrollierbarer positiver Stress im Körper das *Gegenteil* von dem bewirkt, was langfristiger toxischer Stress tut: Er verbessert die Gesundheit und die Regenerationsfähigkeit der Zellen, anstatt sie langsam abzunutzen. Wir bezeichnen dies als *hormetischen* Stress.

Dieses Wort sollte uns allen ein Begriff sein, da es darum geht, wie wir Stress für uns nutzen können.

Der Ausdruck *hormetisch* bezeichnet etwas, das in großen Dosen schädlich wäre, in kleinen Dosen aber ziemlich wohltuend ist. Vergleichen Sie den ganzen Tag lang Kaffee zu trinken mit dem Genuss eines einzigen Espressos. Ersteres ist nicht gerade gut für Sie und macht Sie wahrscheinlich ängstlich und nervös. Letzteres hat eine stimmungsaufhellende und gesundheitsförderliche Wirkung. Unserer Ansicht nach verhält es sich mit Stress genauso. Keiner will den ganzen Tag lang im Stress versinken. Wünschenswert sind kurze, intensive Stressdosen, die sich vorteilhaft auf unsere Zellen auswirken und sie resilienter gegenüber zukünftigem Stress machen.

Hormetischer Stress: Eine Putzkolonne für Ihre Zellen

Die Sache mit hormetischem Stress (manchmal auch als Hormesis oder »positiver Stress« bezeichnet): Bei Exposition mit kurzzeitigen, kontrollierbaren Stressoren läuft im Körper eine andere Stressantwort ab als bei chronischem Stress. Für unsere neuronale Stressreaktion haben wir idealerweise einen gut funktionierenden An-Aus-Schalter. Wenn der Sympathikus hochfährt, fährt der Parasympathikus herunter und umgekehrt. Ihr sympathisches Nervensystem wird angeregt, worauf aber eine starke Aktivierung des parasympathischen Nervensystems folgt, um die Stressreaktion abzuschalten (*vagal rebound* genannt). Diese gegenregulierende Stressreaktion hilft uns, uns zu erholen, aber nicht nur das, sie *erquickt* uns. Stellen Sie sich vor, sich nach einer eiskalten Dusche in ein warmes Badetuch zu wickeln: Stress und Erholung. Es tut gut, und es ist gut für Ihre Zellen.

Hormetische Stressprozesse können in der Zelle Wiederherstellungs- und Verjüngungsprozesse bewirken.[1]

Wir wollen, dass eine heftige, akute Stressreaktion die Anti-Aging-Maschinerie in den Zellen anwirft und den »Selbstreinigungs«-Knopf drückt. Hormesis löst die Autophagie aus, einen Prozess, bei dem die Zellen ihre Putztruppe aktivieren, um die Stoffwechselabfälle des Tages zu verschlingen und zu recyceln. Wenn man beispielsweise Würmer erwärmt, werden Hitzeschockproteine aktiviert, die Autophagie auslösen, was wiederum bei den Würmern zu Langlebigkeit führt! Leicht erwärmte Würmer leben tatsächlich länger.[2] Setzt man sie hingegen über einen zu langen Zeitraum zu großer Hitze aus, führt das zu ihrem frühzeitigen Tod. Bei hormetischem Stress gilt es also, die optimale Dosis zu finden.

Er funktioniert in etwa wie eine Schutzimpfung. Man erhält eine Mikrodosis des »Virus« (Stress), und bei einer späteren Konfrontation mit einem starken, ähnlichen Stressor ist man quasi dagegen immunisiert. So, wie Ihr Immunsystem lernt, ein Virus zu erkennen und zu bekämpfen, lernt Ihr Körper, Stress abzubauen, wenn Sie damit konfrontiert werden. Bei Stress sagt Ihr Körper: *Hey, das kenne ich schon. Ich weiß damit umzugehen.*

Auf dem Gebiet der Stressforschung wissen wir schon seit einiger Zeit, dass Organismen, die kurzfristigen Stressoren ausgesetzt sind, später widerstandsfähiger gegen Stress sind. Das ist einer der Gründe, warum wir annehmen, dass Menschen, die mäßige frühkindliche Widrigkeiten erlebt haben, später oft stressresistenter sind. Es gibt natürlich viele Einflussfaktoren. Chronische Widrigkeiten in der Kindheit in Form von langfristig instabilen Verhältnissen, Armut und Missbrauch können sich gegenteilig auf die Gesundheit auswirken. Viele brillante Köpfe untersuchen derzeit, wie sich negative Erfahrungen in der Kindheit auf die Gesundheit im Erwachsenenalter auswirken und welche politischen und gesundheitspolitischen Maßnahmen ergriffen werden müssen, um Risikofaktoren zu erkennen und langfristigen Auswirkungen von toxischem Stress in der Kindheit entgegenzuwirken. Unter hormetischem Stress verstehe ich folglich nicht schädigende Faktoren solcher Art. Ich meine kurzfristige, kontrollierbare Widrigkeiten – in kleinen und wiederholten Dosen –, die Geist und Körper darauf trainieren, Stress abzubauen und sich davon zu erholen.

Guter Stress und wo man ihn bekommt

Ihr Körper liebt akuten Stress. Diese Abfolge von Höhepunkt und Erholung, von Aktivierung des sympathischen Nervensystems und des parasympathischen Nervensystems, ist wunderbar für uns, weil sie Zellreinigung und -reparatur in Gang setzt. Tatsächlich brauchen wir diesen Vorgang sogar. Genauso wie Ihr Haus regelmäßig geputzt werden muss, müssen auch Ihre Zellen regelmäßig gereinigt werden, und akuter Stress ist ein Prozess, der diese Reinigung bewirkt. Wir brauchen Ruhe und Entspannung, ja, aber wir benötigen auch positiven Stress. Wir brauchen beides. Vor allem mit zunehmendem Alter hat man in Ruhe tendenziell einen niedrigeren vagalen Tonus, was zu trägen autonomen Stressreaktionen führt: Es kommt in den

Zweigen des Nervensystems weniger oft zu deutlichen On-off-Reaktionen.[3] Dies macht »positiven Stress« umso wichtiger.

Wenn wir uns absichtlich und wiederholt eine »Dosis« akuten Stress verabreichen, machen wir uns unsere natürliche Fähigkeit zunutze, stärker zu werden. Wir wissen, dass dies vorteilhaft und gesund für den Körper ist und uns hilft, mit zukünftigem Stress umzugehen. Tierversuche mit Mäusen und Würmern haben gezeigt, dass die Exposition gegenüber kurzen Stressspitzen sich lebensverlängernd auswirkt.

Natürlich gibt es biologische Unterschiede zwischen Würmern und Menschen. Daher bestand eines unserer Hauptanliegen im Bereich der Stressforschung darin, herauszufinden, welche Taktiken eine hormetische Stressreaktion im menschlichen Körper auslösen.

Die Stressforschung beschäftigt sich schon seit einiger Zeit mit der Theorie des positiven Stresses. Die allererste Arbeit, die ich als Wissenschaftlerin verfasst und veröffentlicht habe, stammt aus dem Jahr 1998 und handelt von positiven Reaktionen auf Stress.[4] Zu Beginn der Erforschung von hormetischem Stress stützte man sich hauptsächlich auf einzelne Zellen oder Tiere, wobei die Forscher oft unnatürliche Stressoren wie Schock, UV-Bestrahlung oder Chemikalien verwendeten – Stressoren, die der Mensch meidet. Eine Möglichkeit allerdings, mit der Forscher auf sichere Weise eine positive hormetische Stressreaktion beim Menschen auslösen konnten, war Bewegung.

In Laborstudien konnten wir sehen, dass es die stressorübergreifende Resilienz gibt: Zellen, die einer Stressart (UV-Schock) ausgesetzt waren, sind widerstandsfähiger, wenn sie einer *anderen* Stressart (Hitze) ausgesetzt werden. Sie haben ihre zelluläre Ausrüstung verändert, um mit allem fertigzuwerden, was auf sie zukommt. Sie fangen freie Radikale schneller ab. Mit anderen Worten: Zellen, die einer bestimmten Stressart ausgesetzt waren, können mit *jeder* Stressart besser umgehen!

Nun lassen Sie uns schauen, ob dies auch auf den Menschen zutrifft: Reagiert man besser auf psychischen Stress, wenn man sich mit Aerobic stresst? Sehen die Zellen dann jünger aus?

Viele Studien haben fitte Menschen mit solchen verglichen, die viel sitzen, und festgestellt, dass die fitte Gruppe im Laborversuch auf akuten Stress mit weniger Angst und einer niedrigeren Herzfrequenz reagierte.[5] Das sind spannende Erkenntnisse, doch was ist mit Leuten, die zunächst nicht »fit« sind – können sie in Sachen Stress von körperlichem Training profitieren? Dr. Tinna Traustadóttir von der Arizona State University ließ Menschen mit Bewegungsmangel ein achtwöchiges Training absolvieren und verglich sie mit altersgleichen Kontrollpersonen.[6] Nach den acht Wochen wurden die Probanden mit einem physischen Stressor konfrontiert, der oxidativen Stress verursachte (eine enge Blutdruckmanschette, die wiederholt angelegt wurde, um eine Ischämie auszulösen). Die Teilnehmer, die ein achtwöchiges Training absolviert hatten, reagierten auf den physiologischen Stressor mit weniger oxidativem Stress. Kurz und knapp: Es hat funktioniert. Ihr Körper wurde widerstandsfähiger gegen Stress.

Dr. Eli Puterman von der University of British Columbia ist ein weiterer Bewegungsforscher, mit dem ich oft zusammenarbeite. Er warb für seine Studie Probanden an, die sich in Vollzeit um einen demenzkranken Partner kümmerten. Diese Gruppe war großem Stress ausgesetzt und konnte nicht viel Sport treiben.[7] Mit telefonischer Unterstützung eines Trainers absolvierten sie wöchentlich drei Trainingseinheiten à 45 Minuten. Sechs Monate später stellten wir fest, dass sie sich nicht nur nach eigener Aussage stressresilienter[8] fühlten (weniger Alltagsstress, Grübeln und Depressionen, mehr Beherrschung und Kontrolle). Wir nahmen ihnen Blut ab, untersuchten ihre Zellen und fanden heraus, dass sie auch längere Telomere hatten.[9] Das körperliche Training hatte auf zellulärer Ebene wie eine Art Schutzschild gegen den chronischen Stress gewirkt, dem sie ausgesetzt waren.

Holen Sie sich Ihre Dosis guten Stress

Für Menschen, die seit Jahren nicht mehr trainiert haben (dazu gehören in der Regel Pflegende und Menschen mit Depressionen), ist es wichtig, langsam mit einer Sportart wie Yoga oder Walking zu beginnen und den Trainingspuls behutsam zu steigern. Davon abgesehen besteht das Ziel darin, jedem zu ermöglichen, stressresistenter zu werden, auch Menschen, die unter zeitlichem Druck stehen, begrenzte Mittel zur Verfügung haben oder mit vielen Verpflichtungen jonglieren müssen. Deshalb haben wir uns mit einem Trainingsprogramm mit geringem Zeitaufwand beschäftigt, dem *hochintensiven Intervalltraining* (HIIT).

Bei einer HIIT-Einheit absolvieren Sie kurze, intensive Belastungsphasen mit hoher Herzfrequenz, gefolgt von einer kurzen Pause. Es geht darum, die Herzfrequenz schnell auf etwa 80 Prozent der maximalen Kapazität zu erhöhen, mit genügend Pausen, um das Ganze für eine kurze Zeitspanne, etwa zehn Minuten, aufrechterhalten zu können. Intervalltraining ist nichts Neues – Athleten, insbesondere Läufer, praktizieren es seit etwa einem Jahrhundert als Teil ihres Trainingsplans. In jüngster Zeit haben Forscher jedoch herausgefunden, dass hochintensives Intervalltraining in Relation zur investierten Zeit wahrscheinlich den größten gesundheitlichen Nutzen bringt.

Als ich während der Pandemie das Haus nicht verlassen durfte, kaufte ich ein Indoor-Fitness-Bike. Ich hatte vor, eine eigene kleine Studie mit mir als Versuchsperson durchzuführen, um herauszufinden, wie sich HIIT-Training auf mich auswirkt. Ich suchte mir zufällig ein Online-Training aus, das von Robin Arzón geleitet wurde, einer Frau, von der ich noch nie etwas gehört hatte, schwang mich aufs Rad und probierte es aus. Nachdem ich ihren Instruktionen fünf Minuten lang gelauscht hatte, fiel mir die Kinnlade herunter: Sie sprach genau über mein Thema: hormetischen Stress! Ihre Motivationsstrategie war gespickt mit Aussagen wie »Entwickle eine Beziehung zum Unbehagen und radle darauf zu, das macht dich stärker«.

Ihre Stressresilienz fördernde Sprache traf mich mitten ins Herz. Ich wurde ein Fan und begann, mich auf die Trainingseinheiten, so anstrengend sie auch waren, zu freuen. Arzón wirkte wie eine brillante, intuitive Psychologin, ist aber, wie ich herausfand, eigentlich Anwältin, die ihren Beruf aufgegeben hatte, um Fitnesstrainerin zu werden. Ich beobachtete, wie ihr weltweites Publikum schlagartig auf 50.000 Teilnehmer anwuchs. Offensichtlich war ich nicht die Einzige, die von diesem Resilienz-Mindset hingerissen war.

Wir sind begeistert von HIIT als potenzieller Möglichkeit zur Verbesserung der Stressresilienz. Es handelt sich um ein zeit- und kostengünstiges, relativ unkompliziertes Training, das Menschen zu Hause sofort durchführen können, um ihre

Stressresilienz zu steigern und die gesundheitsförderliche »Putzkolonne« in ihren Zellen zu aktivieren. Körperliche Ertüchtigung ist unserem langjährigen Wissensstand zufolge die einzige Möglichkeit, um Hormesis zu bewirken. Sie stellt die einzige validierte Strategie dar, die wir in einer ganzen Reihe von Doppelblindstudien auf Herz und Nieren geprüft hatten und von der wir behaupten konnten: »Das bewirkt ganz klar positiven Stress und hat langfristige positive Auswirkungen.« Ich verbrachte zwei Tage mit führenden Stressforschern an den National Institutes of Health, um zu erörtern, wie sich Stressresilienz am besten erzeugen und messen lässt. Das Einzige, worüber sich alle einig waren, war … Bewegung. Ich verließ diese Meetings und freute mich einerseits darüber, dass Bewegung einen solch hohen Stellenwert hatte, war aber andererseits auch geschockt, dass dies immer noch das Einzige war, das wir mit Sicherheit wussten. Ich ging zurück in mein eigenes Labor und dachte: *Das war's? Bewegung ist alles, was wir haben?*

Die Wirksamkeit von HIIT ist eine solide wissenschaftliche Erkenntnis – das Training auf die »minimal erforderliche Dosis« zu reduzieren, macht es zudem leichter zugänglich. Aber nicht jeder kann seinen Körper auf diese Weise bewegen. Ich suchte nach anderen Möglichkeiten, um im menschlichen Körper gesunden, akuten Stress auszulösen, nach Möglichkeiten, wie Menschen eine hormetische Stressreaktion hervorrufen können, die *nicht* auf Bewegung beruht. Ich hatte mich schon lange mit dieser Frage beschäftigt, eigentlich seit ich 1998 meine erste Arbeit über Resilienz verfasst hatte!

Dann lernte ich Iceman kennen.

Was ich von Iceman lernte

Als die Spa Industry Association mich 2017 zum Global Wellness Summit einlud, hätte ich fast Nein gesagt. Ich hielt es für eine Insider-Veranstaltung der »Wellness-Branche« und wusste nicht, wie ich da hineinpassen oder etwas beitragen sollte. Ich stand im Labor unter Zeitdruck und hatte keine Lust, mir für die Reise Zeit freizuschaufeln. Auf dem Flug nach Florida beschlich mich Angst, und ich begann, meine Entscheidung zu bereuen. Ich würde mich bestimmt wie ein Fisch auf dem Trockenen fühlen – meine Arbeit war auf Konferenzen über Armut, Traumata und gesundheitliche Ungleichheiten viel besser aufgehoben. Sollte ich meine Zeit wirklich damit vergeuden? Schließlich aber konnte ich meine innere Stimme zum Schweigen bringen und erinnerte mich daran: *Es gibt immer irgendetwas, weswegen es sich lohnt, eine Konferenz zu besuchen. Ich sollte sie als Abenteuer betrachten.* Ich schloss die Augen und versuchte, mich auf das Unbekannte einzulassen, das vor mir lag, auf das, was ich sehen und lernen würde, und auf die Menschen, denen ich begegnen würde.

Nach der Ankunft auf der Konferenz bereitete ich mich auf meinen Vortrag vor. Kurz bevor ich an der Reihe war, wollte ich ihn im Kopf noch einmal durchgehen. Doch kaum war der Redner vor mir auf die Bühne getreten, war ich wie gebannt. Er sah ein bisschen aus wie ein Höhlenmensch: groß, drahtig, braun gebrannt und wettergegerbt, mit einem langen grauen Bart. Er trug Shorts und ein einfaches T-Shirt. Alle anderen anwesenden Männer trugen Anzug und Krawatte. Er stach völlig aus der Menge heraus. Nun war ich wirklich neugierig.

Sein Name ist Wim Hof, besser bekannt unter seinem Spitznamen »The Iceman«. Internationale Berühmtheit erlangte er für seine außergewöhnlichen Stunts, bei denen er sich meist extremer Kälte aussetzte:

Er kletterte, nur mit kurzen Hosen bekleidet, in 7400 Metern Höhe am Mount Everest und lief barfuß einen Marathon am Polarkreis. Er saß stundenlang in einem Eisbad. Wim verbrachte einen Großteil seines Lebens damit, zu erproben, wie sein Körper der Kälte standhält. Und zu meiner Freude erzählte er von seinen eigenen Erfahrungen, wie er durch längere Aufenthalte in Eis und Kälte resilienter gegenüber Stress wurde.

Er beschrieb, dass er sich seit seiner Jugend »zum Eis hingezogen« fühlte, sich mitten im Winter ins eiskalte Wasser eines Sees stürzte und sich danach seltsam gestärkt vorkam. Als Erwachsener verlor er seine Ehefrau durch Selbstmord. Plötzlich war er alleinerziehender Vater von vier Kindern mit großen finanziellen Problemen. Um psychisch widerstandsfähiger zu werden, ging er in die Natur und tauchte in extreme Kälte ein: eiskaltes Wasser. Er erzählte: »Meine Kinder haben mich gerettet. Das Eis hat mich geheilt.«

Klingt wie eine Metapher, ist aber in diesem Fall vielleicht sogar wörtlich zu nehmen. Hof fasziniert die Wissenschaft schon seit Jahren: Er hat den Beweis geliefert, dass der Triumph des Verstands über das autonome Nervensystem tatsächlich möglich ist. Von besonderem wissenschaftlichem Interesse ist Hofs Fähigkeit, Prozesse zu kontrollieren, die wir immer für unwillkürlich hielten, wie zum Beispiel Entzündungsreaktionen. Es wäre leicht, das alles als Zufall abzutun. Vielleicht hat dieser Mann aus unerfindlichen Gründen ein wirklich unglaubliches Nervensystem. Doch dann tauchten Studien auf, die Wim Hofs Methode heranzogen (eine Kombination aus

Kälteeinwirkung und einer Atmung mit tiefem Einatmen, kraftvollem Ausatmen und Atemanhalten) und untersuchten, ob die Vorteile von Hofs Methode auf andere Menschen übertragbar waren. Und … sie waren es.

Wissenschaftler in den Niederlanden (Hofs Heimatland), Dr. Matthijs Kox und Dr. Peter Pickkers, injizierten Hof ein Endotoxin (ein Bakteriengift) mit dem Ziel, seine unwillkürliche Immunreaktion zu beobachten. Zuvor machte Hof seine Atemübungen, um die Resilienz seines Körpers gegenüber dem Stressor zu steigern. Hof wies eine deutlich geringere Entzündungsreaktion auf als andere Personen, denen das Endotoxin injiziert wurde.[10] Dann trainierten die Forscher zehn gesunde Männer, indem sie sie vier Tage lang der Eiseskälte aussetzten und sie Atemtechniken durchführen ließen. Die Probanden zeigten die gleiche Reaktion wie Hof: eine geringere Entzündungsreaktion nach der Verabreichung des Endotoxins.[11] Sie hatten binnen kürzester Zeit den Ablauf autonomer Prozesse (Entzündungs-, Immun- und Stressreaktion) in ihrem Körper verändert. Es handelte sich bei Wim Hof also nicht um einen einzelnen Menschen mit einem ungewöhnlichen Nervensystem, der im T-Shirt Klettertouren am Mount Everest machte. Es handelte sich um etwas, das erlernt und potenziell von jedem durchgeführt werden kann. Nach dem, was mir da zufällig in die Hände gefallen war, hatte ich jahrelang gesucht: War Wim Hofs Methode tatsächlich in der Lage, die Resilienz gegenüber Stress sowie die Hormesis zu fördern?

Nach unseren Vorträgen unterhielten Wim Hof und ich uns über sein Trainingsprogramm, bei dem die Teilnehmer unter seiner Anleitung Kälteexposition und Atemübungen praktizieren. Ein Ehepaar, das ebenfalls an der Konferenz teilnahm und kurz zuvor eine Stiftung zur Erforschung von integrativen (nichtpharmazeutischen) Behandlungsmethoden zur Förderung der psychischen Gesundheit gegründet hatte, schloss sich unserem Gespräch an. Die beiden waren so fasziniert, dass sie sich sofort bereit erklärten, eine Studie zu finanzieren, in der die Auswirkungen von Hofs Methode auf die psychische Gesundheit untersucht werden sollten. Ich flog nach Hause und war froh, die Konferenz besucht zu haben. Ich hatte die Ungewissheit ertragen, indem ich mich bewusst dafür entschieden hatte, neugierig und offen für neue Erfahrungen zu sein. Und das zahlte sich aus: Meine Mitarbeiter an der UCSF, Wendy Mendes und Aric Prather, waren immer für eine gute und gründliche Studie zu haben, insbesondere wenn es um die Erforschung von positivem Stress ging. Wir führten die Studie durch und sind immer noch dabei, Blutproben und Daten auszuwerten. Mit Blick auf die psychische Gesundheit scheint die dreiwöchige Anwendung der Wim-Hof-Methode Stress und Depressionen genauso effektiv eindämmen zu können wie aerobes Training. Auffallend war, dass dieses Verfahren, bei dem der Körper durch Kälteexposition oder kontrolliertes Atmen kurzzeitig gestresst wird, sich auf emotionaler Ebene ebenso signifikant positiv auswirkte wie Sport, der gut untersuchte hormetische Stressor, der für den Menschen sicher ist und bekanntermaßen die Stimmung verbessert. Darüber hinaus schien die Wim-Hof-Methode in Bezug auf die stimmungsaufhellende Wirkung sogar überlegen zu sein. Probanden, die sie in einem Zeitraum von drei Wochen praktizierten, verspürten am Ende eines jeden Tages mehr positive Emotionen als diejenigen, die Sport machten.

Wim Hof mag der Beste sein, wenn es darum geht, stundenlang in einem Eisbad zu sitzen oder den Kilimandscharo in kurzen Hosen zu besteigen. Aber viele Menschen haben seine Methode ausprobiert und berichten von ihren positiven Auswirkungen. Und es gibt viele uralte Praktiken, die mit ähnlichen Mitteln, wie der Atmung oder der Exposition gegenüber Hitze und Kälte, arbeiten (z. B. die tibetische Tummo-Atmung). Jeder kann diese regelmäßigen Übungen, die kurzzeitigen akuten Stress auslösen, durchführen und von den Vorteilen für Gesundheit und Resilienz profitieren. Wir alle können die Hormesis in unserem Körper »einschalten«. Es erfordert keinen großen Zeit- oder Energieaufwand, und der Nutzen kann enorm sein.

Lynne Brick hat die positiven Auswirkungen von Übungen, die kurzzeitigen, akuten Stress auslösen, am eigenen Leib erlebt und sie sich zu einer täglichen Gewohnheit gemacht. Vor Jahren arbeitete sie als Krankenschwester im Schockraum. Die Versorgung der Patienten war sehr anstrengend: In den Schockraum kommen Patienten mit einem Polytrauma wie Kopfverletzungen, Rückenmarksverletzungen, Frakturen oder einem Milzriss. Lynnes Job bestand darin, Leben zu retten und unter extremem Druck mit aufgebrachten, trauernden Familienmitgliedern sowie Ärztinnen und Kollegen zu kommunizieren. Lynne befand sich in einem andauernden Adrenalinrausch – sowohl im positiven als auch im negativen Sinn.

Das Positive daran: Während ihrer langen Schichten half sie Patienten zu überleben und sich von Verletzungen zu erholen. Dies empfand Lynne als erfüllend.

Die negative Kehrseite: der psychische Stress sowie ständig auf Basis des Pflegeprozesses (Pflegeassessment, Pflegediagnose, Planung, Umsetzung, Auswertung) Entscheidungen treffen zu müssen, bei denen viel auf dem Spiel stand; außerdem der körperliche Stress, acht bis zwölf Stunden am Tag zu stehen, manchmal mit wenig oder gar keiner Zeit, um Pause zu machen oder auf die Toilette zu gehen; hinzu kam der psychische Stress, wenn man trotz aller Rettungsversuche einen Patienten verlor. Dieser Stress ging an die Substanz und forderte seinen Tribut.

Lynne begann, mit Sport dagegen anzugehen: mit Tennis, Radfahren und Ballett. Schnell merkte sie, dass sich dies positiv auf ihren Stresslevel, ihr Lebensgefühl und die Bewältigung ihres Jobs auswirkte. Mit einem Mal, so berichtet sie, wurde ihr das enorme Heilpotenzial von Bewegung bewusst.

»Bewegung hat mir geholfen, Abstand von den intensiven und traumatischen Erlebnissen in meinem Arbeitsalltag zu nehmen«, sagt sie heute. »Bewegung hat mir geholfen, jeden Tag energiegeladen anzugehen und Freude zu verspüren. Bewegung hat mir geholfen, freundlicher zu meiner Familie und zu mir selbst zu sein.«

Das Training war so bereichernd für Lynne, dass sie beschloss, Aerobic-Trainerin zu werden. Sie lernte durch praktische Erfahrung und brachte sich selbst bei, eine erfolgreiche Trainerin zu werden. Dann bot sie Ausbildungsklassen für andere an, die Aerobic-Trainer werden wollten – vor Ort, auf nationaler und internationaler Ebene. Lynne und ihr Partner Victor machten Fitness zu ihrem Lebensinhalt und sind Eigentümer etlicher »Planet Fitness«-Studios. Inzwischen hat sie auch Wärme (Infrarotsauna) und Kälte (Bäder im Ozean in der Nähe ihres Hauses) in ihr Leben integriert, außerdem Übungen zur Tiefenentspannung wie langsames Atmen. Ob es ihr manchmal schwerfällt, sich Zeit dafür zu nehmen? Sicher.

Aber, so Lynne: »Ich wusste, wenn ich weiterhin anderen helfen wollte, musste ich mir selbst helfen. Ich musste zuerst meine eigene Sauerstoffmaske aufsetzen. Ich musste mir jeden Tag die Zeit dafür freischaufeln.«

Lynne und Victor haben in ihrem Leben schon einige traumatische Situationen erlebt, darunter den Verlust eines Familienmitglieds durch eine psychische Erkrankung. Bewegung, sagt sie, hat jeden Aspekt ihres Lebens beeinflusst – vor allem aber ihre Stressreaktion.

Setzen Sie Ihren Körper absichtlich unter Stress

Wir wissen Folgendes: Zur Aktivierung von Hormesis im Körper eignet sich jede Art von körperlicher Aktivität. Das ist der altbekannte Klassiker. Jetzt aber wissen wir, dass auch sehr kurze, knackige Sporteinheiten – wie hochintensives Intervalltraining – diesen positiven Erholungsprozess auslösen können.

Es kommt nicht darauf an, was Sie tun oder wie lange Sie es tun. Sie müssen nicht eine Stunde lang trainieren. Sie müssen den Körper nur *gerade so stark* stressen, dass er den Erholungsprozess »anschaltet«. Sie wollen den Parasympathikus stimulieren, den Vagusnerv aktivieren, im Inneren Ihrer Zellen aufräumen. Und wie sich herausstellte, war Wim Hof in Sachen hormetischer Stress und natürliche Verjüngungsfähigkeit der Zellen wirklich die ganze Zeit etwas Großem auf der Spur: Sie können diesen Effekt auch erzielen, indem Sie sich nur ein paar Minuten lang der Kälte aussetzen oder bestimmte Formen von hypoxischer Atmung unter fachkundiger Anleitung praktizieren (nicht übertreiben!).

So funktioniert hypoxische Atmung: Sie ist im Grunde eine

Art zyklische Hyperventilation. Sie atmen tief, kräftig und schnell ein und atmen kräftig aus … aber nicht ganz. Man atmet schnell ein, atmet langsam aus und wiederholt den Vorgang. Hof bietet auf seinem YouTube-Kanal Anleitungen zu dieser Atemmethode an. Manchmal treten bei hypoxischer Atmung leichte Missempfindungen auf; andere berichten von Schwindel- und Wärmegefühlen oder sogar Euphorie. Nach etwa 30 bis 50 kräftigen Atemzügen atmen Sie tief ein, dann aus und halten den Atem so lange an, wie Sie können, ohne sich schwindlig zu fühlen oder ohnmächtig zu werden. Halten Sie Ihren Atem anfangs 30 Sekunden lang. Mit der Zeit kann man ihn immer länger halten, und manche schaffen es sogar zwei Minuten lang. Machen Sie etwa drei Durchgänge: erst hypoxische Atmung, dann Atemanhalten. Und das war's. Sie wechseln von niedrigem zu hohem Sauerstoffgehalt im Blut und bewirken viele weitere Veränderungen im Blut: ein idealer hormetischer Stresscocktail.

Kox und Pickkers nahmen zunächst Blut ab, während die Probanden im Labor hypoxisch atmeten. Die Tests zeigten einen natürlichen Anstieg des Adrenalinspiegels, der Teil der Stressreaktion auf Hypoxie ist. Ihr Körper sagt: »Ich kann nicht atmen, mobilisiere eine große Stressreaktion!« Je intensiver der Adrenalinschub, desto größer fällt später die entzündungshemmende Wirkung aus. Mit anderen Worten: Die Intensität der wohltuenden »Erfrischung und Reparatur«-Reaktion ist an die Stressintensität gekoppelt. Eine kalte Dusche funktioniert im Wesentlichen auf die gleiche Weise: Sie schocken Ihr System, versetzen es in akuten Stress und ernten die Vorteile, während sich Ihr Körper von dem Stressor »erholt«. Nach der ersten Studie von Kox und Pickkers gab es eine kleine Studie, die zeigte, dass die Methode bei Menschen mit entzündlichen Gelenkserkrankungen die Entzündungswerte im Blut reduziert.[12]

Als ich Wim Hofs Atemtechnik zum ersten Mal ausprobierte, verspürte ich unmittelbar danach eine Wirkung. Ich fühlte mich wie ein ruhiger See – nichts konnte mich aus der Ruhe bringen. Ich fühlte mich leicht und zugleich voller Energie. Im Lauf des Tages merkte ich, dass ich mich gegenüber Stressoren, die mich sonst vielleicht aus der Bahn geworfen hätten, unempfindlicher fühlte. Durch den gezielten Einsatz von hormetischem Stress lässt sich Stress reduzieren und formbar machen. Wir können unsere Sichtweise auf ihn verändern und uns in Bezug auf Stress eher erregt als bedroht fühlen. Bei mir funktionieren Body-up-Methoden, die über den Körper den Geist beeinflussen, besser als Top-down-Methoden, um das Gedankenkarussell zu stoppen und Muskelverspannungen zu lösen. Mit anderen Worten: Wir versuchen oft, uns per Verstand aus unserem Stress herauszudenken, aber unser Körper ist darauf ausgelegt, uns dabei zu helfen, Stress abzubauen; wir sollten auch ihn nutzen. Wenn Sie das Gefühl haben, dass sich in Ihrem Körper Stress angesammelt hat, den Sie loswerden müssen, können Sie durch geballte »Stressdosen« den gespeicherten Stress aus Ihrem Körper ausleiten. Sie frieren ihn ein, heizen ihn auf oder atmen ihn aus. Dadurch verändern Sie seine physikalischen Eigenschaften, sodass er sich auf produktive, gesunde und erfrischende Weise durch Ihren Körper bewegt.

Hier ist die Quintessenz: Sie können Ihrem Körper (bei sicherer Durchführung) *jede* dieser positiven Stresserfahrungen zugutekommen lassen und resilienter werden. Allerdings sind viele dieser positiven Stresspraktiken mit Ausnahme von Bewegung nicht gut erforscht; ich mache hier pauschale Aussagen über hormetische Stressoren, daher sollten Sie entsprechend bedacht damit experimentieren. Wir wissen sicher, dass bei Würmern viele Stressortypen, die in moderaten Dosen wiederholt werden, Hormesis fördern, die in Zellgesundheit und Langlebigkeit resultiert; beim Menschen begünstigt kurzzeitiger, wiederholter, körperlicher Stress sehr wahrscheinlich die Stressresilienz. Aber es handelt sich um ein junges Forschungsgebiet, und es gibt noch viel darüber zu entdecken, welche Arten von Stressoren gesund sind, welche Dosen optimal und welche schädlich sind. Insbesondere HIIT erweist sich nicht nur mit Blick auf das *Wohlbefinden* als äußerst effektiv, sondern verbessert auch tatsächlich die Reaktion des Nerven- und Immunsystems und fördert zudem Wachstumsfaktoren in Gehirn und Körper, die die Regeneration nach einem stressigen Ereignis begünstigen.

Wir wollen nicht ständig geringfügigen Stress erleben. Für ein dauerhaftes Verharren in Gemütszustand gelb ist der menschliche Körper einfach nicht gemacht. Er ist darauf ausgelegt, akuten Stress zu erleben, der ihn in Gemütszustand rot versetzt, um sich anschließend in Gemütszustand grün davon zu erholen. Erholen können wir uns nur, wenn wir unseren Körper absichtlich mit einer positiven Stresserfahrung konfrontieren – auch eine sehr kurze erfüllt ihren Zweck.

Genau das ist es, was wir heute vorhaben.

Übung des Tages

EINE DOSIS GESUNDER STRESS

Fähigkeit für den Notfall: Nutzen Sie Ihre Stressreaktion, um Gesundheit und Langlebigkeit zu fördern

Wenn wir den Körper darauf trainieren, Stress gut zu verstoffwechseln, indem wir ihm »Dosen« von positivem, hormetischem Stress verabreichen, werden wir automatisch widerstandsfähiger gegen auftauchende Stressoren. Heute bringen wir dem Körper bei, auf Stress mit einer akuten Peak-Reaktion zu antworten und dann durch Aktivierung des Parasympathikus schnell in den Erholungs- und Zellsäuberungsmodus zu wechseln. Sollte es Ihnen möglich sein, schlage ich vor, es morgens zu versuchen, wenn Ihr Biorhythmus auf Aktivität programmiert ist (hoher Cortisol- und Glukosespiegel). »Stressfitness« bedeutet, den Körper mehrmals pro Woche mit kurzen, knackigen Stresseinheiten zu trainieren. Es gibt mehrere Möglichkeiten, diese Art von positivem körperlichem Stress auszulösen, wobei jede einen gesunden, hormetischen Effekt auf den Körper hat. Am besten ist es, sich entweder mit kurzen, intensiven Work-outs oder Kälteexposition etwas Unbehagen zuzufügen. Die Wim-Hof-Atemmethode ist ebenfalls sehr effektiv, erfordert aber etwas Übung und kann zu Schwindelgefühlen führen. Probieren Sie sie gerne aus. Eine Anleitung finden Sie auf seinem YouTube-Kanal. Besonders für Menschen, die keinen Sport treiben können (etwa aufgrund einer Behinderung), ist die Methode eine gute Alternative. Heute aber sollten Sie, wenn möglich, eine dieser beiden Methoden wählen.

Für welche Herausforderung entscheiden Sie sich?

Option 1: HIIT it!

Versuchen Sie es mit einer Runde hochintensivem Intervalltraining. Keine Sorge – es klingt anstrengender, als es ist! Ein HIIT-Zyklus dauert etwa sieben Minuten. Die Grundregeln: Wählen Sie Übungen aus der unten stehenden Liste aus. Sie können so viele auswählen, wie Sie möchten, aber halten Sie es für den Anfang simpel.

Wichtiger Hinweis: Sollten Sie schon seit geraumer Zeit keinen Sport mehr getrieben haben, sollten Sie nicht mit HIIT starten! Überspringen Sie die Tabelle unten und beginnen Sie mit irgendetwas, das sich leicht umsetzen lässt, wie etwa zügigem Gehen. Die Idee dahinter ist dieselbe: Gehen Sie für ein paar Minuten an Ihre Leistungsgrenze. Pushen Sie sich mit Musik, verwenden Sie einen Schrittzähler oder trainieren Sie mit einem Partner – alles, was Spaß macht, ist erlaubt. Es gibt viele Möglichkeiten, mithilfe von Bewegung positiven Stress hervorzurufen.

Wenn Sie HIIT ausprobieren möchten, empfehle ich Ihnen, im Internet nach einem siebenminütigen Video mit Anleitung zu suchen (es sollten viele Optionen auftauchen). Wenn Sie das Training selbst zusammenstellen, wählen Sie einfach unten drei Übungen aus und führen Sie sie im Wechsel durch. Stellen Sie sich auf Ihrem

Handy einen Timer auf sieben Minuten. Motivieren Sie sich, wenn Sie mögen, mit peppiger Musik und legen Sie los. Machen Sie jede Übung 30 Sekunden lang, gefolgt von zehn Sekunden Pause. Führen Sie Wiederholungen durch, bis die sieben Minuten um sind. Es ist Ihnen überlassen, ob Sie bei einer Übung bleiben oder sie mit anderen kombinieren.

Hampelmann	Wandsitz	Liegestütze	Liegestütze auf den Knien
Plank	Plank auf den Knien	Crunches	Step-ups
Squats	Trizeps-Liegestütze	Knees-up	Ausfallschritte

Wenn Sie mit einigen dieser Übungen nicht vertraut sind, finden Sie im Internet viele angeleitete Videos (geben Sie den Suchbegriff »7-Minuten-Work-out« ein).

Sie können das Training sehr gut an Ihre individuellen Bedürfnisse anpassen. Das sind Ihre sieben Minuten, um Ihren Körper auf gesunde, positive Weise zu stressen. Sie müssen nicht gut in Sport sein oder sich auf einem bestimmten Leistungsniveau befinden, um davon zu profitieren. Gleichzeitig können Sie ein Topathlet oder eine Topathletin sein und dennoch nicht davon profitieren, wenn Sie nicht an Ihre Leistungsgrenze gehen.

Unabhängig von der Wahl der Übungen und Ihren körperlichen Fähigkeiten geht es immer um das gleiche

Ziel: bis an den Punkt zu gehen, wo es unangenehm und schwierig wird. Konzentrieren Sie sich auf *diese* 30 Sekunden – anschließend verschnaufen Sie kurz. Dann konzentrieren Sie sich auf die nächsten 30 Sekunden. Fokussieren Sie sich auf das, was Ihr Körper in diesem speziellen Moment tut: Er verbrennt durch die Anstrengung Stress. Ihr Körper liebt es!

Option 2: Stellen Sie den Regler auf kalt

Sie müssen nicht barfuß durch die Arktis laufen, um von den hormetischen Effekten eines Kälteschocks zu profitieren. Drehen Sie heute am Ende Ihrer warmen Dusche den Regler auf kalt – so kalt, wie Sie aushalten. Können Sie 15 oder 30 Sekunden lang unter dem kalten Strahl stehen bleiben? Vielleicht sogar eine Minute? Unsere Versuchsteilnehmer ließen wir bis zu drei Minuten kalt duschen. Gehen Sie wie beim Sport an Ihre Grenzen und: Lassen Sie sich darauf ein und entspannen Sie sich!

Das ist der Schlüssel. Sie werden den Drang verspüren, sich zusammenzukrümmen, zu verkrampfen, sich zu wehren und nach Luft zu schnappen. Ein eiskalter Wasserstrahl ist unangenehm! Es ist schockierend! Auf ebendiese Weise reagieren wir auch auf plötzliche, unerwartete Stressoren, und sie macht es uns schwer, sie zu überstehen und uns von ihnen zu erholen. Mithilfe von körperlichem Stress erkennen wir, dass wir nicht zwangsläufig auch auf psychischer Ebene reagieren müssen. Und das hilft uns, uns schneller von Stress zu erholen. Bei einer kalten Dusche kann man die Zähne zusammenbeißen, die Schultern hochziehen und es einfach über sich ergehen lassen. Man kann den kostbaren Moment aber auch nutzen, um Stressresilienz aufzubauen. Sie können erst warm und dann kalt duschen (und Sie werden feststellen, dass sich Ihr Körper von innen heraus erwärmt) oder umgekehrt, wenn Ihnen das lieber ist. Am besten duschen Sie morgens, damit Sie den Energieschub den Tag über genießen können – aber jeder Mensch reagiert anders. Sagen Sie sich: *Mein Körper liebt das. Mein Körper braucht das. Mein Körper ist dafür gemacht.*

Sowohl bei Option 1 als auch bei Option 2 geht es um das Gefühl, Energie zu tanken und »den Tag voll auszuschöpfen«. Sie tun aktiv etwas dafür, »eine Löwin zu sein«, so, wie im vorigen Kapitel besprochen. Je intensiver Sie vor dem Auftauchen von Stress Ihre Widerstandsfähigkeit trainieren, desto besser sind Sie vorbereitet, ihm die Stirn zu bieten und ihn auf gesunde und effektive Weise zu verarbeiten. Eine Teilnehmerin der Wim-Hof-Studie formulierte es so: »Ich habe mehr Bewältigungsenergie. Ich komme mit Dingen einfach so viel besser zurecht.«

Körperliche und emotionale Resilienz gegenüber Stress gehen Hand in Hand. Wenn wir unsere körperliche Komfortzone verlassen, indem wir Kälte und Unbehagen ertragen, gewöhnen wir uns auch an unangenehme Emotionen. Das bedeutet nicht, dass wir keine unangenehmen Gefühle empfinden. Es bedeutet, dass wir besser damit umgehen und sie besser verstoffwechseln.

Beide Optionen sind in gewisser Weise mit Meditation

vergleichbar: Wir richten unseren Fokus auf unseren Körper, auf die Grenze des Aushaltbaren und auf das Gefühl der Kontrolle über die daraus resultierende, wohltuende akute Stressreaktion.

Zusatzübung

Jetzt wird's heiß!

Kälteexposition führt zu positivem hormetischem Stress ... und unter den richtigen Umständen auch Wärmeexposition. Saunieren bietet die beste Möglichkeit, positiven Stress durch Wärmeexposition zu testen. Da aber nicht jeder Zugang zu einer Sauna hat, behandle ich Saunieren als zusätzliche Möglichkeit. Sollten Sie es ausprobieren wollen, ist es eine optionale Ergänzung zu den anderen Strategien, die wir bereits besprochen haben.

Die Forschung hat bereits etliche Belege für die emotionalen und physischen Vorteile des Saunierens geliefert. Mit »Hyperthermie« lässt sich effektiv hormetischer Stress im Körper hervorrufen. Durch etwa 30-minütiges Saunieren kommt es zu einem Anstieg der Hitzeschockproteine. Regelmäßige Saunagänger weisen einen höheren Wert auf als nicht an Hitze gewöhnte Menschen. Wie bei moderatem Training erhöht sich während des Saunierens die Herzfrequenz. Ähnlich wie regelmäßiger Sport senkt regelmäßiges Saunieren den Blutdruck und verbessert die Herz-Kreislauf-Funktionsindizes.[13] Einige der Mechanismen sind uns bekannt: Bei herzkranken Mäusen (die mit Fast Food ähnlich dem von McDonald's gefüttert wurden) führte eine wiederholte Wärmebehandlung zur Aktivierung von Hitzeschockproteinen, die entzündungshemmende Mechanismen auslösten und zu einer Verbesserung ihrer Atherosklerose und sogar zu einer längeren Lebensdauer führten.[14]

Man vermutet, dass sich Hyperthermie auch für die Behandlung von Depressionen eignet.[15] Zunächst stellten Forscher fest, dass ein einziger Saunabesuch von einer bis eineinhalb Stunden, bei dem die Körperkerntemperatur typischerweise bis auf 39,4 Grad steigt, die Symptome einer Depression bis zu sechs Wochen lang verbessert.[16] Dies waren erfreuliche Erkenntnisse, da wirksame Behandlungsmöglichkeiten für Depressionen schwer zu finden sind. Menschen mit Depressionen leiden häufig auch unter Temperaturregulationsstörungen. Indem wir sie in eine Hyperthermie-Situation versetzen, in der wir den Körper zwingen, seine Kühlmechanismen einzuschalten (die natürliche Reaktion des Körpers auf eine künstliche Erwärmung ist der Versuch, sich selbst abzukühlen), »schalten« wir auch den Mechanismus ein, der nicht richtig funktioniert hat. Je stärker die Senkung der Körperkerntemperatur in den Tagen nach der Erwärmung ausfiel, desto größer war die Symptomlinderung bei den depressiv Erkrankten. Im Zuge ihrer bisherigen Forschung über Hyperthermie-Mechanismen[17] stellte Dr. Ashley Mason, Privatdozentin an der UCSF, fest, dass eine handelsübliche Infrarotsauna, die man problemlos online bestellen kann (im Gegensatz zu einer teuren medizinischen Infrarotsauna), depressive Symptome verringern kann.

Obwohl es noch weiterer Forschung bedarf, scheint Saunieren eine einzigartige Möglichkeit darzustellen, um hormetischen Stress im Körper auszulösen sowie eine Verbesserung des Gesundheitszustands und der Stimmungslage zu erzielen.

Troubleshooting

Wenn HIIT nicht gleich »einschlägt« …
Sollten Sie heute Option 1 ausprobiert haben, werden Sie beim ersten Mal vielleicht noch nicht viel von der positiven Wirkung spüren. Stellen Sie sich darauf ein, dass die erste Woche die schwierigste wird. Bei regelmäßigem Training (nur sieben bis vierzehn Minuten mehrmals pro Woche) bauen Sie die Stressresilienz Ihres Herz-Kreislauf- und Nervensystems auf und verspüren durch den Sport mehr positive Emotionen. Ihr Körper wird schnell lernen: *Das fühlt sich gut an. Ich fühle mich nach dem Training besser.* Geben Sie Ihrem Körper wie bei jeder neu eingeführten Routine die Gelegenheit, sich daran zu gewöhnen. So können Sie die Vorteile in Ihrem Alltag auskosten.

Wenn Sie mit Depressionen kämpfen …
Jede Art von Sport, auch kurze Einheiten wie HIIT, erweist sich bei der Behandlung von Depressionen als äußerst wirksam. Das Problem ist, dass man bei Depressionen einfach keine Lust hat, sich zu bewegen, und Selbstmotivation ein Ding der Unmöglichkeit sein kann.

Sollten Sie unter schweren Depressionen oder Angstzuständen leiden, die Sie daran hindern, diese Methoden auszuprobieren, ist Folgendes unser Wissensstand: Es ist schwer anzufangen. Es fühlt sich nicht gut an. Aber Sie können die anfängliche Hürde überwinden, sich »blöd« zu fühlen. Sie sollten wissen, dass jede Bewegung, auch wenn sie nur fünf Minuten dauert, für Ihr Gehirn sinnvoll und wichtig ist. Sanftes Yoga kann eine gute Wahl sein. Wenn Sie können, versuchen Sie es mit einem persönlichen Coach. Oder bitten Sie eine Freundin oder einen Nachbarn, Ihnen als Motivationspartner zur Seite zu stehen – ziehen Sie es eine Woche lang gemeinsam durch. Melden Sie sich, schreiben Sie sich gegenseitig Textnachrichten, sprechen Sie sich gegenseitig Mut zu und geben Sie sich Tipps. Es hilft sehr, jemandem gegenüber verantwortlich zu sein und das Gefühl zu haben, bei diesem Projekt einen Partner zur Seite zu haben.

Wenn Sie unter einer massiven Angststörung leiden …

Mit Blick auf die psychische Gesundheit eignen sich je nach psychischer Erkrankung unterschiedliche Trainingsformen. HIIT eignet sich hervorragend für Depressionen, kann aber für Menschen mit einer starken Angststörung eine Herausforderung darstellen. Bei manchen Menschen können Bewegung und andere hormetische Stressoren die Angst verstärken.

Wenn die Angst bei Ihnen massive körperliche Symptome auslöst und Sie dies im Vorfeld schon über sich wissen, kann HIIT Ihre Angst verschlimmern statt verbessern.

Trotzdem empfehle ich Ihnen, sich langsam an eine Übung mit hormetischem Stress durch Sport heranzutasten. Es kann sein, dass sich Ihr Körper nach einigen Versuchen, wenn er mit der Übung vertrauter wird und sie nicht mehr als unbekannte »Bedrohung« empfindet, allmählich an die physiologischen Veränderungen gewöhnt, die sich wie Angst anfühlen können (z.B. Herzrasen). Dies kann letztlich dazu beitragen, Ihre Angstzustände zu mildern. Sollte Sport für Ihren individuellen Gemüts- oder Körperzustand trotz alledem nicht die richtige Wahl sein, respektieren Sie diese Tatsache und seien Sie nett zu sich selbst. Eine andere Methode, wie z.B. kaltes Duschen oder Saunieren, ist vielleicht besser für Ihren Körper geeignet.

TAG 5

LASSEN SIE DIE NATUR DIE ARBEIT MACHEN

STELLEN SIE SICH einmal vor: Sie bekommen die Anordnung, über ein Jahr lang zu Hause zu bleiben. Alles macht dicht, man kann nirgendwo hingehen. Sie erledigen Ihre gesamte Arbeit per Computer und sind ständig dem blauen Licht Ihres Laptops oder Monitors ausgesetzt. Sie haben keine sozialen Kontakte und können mit anderen nur über den großen Bildschirm Ihres Computers oder den kleinen Ihres Handys interagieren.

Ich weiß, das klingt nur allzu vertraut.

Wer nicht als Ersthelfer oder in einem systemrelevanten Beruf tätig war (was ganz eigene, massive Stressoren mit sich brachte), erlebte dieses Szenario während der Pandemie zumindest eine bestimmte Zeit lang als neue Realität. Wir waren viel drinnen und starrten die meiste Zeit des Tages auf unsere Bildschirme: Plötzlich waren sie der Ort, an dem sich alles abspielte, von unserer Arbeit über soziale Kontakte bis hin zur Zusammenarbeit mit Kollegen. Es gab einfach keine andere Möglichkeit. Schon vor der Pandemie hatte die Zeit, die wir drinnen verbrachten, abgeschirmt vom Tageslicht und dem natürlichen Lebensrhythmus, einen historischen Höchststand erreicht. Je mehr wir vor den Bildschirmen saßen, um zu arbeiten, desto häufiger checkten wir die Nachrichten, die sozialen Netzwerke und andere Quellen, die uns mit Hiobsbotschaften aus aller Welt versorgten. Umfragen ergaben ein noch nie da gewesenes Ausmaß an Angstzuständen, Depressionen, Schlafproblemen und Burn-out.

Während der Lockdowns versuchten die Menschen vor allem mit dieser Methode, ihrer pandemiebedingten Angst beizukommen: Sie gingen nach draußen in die Natur. Nachdem alles geschlossen hatte, war es die einzige Möglichkeit, aus dem Haus zu kommen und sich eine Pause zu gönnen. Seitdem werden Studien durchgeführt, in denen ermittelt wird, wie viel »blau-grünen Raum« die Menschen bekamen(Kontakt zu städtischen Parks, Wäldern, Flüssen und Küstengebieten). Eine von der britischen Mental Health Foundation durchgeführte Umfrage ergab, dass 62 Prozent der Menschen im Vereinigten Königreich angaben, durch einen Spaziergang in städtischen Gärten und Parks Linderung zu finden.[1] Und es schien eine Dosis-Wirkungs-Beziehung zu geben: Je häufiger sich Menschen draußen in der Natur aufhielten, desto besser war ihre psychische Gesundheit. In Spanien war während der ersten Covid-19-Welle, als strenge Lockdown-Maßnahmen verhängt worden waren, die psychische Gesundheit derjenigen, die keine Aussicht ins Grüne oder keinen Zugang zur Natur hatten, unabhängig von ihrem Einkommen deutlich schlechter.[2] Die Natur wirkte offenbar wie ein starkes Medikament gegen Angstzustände.

Ich lebe in der Stadt und bin eine Großstadtpflanze. An den Straßenlärm, die Krankenwagen und Feuerwehrautos bin ich gewöhnt, aber sie tragen bei mir sicher unbewusst zu einer erhöhten Wachsamkeit bei, die mich in Gemütszustand gelb versetzt. Doch ich gehe jeden Tag mit meinem Hund spazieren. Das kann ich nicht unter den Tisch fallen lassen, egal, wie viel ich zu tun habe. Ich muss meine To-do-Liste beiseitelegen und einfach losgehen. Ich gehe mit ihm am Meer spazieren, wo ich das Rauschen der Wellen höre, oder im Golden Gate Park, wo mich das musikalische Rascheln des Windes in den Blättern für einen Moment meine Sorgen vergessen und mich meine Umwelt ganz bewusst wahrnehmen lässt. Dieser Kontrast erinnert mich daran, dass ich mehr Natur brauche! Ganz zu schweigen von der wilden, *rauen* Natur, die noch intensivere Auswirkungen hat, wenn es mir gelingt, der Stadt ganz zu entfliehen und in die Wildnis einzutauchen.

Mein liebster Rückzugsort ist ein abgelegenes Haus am Meer. Binnen einem Tag stellt sich mein Nervensystem neu ein, allein durch die Nähe zum wilden, offenen Meer. Ich steige aus dem Gedankenkarussell, das sich unentwegt rund um Arbeit und Familie dreht, aus und lasse mich auf den rhythmischen, fesselnden Klang der Wellen ein. All meine Probleme wirken im Vergleich zum überwältigend großen Pazifik winzig. Mein Körper scheint sich mit der Umwelt um mich herum zu synchronisieren. Während ich zu Hause mit meiner digitalen Uhr und den Bildschirmen, die mein Leben und meine Arbeit steuern, synchronisiert bin, lebe ich hier im Einklang mit Sonnenauf- und -untergang, den wechselnden Temperaturen im Tagesverlauf, den Düften, Geräuschen und Empfindungen.

Wenn die Pandemie etwas Gutes hatte, dann vielleicht das: In einer der stressigsten und unsichersten Zeiten unseres Lebens waren wir gezwungen, in die Natur hinauszugehen.

Sicher, es war eine Notwendigkeit – wir hatten wirklich keine andere Wahl –, aber wie sich herausstellte, ist der Kontakt mit der Natur eine der effektivsten und unmittelbarsten Möglichkeiten, Stress abzubauen.

Doch es gibt ein Problem: Die meisten von uns befinden sich jetzt wieder in einem »Naturdefizit«. In unserem Alltag mit all seinen Routinen erleben wir Reizüberflutung und Perspektivverlust. Wir verlieren uns buchstäblich in den Details unserer Probleme. Beim Versuch, sie zu lösen, konzentrieren wir uns noch mehr auf sie, und sie blähen sich immer weiter auf. Irgendwann ist der Stress so groß, dass er sich komplett vor unser inneres Kameraobjektiv geschoben hat und wir nur noch ihn sehen.

Wenn Stress zu kognitiver Überlastung führt: Gemütszustand gelb

Das menschliche Gehirn funktioniert wie eine ausgeklügelte Vorhersagemaschine: Auf Basis unserer Erfahrungen, Erinnerungen und Körpersignale prognostizieren wir ständig, was in den nächsten Momenten passieren wird. Aus diesem Grund antizipieren wir durch die übermäßige Nutzung von Bildschirmen und anderen elektronischen Geräten eine massive Reizüberflutung. Wir erwarten sie. Wir sind Feuer und Flamme dafür. Wir gieren danach.

Wegen dieser Gewohnheit oder Erwartung, verbunden, beschäftigt und stimuliert zu sein, kann es ein Ding der Unmöglichkeit sein, zur Ruhe zu kommen und weniger oder gar nichts zu tun. Unser Gehirn sagt uns, dass wir etwas tun, uns über dieses oder jenes Sorgen machen, die Nachrichtenportale und E-Mails checken sollten und so weiter und so fort. In Gemütszustand gelb oder rot findet unser Verstand *alles* besser, als still herumzusitzen. In einer Studie[3] forderte man die Probanden auf, zehn Minuten oder länger ihre Gedanken frei schweifen zu lassen. Wenn die Teilnehmer in dieser Zeit etwas tun wollten, hatten sie die Möglichkeit, sich selbst einen kleinen Stromschlag zu verpassen. Fast 20 Prozent der Teilnehmer verabreichten sich selbst einen kleinen Elektroschock: einige aus Neugier, andere, um der Langeweile oder ihren eigenen Gedanken zu entkommen.

Aufgrund dieser übermäßigen Reizüberflutung und unserer kulturell bedingten Motivation, uns zu überarbeiten, sitzen wir gern einen Großteil des Tages drinnen vor einem Bildschirm. Doch der Verlust des persönlichen Kontakts zu anderen in Kombination mit einer großen Dosis Social Media ist eine tödliche Formel. Soziale Netzwerke gedeihen dank negativer Emotionen und Wut-Emojis, und diese werden noch verstärkt.[4]

Inzwischen wissen wir, dass Facebook-Algorithmen das Problem verschlimmern, indem sie Beiträge mit Wut-Emojis fünfmal häufiger verbreiten als solche mit Likes.[5] Und dann ist da noch die Ausrichtung von Social Media darauf, uns glauben zu machen, dass alle anderen ein tolleres Leben führen als wir selbst, ein Effekt, der die Jugend am härtesten trifft: Die Selbstmordraten unter US-Jugendlichen blieben von 2000 bis 2007 stabil und stiegen dann bis 2018 um 57 Prozent.[6] Die Relevanz der Techniksucht spiegelt sich in verschiedenen politischen Eindämmungsversuchen wider. In Frankreich wurde beispielsweise ein Gesetz verabschiedet, welches das »Recht auf Ausklinken«, also das Ignorieren von E-Mails außerhalb der Bürozeiten, vorsieht. Dadurch sollen die Menschen nachts abschalten können und nicht auf dringende Arbeits-E-Mails antworten müssen, aber für die meisten von uns gibt es solche Schutzmaßnahmen nicht. Vielmehr leiden wir unter einem Abkopplungssyndrom: Wir sind von uns selbst, unseren Gefühlen, unserem Körper, unseren Mitmenschen und der Natur abgekoppelt.

Städter scheinen noch mehr darunter zu leiden. Diejenigen von uns, die im urbanen Raum leben, haben sich an ein gewisses konstantes Maß an Stimulation gewöhnt, was nicht bedeutet, dass dies keine Folgen hat. Der »Urbanitätseffekt« bezieht sich auf das erhöhte Erkrankungsrisiko für Depressionen, Angstzustände und Schizophrenie von Menschen, die im urbanen Raum aufwachsen. Im Vergleich zu Menschen, die in ländlichen Gegenden groß werden, neigen sie dazu, auf soziale Stressfaktoren überzureagieren.[7]

Sogar bei Honigbienen gibt es einen Unterschied zwischen solchen, die in der Stadt, und solchen, die auf dem Land leben. Bienen in der Stadt weisen eine höhere oxidative Stressbelastung auf, wahrscheinlich wegen des höheren Maßes an Verschmutzung, Lärmbelastung und anderen Stimulanzien.[8]

Wir leben in einer Welt, in der einfach zu viel los ist: überstimulierende Bildschirme, der übermäßige Drang, sich ständig beschäftigen zu müssen, und insgesamt viel zu viele Faktoren, die um unsere Aufmerksamkeit buhlen. Doch unser mentaler Zustand und unser Stresslevel werden von unserer Umgebung beeinflusst. Dies nutzen wir zu unserem Vorteil, wenn wir hinaus in die Natur gehen.

Lassen Sie die Natur Ihr Nervensystem ins Lot bringen

Es ist ganz einfach: Durch Veränderung unserer physischen Umgebung können wir unseren mentalen Zustand verändern. Sowohl unsere Gedanken als auch unsere Denkweise lassen sich beeinflussen. Bei vielen Menschen geschieht dies fast automatisch, wenn sie in die Natur gehen: Der Geist wechselt von konditionierten Denkmustern – schnellen Gedankenfolgen, negativen Selbstgesprächen, der Vorwegnahme, was als Nächstes kommt – zum ruhigeren, kreativeren und offeneren diskursiven Denken. Das Eintauchen in die Natur reduziert sofort die Menge der menschengemachten Sinnesreize, an die wir uns gewöhnt haben (via Bildschirm, in Form von Stadtlärm oder durch Informationsüberflutung). Es zwingt den Geist, eine Pause einzulegen. Die Natur ist ein Rückzugsort, der den Geist beruhigt und den Körper entspannt. Ja, wir können unser Gehirn trainieren, dies auch in unserer gewohnten Umgebung zu tun (z.B. durch Achtsamkeitsübungen, wie bereits besprochen), aber in der Natur gelingt es nicht nur schneller, sondern sie bringt auch eine ganze Reihe weiterer Vorteile für unseren mentalen Zustand und unser Nervensystem mit sich.

Die positive Wirkung des Waldes ist gut dokumentiert. Zahlreiche Studien belegen, dass ein Aufenthalt im Wald zu einer Verbesserung etlicher Gesundheitsprobleme führt. In manchen Ländern gibt es den Begriff *Waldbaden*. Das Waldbaden ist vor allem in Asien eine etablierte Praxis. Forscher in Korea und anderswo haben untersucht, wie es sich auf den Menschen auswirkt, mehrmals pro Woche mehrere Stunden lang ins Ökosystem Wald einzutauchen und dabei entweder langsam gehend die Umgebung achtsam wahrzunehmen oder sitzend die Landschaft zu betrachten. In klinischen Studien hat sich gezeigt, dass dies den Blutdruck sowie Cortisol- und Entzündungswerte senkt.[9] In Neuseeland stellen Ärzte ein »grünes Rezept« aus: *Wir empfehlen Ihnen, sich drei Mal pro Woche zwei Stunden lang in der Natur aufzuhalten.* Es hat sich als so wirksam erwiesen, dass es vielerorts Einzug in die Schulmedizin gehalten hat.

Einer der Gründe, warum das Waldbaden eine so unglaubliche Wirkung auf das menschliche Nervensystem hat, sind unsere Sinneskanäle: Von Pflanzen und Bäumen abgesonderte Gerüche wie der nach Zedernholz können die biologische Stressreaktion vermindern. Darüber hinaus ist Waldluft weniger verschmutzt und stärker ionisiert,[10] vor allem, wenn es Wasserfälle gibt oder kürzlich geregnet hat. Auch Geräusche spielen eine große Rolle: das Rascheln der Bäume im Wind, Vogelgezwitscher, Wasserplätschern oder Meeresrauschen wirken auf den Menschen in hohem Maße beruhigend und entspannend. Uns ist noch nicht ganz klar, warum das so ist, aber eine Theorie besagt, dass es beim Menschen ein archaisches Sicherheitsgefühl auslöst. Dieser Effekt kann auch visuell erzeugt werden, wenn wir von Grüntönen umgeben sind – wahrscheinlich sind wir evolutionär darauf programmiert, uns in einer solchen Umgebung ruhig und sicher zu fühlen. Auf der anderen Seite kann der urbane Raum mit seinen unnatürlichen Formen und Geräuschen den Menschen überreizen. Die städtische Umgebung löst bei vielen Menschen anstatt eines Sicherheitsgefühls Wachsamkeit und Alarmbereitschaft aus.

Diese dramatische Veränderung, die wir in der Natur erleben, wird als *attentional restoration effect* (Wiederherstellung der Aufmerksamkeitsfähigkeit) bezeichnet: Wir entlasten unsere überbeanspruchte Aufmerksamkeit, schaffen wieder geistigen Freiraum und fühlen uns besser. In Studien wurde die Gehirnaktivität von Menschen untersucht, während sie Bilder mit Natur- oder Stadtlandschaften betrachteten. Die Forscher fanden heraus, dass Stadtlandschaften im Vergleich zu Naturszenen sofort mehr Aufmerksamkeit und kognitive Verarbeitungsprozesse erfordern und stressbezogene Bereiche wie die Amygdala aktivieren.[11] Dr. Pooja Sahni, Forscherin am Indian Institute of Technology in Neu-Delhi, stellte fest, dass sich im Gehirn beim Betrachten eines Naturvideos mehr Alpha- und Theta-Wellen (neuronale Zustände, die für Entspannung sorgen) messen ließen und sich die kognitive Fähigkeit zur Bewältigung von Ablenkungen verbesserte.[12]

Interessanterweise erwiesen sich in Sahnis Studie Wasserfälle und Flüsse als die stärksten in der Natur vorkommenden Stimuli.

Die Magie des Wassers

Viele Menschen beruhigt auch der Klang von rhythmischem Meeresrauschen. Es beeinflusst unsere Atmung: Wir atmen langsamer und tiefer als im Alltag, wo unsere Atmung oft zu flach ist, was zu einer unzureichenden Sauerstoffversorgung führt (mehr dazu im nächsten Kapitel). Wasser hat etwas Besonderes an sich: Der Meeresbiologe Dr. Wallace Nichols nennt es den »Blue-Mind-Effekt«, und genau das ist es, was wir diese Woche anstreben. Wie bereits besprochen, meint »Blue Mind« oder Gemütszustand blau einen Zustand der tiefen Erholung, der zu Wohlbefinden und Wiederauffüllung der Kraftreserven führt, wobei Nichols betont, dass sich Wohlbefinden mithilfe von Wasser (daher sein Buchtitel *Blue Mind: Wie Wasser uns glücklicher macht*) besonders effektiv herbeiführen lässt. Er beschreibt Wasser als Medizin. Mit dessen Hilfe können wir in einen Zustand der Tiefenentspannung gelangen, den wir ansonsten nicht erreicht hätten.

Der Kontakt mit Wasser, sei es im Meer, in einem Pool oder in einem Salzwassertank, wirkt sich positiv auf unsere Psyche aus und führt zu Ruhe und Wohlbefinden. Seit Jahrhunderten nutzt der Mensch Wasser für seine Gesundheit: egal, ob heiß oder kalt, natürliche heiße Quellen oder hochtechnisierte Floating-Tanks. Floating-Tanks sind mit konzentriertem Salzwasser gefüllt, sodass der Körper sicher und mühelos schwebt. Die Menschen berichten, in diesen Tanks tiefe Zufriedenheit, Sicherheit und Wohlbefinden zu verspüren. Eine Forschergruppe hat die Auswirkungen von Floating in Verbindung mit *Stille* untersucht, einer wirkungsvollen Methode, durch das Ausblenden auditiver Stimuli den mentalen Kontext zu verändern. Sie fand heraus, dass die Angstwerte von Menschen mit starken Ängsten oder Angststörungen nach einer einzigen 90-minütigen Floating-Session fast auf Durchschnittsniveau sanken.[13]

Aber warum ist das so? Eine Theorie lautet, dass das Schweben im Wasser die Körpersignale verändert, wodurch es zu einer drastischen Senkung von Muskelspannung und Blutdruck kommt, was wiederum Auswirkungen auf Körper und Geist hat. Floating im Wasser scheint auch die Interozeption, die Wahrnehmung von Vorgängen in unserem Körperinneren, zu steigern. Die Aufmerksamkeit richtet sich nach innen – nicht auf grüblerische Gedankenprozesse, sondern auf den Atem, den Herzschlag, die Gefühle und Empfindungen im Körper. Der Blutdruck sinkt im Durchschnitt um zehn Punkte, und je mehr er sinkt, desto mehr Gelassenheit empfinden die Menschen – eine Ruhe, die den ganzen Tag anhält.

Wir schleppen eine enorme kognitive Last mit uns herum. Unser Arbeitsgedächtnis ist voll mit Sorgen, To-do-Listen, ungebetenen Gedanken und Reaktionen auf die Stimuli in unserer Umgebung. In der Natur gelingt es uns leichter, fokussiert zu bleiben und unsere Konzentration zu steigern. Neuropsychologische Tests unter Laborbedingungen beweisen dies. Die kognitive Last nimmt ab, wodurch mehr Raum für Kreativität, spontane Einfälle und das Sein im Hier und Jetzt bleibt. Das alles führt zu dem zurück, worüber wir zu Beginn des Buchs gesprochen haben: dass wir die meiste Zeit unbewusst gestresst sind. Wir sind in einer Weise belastet, die uns gar nicht bewusst ist. Oft merken die Menschen nicht, wie gestresst sie sind, bis sie in die Natur gehen und zum ersten Mal seit langer Zeit wieder die *Abwesenheit* von Stress bemerken. Eine enge Freundin, die ihr Leben in San Francisco über alles liebt, sagte kürzlich nach einem Wochenende im Wald: »Mir war gar nicht bewusst, wie stressig die Stadt ist!«

Wie man in Gemütszustand blau kommt

Als Menschen fühlen wir uns zur Natur hingezogen. Durch Aufenthalte in der Natur kommen wir in Gemütszustand grün und können entspannen. Manchmal erreichen wir sogar Gemütszustand blau. Dieser Zustand kann sich in Form tiefer Entspannung äußern (wie in der Einleitung beschrieben), aber auch ein Moment der Transzendenz sein, in dem man sich mit seinem Körper und seiner Umwelt verbunden fühlt, zur Ruhe kommt und die Gedanken freier schweifen lässt. Tatsächlich ist ein intensiver Aufenthalt in der Natur einer der schnellsten Wege, um in Gemütszustand blau zu kommen.

Ich beschäftige mich nun schon seit Jahrzehnten mit Stressresilienz und bin ehrlich gesagt erstaunt, wie wirkungsvoll das Eintauchen in Flora und Fauna die Aktivität des autonomen Nervensystems beeinflusst: Die Natur ist einzigartig in ihrer Fähigkeit, zu beruhigen, die Dinge ins rechte Licht zu rücken und riesige Stressoren weniger bedrohlich erscheinen zu lassen. Dies ist vor allem darauf zurückzuführen, dass wir durch ihre raue Schönheit ehrfürchtig werden und ins Staunen geraten.

Naturaufenthalte bringen uns in Kontakt mit Schönheit und mit einer Welt, die so viel größer ist als wir selbst. In Umfragen beschreiben Menschen, die bewusst in die Natur gehen, wie beeindruckt sie vom »weiten« Meer, einem »gewaltigen« Gebirge, einer »grenzenlosen« Wüstenlandschaft oder dem »endlosen« Himmel sind. Anscheinend bringt der Perspektivenwechsel, der sich aus der schieren Größe der Natur ergibt, den Menschen Ruhe, Frieden und Erleichterung von ihrem Stress. Ein Aufenthalt im Grünen erinnert uns daran, dass wir im Verhältnis zum Universum winzig klein sind.

Dacher Keltner, Professor für Psychologie an der University of California, Berkeley, ist ein Emotionsforscher, den ich seit 20 Jahren kenne. Schon zu Beginn seiner Forschungstätigkeit konzentrierte er sich auf eine positive Emotion: Ehrfurcht.

Damals verstand ich seine Faszination für dieses Gefühl nicht, doch heute denke ich, dass es eine der wichtigsten menschlichen Erfahrungen ist, die es zu verstehen gilt. Er erforschte die, wie er es nennt, »einzigartige menschliche Erfahrung der Ehrfurcht« weiter und stellte fest, dass das Empfinden von Ehrfurcht unmittelbare biologische Auswirkungen hat, wie etwa eine bessere Herzfrequenzvariabilität, einen niedrigeren Blutdruck und einen messbaren Rückgang des Stressniveaus. Bei älteren Erwachsenen führte ein einfacher »Spaziergang in Ehrfurcht« (Dinge wahrnehmen, gemeinsam Fotos machen) im Vergleich zu einem normalen Spaziergang zu geringerem täglichem Stress und positiveren Emotionen und, auf den Fotos, zu einem breiteren Lächeln.[14] Ehrfurcht führt Veränderung herbei – das Gefühl, in der Gegenwart von etwas zu sein, das größer ist als man selbst, rückt die Dinge sofort ins rechte Licht. Wenn wir an die Größe der Welt erinnert werden, schrumpfen plötzlich scheinbar große und bedrohliche Probleme, die zuvor unseren Stress in die Höhe haben schnellen lassen. Unsere Sorgen können angesichts der Erhabenheit der Natur einfach nicht mithalten.

Keltner glaubt, dass sich Ehrfurcht als wirksames »Rezept« gegen Stress, Angst, Depression und PTBS erweisen könnte. Das von ihm gegründete Greater Good Science Center führte eine Studie durch, im Zuge derer man Veteranen mit PTBS in die Wildnis brachte. Im Lauf einer einzigen Woche konnten sie einen Rückgang der PTBS-Symptome um *30 Prozent* feststellen.

»Seit Beginn der Menschheitsgeschichte wird über Ehrfurcht geschrieben«, sagt Keltner. »Ehrfurcht entsteht, wenn wir großen Phänomenen begegnen, die wir nicht verstehen. Laborstudien zeigen, dass dadurch unsere Ichbezogenheit abnimmt. Wir fühlen uns mit größeren Dingen verbunden, etwa mit Ökosystemen. Wir werden wirklich neugierig auf die Welt und sind offen für Neues. Ehrfurcht bewegt uns dazu, uns für die Gemeinschaft, in der wir leben, zu engagieren; wir überwinden das, was uns voneinander trennt, und interessieren uns mehr für unsere Mitmenschen. Die Daten belegen es, und ich gehe tatsächlich davon aus, dass Ehrfurcht der potenziell vielversprechendste Weg zu Heilung und Resilienz ist.«

Ehrfurcht: Ein dauerhaftes Mittel gegen Stress?

Keltner erforscht immer noch die Auswirkung von Ehrfurcht auf die menschliche Resilienz und geht unter anderem der Frage nach, wie lange die Wirkung anhält. Wir wissen, dass Ehrfurcht nicht nur Stress abbaut, sondern auch eine neuronale Signatur hinterlässt – sie kann das Gehirnnetzwerk deaktivieren, das für Grübeln und negative Gedanken verantwortlich ist. Aber ist diese Wirkung von Dauer? Ist sie kurzfristig und geht schnell wieder vorbei, oder handelt es sich um eine Langzeitwirkung, die Ihnen erhalten bleibt?

Ich glaube, dass die positiven Effekte von Ehrfurcht ein Leben lang anhalten können.

Mein Kollege George Bonanno, ein weltweit anerkannter Experte auf dem Gebiet der Traumaforschung und Autor von *The End of Trauma*, hatte eine schwere Kindheit, in der er von einem Elternteil misshandelt wurde. Als Teenager zog er von zu Hause aus, nahm harte Drogen und merkte, wie ihm sein Leben immer mehr entglitt. Mit 17 beschloss er, seine Heimatstadt zu verlassen, um sich von Suchtmustern und schlechten Einflüssen zu lösen und einen Neuanfang zu wagen. Er begann, an der Westküste zu trampen. Ein freundlicher Lkw-Fahrer, der George mitnahm, hörte sich seine Geschichte an und fuhr letzten Endes Hunderte von Kilometer, um ihn an sein Ziel zu bringen. George weiß zwar nicht mehr, wie der Mann hieß, erinnert sich aber noch gut an seine Worte: »Junge, was du tust, ist genau das Richtige. Du wirst dein Leben selbst in die Hand nehmen und Fehler machen. Aber das ist in Ordnung, denn es werden *deine* Fehler sein, du wirst aus ihnen lernen und daran wachsen.«

Bei Einbruch der Dunkelheit musste der Fahrer schließlich umdrehen und in die andere Richtung zurückfahren. Er schlug George vor, ein Stück abseits des Highways in den Hügeln zu schlafen und dann am nächsten Morgen weiterzutrampen. Also ging George im Stockdunkeln den Berg hinauf, rollte seinen Schlafsack aus und schlief unter den Sternen ein. Als er im Morgengrauen erwachte, stellte er fest, dass er sich mitten im Gebirge befand. Noch nie in seinem Leben hatte er die Berge gesehen. Der Himmel war unendlich weit und leuchtete in strahlenden Rosa- und Violetttönen. George war so überwältigt, dass er diesen Moment heute noch schwer in Worte fassen kann, er nennt es »ohne ein konkretes Konzept von Gott dennoch dessen Anwesenheit gespürt zu haben«.

Jahrzehnte später reflektiert George über diesen Wendepunkt: »In diesem Moment erkannte ich im Universum eine klare Ordnung – zeitlos und weder gut noch schlecht. Ich fühlte mich mit ihm verbunden. Ich wusste in diesem Augenblick, dass alles gut werden würde. Mein Leben würde in Ordnung kommen. Und buchstäblich von diesem Moment an war mein Leben in Ordnung.«

George ist heute ein Pionier auf dem Gebiet der menschlichen Resilienz. Er konnte nachweisen, dass die meisten Menschen nach einem traumatischen Ereignis relativ schnell wieder zu ihrem früheren Wohlbefinden zurückfinden. Bei manchen braucht es wenige Monate, bei den meisten ein bis zwei

Jahre. Wir sind widerstandsfähig. Unser Körper, unsere Zellen, unser Geist sind auf Resilienz ausgelegt. Ehrfurcht ist dabei ein Ass, das wir im Ärmel haben. Sie hilft uns, schwere Zeiten zu überwinden und unsere innere Widerstandskraft zu stärken. Vielleicht hatten Sie auch schon Momente, in denen Ihr Leben plötzlich mehr Sinn ergab, Sie Ihre Rolle darin klar vor Augen und das Gefühl hatten, dass sich alle Puzzleteile zusammenfügen. Zu solchen Einsichten gelangt man, wenn man sich in Geisteszustand grün oder blau befindet, selten in rot oder gelb.

»Staunen und Ehrfurcht empfinden« stehen normalerweise nicht auf unserer täglichen, wöchentlichen oder monatlichen Aufgabenliste. Aber das sollte es. Keltner erzählte mir, dass er erst kürzlich aus den Augen verloren hatte, wie wichtig es ist, immer wieder aufs Neue Ehrfurcht zu empfinden.[15] Im Jahr 2019 verlor er seinen jüngeren Bruder, zu dem er ein sehr enges Verhältnis gehabt hatte. Dann kamen die Covid-Pandemie und mit ihr die Stressfaktoren, die uns allen zu schaffen machten: Isolation von Freunden und Familie, die Angst vor Ansteckung und Zukunftsängste. Zwei Jahre lang biss Keltner die Zähne zusammen und kämpfte sich durch. Bis er eines Tages merkte, dass er sich schrecklich fühlte.

»Durch meinen chronischen Stress stand ich ständig unter Strom«, berichtet er. »Ich fühlte, wie Entzündungen in meinem Körper Hitze erzeugten und meine Gedanken nur um Probleme kreisten. Wahrscheinlich sind meine Zellen vorzeitig gealtert! Und plötzlich kam mir diese Erleuchtung: Ich erforsche Ehrfurcht. Also sollte ich meine Erkenntnisse auch selbst in die Tat umsetzen.«

Die Covid-19-Pandemie war noch nicht vorbei, daher kamen

große Reisen nicht infrage. Außerdem wollte Keltner seinen CO_2-Fußabdruck möglichst klein halten, weswegen er ein Leben ohne ausgedehnte Road-Trips, Flugreisen oder übermäßigen Konsum führte. Er musste Ehrfurcht in den kleinen Dingen suchen und begann, sehr aufmerksam durch die Welt zu gehen, um nach Dingen Ausschau zu halten, die dieses Gefühl in ihm erzeugten. Er ging spazieren und entdeckte neue Bäume, die ihm zuvor gar nicht aufgefallen waren. Er hörte Musik. Er schaute sich den Sonnenuntergang an. Er begann wieder, zum Vergnügen zu lesen und sich mit den großen Ideen zu befassen, die einst seinen Horizont erweitert und ihn begeistert hatten. Es funktionierte. Seine Trauer und Sorgen waren immer noch da – sie verschwinden nicht –, aber sie fraßen ihn nicht mehr auf.

Stellen Sie Ihr Nervensystem neu ein, egal, wo Sie leben

Sich mit der Natur verbunden zu fühlen, ist nicht für jeden gleichermaßen leicht. In der Regel mögen wir die Dinge, mit denen wir aufgewachsen und vertraut sind. In die wilde Natur einzutauchen, wird sich daher auf viele nicht unmittelbar beruhigend auswirken, da es ungewohnt ist. Diejenigen von uns, die in der Stadt aufgewachsen sind und sich an ihren Rhythmus, ihre Geräusche und ihr Aussehen gewöhnt haben, fühlen sich in dieser vertrauten, quirligen Umgebung vielleicht zunächst sicherer und ruhiger. Doch wenn wir dem Ganzen eine Chance und uns Zeit geben, uns an diese grünen oder blauen Landschaften zu gewöhnen, werden wir tief in uns eine Seite entdecken, die in der natürlichen Welt mehr Ruhe, konzentrierte Aufmerksamkeit und Gelassenheit verspürt als in der vom Menschen geschaffenen. Das »völlige Eintauchen« in die Natur kann eine Art »Megaeffekt« bewirken, und deshalb möchte ich Sie ermutigen, es einmal zu versuchen. Doch wenn es um die Bewältigung von Alltagsstress geht, hat auch die urbane Natur eine große Wirkung.

Studien haben Grünanlagen in der Stadt mit gesteigerter Aufmerksamkeit, niedrigerer Herzfrequenz, weniger Angst und mehr Ruhe in Verbindung gebracht, während das Fehlen von urbanem Grün mit höherer Gewalt, schlechterer psychischer Gesundheit, geringerer körperlicher Aktivität und höherer Sterblichkeit einhergeht.[16] Diese Beobachtung trifft auch auf Kinder zu. Städtische Gebiete mit wenig Grün stehen in Verbindung mit einer höheren Hyperaktivität und mehr Verhaltensproblemen, wobei sozioökonomische Faktoren berücksichtigt wurden.[17] Auch Telomere scheinen Grünflächen zu mögen! Eine Studie aus Hongkong ergab, dass Menschen, die in Vororten mit mehr Natur und Grünflächen lebten, längere Telomere hatten als diejenigen, die näher am Stadtzentrum wohnten (auch hier wurden sozioökonomische Faktoren berücksichtigt).[18] Fische aus ländlichen Flüssen haben längere Telomere als Fische aus städtischen, stärker verschmutzten Flüssen.[19] Das Gleiche gilt für Vögel, die in ländlichen Gebieten leben, und solchen, die in der Stadt leben.[20] Gärten und Bäume fördern auf vielfältige Weise das Wohlbefinden und die Gelassenheit, auch in städtischen Gebieten.

Kürzlich redete ich in einem Gespräch mit einer Freundin die Natur in der Stadt klein, indem ich sagte: »Ich leide dermaßen an einem Mangel an Natur!« Ich verglich meine Stadtspaziergänge mit einem langen Aufenthalt in der Wildnis. Meine

Freundin wies mich sanft (und zu Recht) darauf hin, dass die Natur überall ist, wenn ich nur genau hinsehe. Wir bauen unsere Städte dort, wo einst Natur war, und sie bricht bei jeder Gelegenheit wieder hervor. Vögel bauen ihre Nester in den Bäumen oder wo immer sie können (Dachrinnen, Feuerleitern, sogar in Blumentöpfen), robuste Pflanzen sprießen aus Rissen im Asphalt. Auf winzigen unbebauten Flächen, in Balkonkästen und anderen Gefäßen blüht und sprießt es. Die Natur wird immer einen Weg finden, und das ist etwas, das wir bewusst wahrnehmen und sogar fördern können. Ich weiß meinen Garten mehr zu schätzen als je zuvor und nehme die Natur in der Stadt mit allen Sinnen wahr. Ich hole mir täglich meine Dosis urbane Natur, und das hilft mir sehr. Gleichzeitig weiß ich, dass ich mich nach der wilden Natur sehne und von ihr profitiere. Deshalb gehe ich jetzt jeden Tag in meinen Garten, um den Boden unter meinen nackten Füßen und die Sonne auf meinem Gesicht zu spüren und das Vogelgezwitscher zu hören.

Ihre Mission heute

Gehen Sie in die Natur und erleben Sie sie mit allen Sinnen. Üben Sie sich in Ehrfurcht. Rufen Sie sich ins Gedächtnis, welchen Platz Sie auf der Welt einnehmen. Erinnern Sie sich daran, wie »groß« Ihr Problem aus einer übergeordneten Perspektive ist. Aus der Natur empfangen wir sensorische Signale, die uns Sicherheit und Ruhe vermitteln und uns erden. Dies ist evolutionär bedingt und wirkt sehr tiefgreifend. Selbst die städtische Natur kann dies bewirken. Dabei handelt es sich um Gemütszustand grün.

Während der Pandemie waren wir darin richtig gut und

konnten messbare Erfolge verzeichnen. Daraus sollten wir lernen. Die Pandemie war ein Wendepunkt in der Stressforschung: Wir haben so viel darüber gelernt, was die Resilienz gegen Stress wirklich stärkt und uns zu mehr Wohlbefinden und Freude verhilft. Die Natur spielte dabei eine große Rolle: Als die Menschen sich gegen Covid impfen lassen konnten, an ihre Arbeitsplätze zurückkehrten und das Leben sich, zumindest einen Moment lang, wieder in seinem vorpandemischen Rhythmus einpendelte, sagte Elizabeth Blackburn, meine Kollegin und Partnerin in der Telomerforschung, einen Satz, an den ich mich noch gut erinnere: »Wir sollten die Erkenntnisse aus der Pandemie nicht vergeuden.«

Krisen bergen die Chance, Veränderungen herbeizuführen. Wir bezeichnen das als *posttraumatisches Wachstum*. Das Eintauchen in die Natur war während der Pandemie eine häufig eingesetzte Bewältigungsstrategie, und wir haben aus groß angelegten Studien gelernt, wie stark wir davon profitieren. Daraus sollten wir lernen. Verstecken Sie sich nicht drinnen. Gehen Sie bei jeder Gelegenheit nach draußen und tauchen Sie mit wachen Sinnen in die natürliche Welt ein. Mit Blick auf Ihren Stresspegel wirkt das wahre Wunder und versetzt Sie in Gemütszustand grün.

Natur steht für Stabilität und Langsamkeit – sie ist geduldig und resilient und ruft genau diese Eigenschaften auch in unserem Körper hervor. In unserem Inneren herrscht Zeitdruck, den wir uns durch unsere durchgetakteten Tage selbst machen. Doch im Außen müssen wir feststellen, dass der Zeitrahmen, der wirklich eine Rolle spielt, Jahre, ja, Jahrhunderte umfasst. Bei einem Waldspaziergang fällt Ihnen auf, dass ein großer Baum abgestorben und umgestürzt ist. Dann schauen Sie genauer hin und bemerken all die jungen Sprösslinge, den Nachwuchs, der im kommenden Jahrhundert seinen Platz einnehmen wird. Sie werden zum Zeugen der Erdgeschichte und der Zukunft. An dieser Stelle muss ich aber sagen, dass ich angesichts der Bedrohung der Natur durch die Klimakrise traurig und manchmal verzweifelt bin, wahrscheinlich ergeht es Ihnen ähnlich. Wir brauchen die Natur für unser Wohlbefinden und unser Überleben, und wir brauchen drastische Maßnahmen zu ihrem Schutz – mehr dazu später.

Heute versuchen wir, von der beruhigenden Kraft der Natur zu profitieren – auf welche Weise auch immer Sie Zugang dazu haben. Sollten Sie heute die Möglichkeit haben, in die unberührte Natur einzutauchen, ist das wunderbar. Aber denken Sie daran: Sie ist in jeder Form kraftvoll und hilfreich. Sie beeinflusst uns über unsere Sinneskanäle, daher gibt es viele Möglichkeiten. Ein Spaziergang in Ihrer Nachbarschaft kann funktionieren. Sie können in Ihren Garten gehen. Sie können die Geräusche und Gerüche der Natur auch in Ihr Zuhause oder Büro bringen. Für welche Methode Sie sich auch entscheiden, heute besteht Ihre Aufgabe darin, Ihr Nervensystem neu einzustellen, indem Sie die Signale der natürlichen Welt nutzen. Durch naturnahe Akzente in Ihrem Zuhause oder indem Sie nach draußen gehen, verändern Sie Ihr Umfeld und damit auch die Abläufe in Körper und Geist, um ruhiger, fröhlicher und widerstandsfähiger zu werden. Lassen Sie heute die Natur die Arbeit für Sie tun.

Übung des Tages

LASSEN SIE DIE NATUR IHREN STRESS VERMINDERN

Übung für den Notfall:
Erweitern Sie Ihren Horizont und verbinden Sie sich

Heute können Sie je nach Ihren Möglichkeiten aus drei verschiedenen Optionen wählen. Denken Sie daran, dass Sie etwas, das Ihnen heute nicht möglich ist, jederzeit zu einem anderen Zeitpunkt ausprobieren können. Jede dieser Übungen wird Ihren Stress mindern und Ihr Nervensystem neu ausrichten. Sie drücken die »Reset-Taste« und kommen zur Ruhe, um Ihren Tag mit gestärkter Widerstandskraft fortzusetzen.

Option 1: Eintauchen

Gehen Sie heute an einen Ort, der sich in der wilden Natur befindet, ein Ort, der sich wie echte Wildnis anfühlt, so abgeschieden, dass Sie die Stadt weder sehen noch hören. Heute tauchen Sie in die Natur ein, richten Ihre Aufmerksamkeit nach außen und nehmen sowohl die kleinen Details als auch die Weite wahr. Mein Freund Mark Coleman, ein Brite, der regelmäßig Auszeiten[21] in der Natur leitet, bezeichnet diese Art des Gehens gern als »Schlendern«. Es handelt sich um zielloses Herumschweifen. Man versucht nicht, irgendwo anzukommen, einen Rundwanderweg zu absolvieren oder einen Gipfel zu erklimmen. Es meint vielmehr ein langsames Dahinschlendern, um die Dinge um sich herum wahrzunehmen.

Gehen Sie im Idealfall allein. Wenn Sie sich in Gemeinschaft mit anderen wohler fühlen, funktioniert das auch. Aber denken Sie daran, dass jetzt nicht die Zeit ist, um sich zu unterhalten und sich auf den neuesten Stand zu bringen. Gehen Sie schweigend, langsam und halten Sie großen Abstand voneinander. Ihre wichtigste Aufgabe ist es, die Welt mit allen Sinnen wahrzunehmen. Sie sind ganz auf Ihre Außenwelt fokussiert und offen für das, was Sie sehen, hören, riechen, schmecken und fühlen. Andernfalls passiert es allzu leicht, dass man sich in etwas anderes vertieft: in seine eigenen kreisenden Gedanken. Wenn Sie schweigend und langsam dahingehen, mit den Gedanken aber ganz woanders sind, werden Sie am Ende Ihres Spaziergangs kaum etwas gesehen haben.

Sorgen Sie dafür, dass Sie Ihre Umwelt mit wachen Sinnen wahrnehmen. Atmen Sie tief durch und beginnen Sie Ihren Spaziergang mit diesen Zielen vor Augen:

- **Gehen Sie in Stille und lauschen Sie aufmerksam:** Horchen Sie auf Vögel oder Geräusche, die vom Wind, Bewegungen oder Wasser stammen. Versuchen Sie, die Anzahl der Geräusche zu zählen. Wenn Sie erst einmal richtig hinhören, werden Sie vielleicht zum ersten Mal bemerken, wie vielfältig die Geräusche der Natur sind.
- **Nehmen Sie den Wind wahr, Ihren Körper, wie er sich bewegt, und Ihre Füße, wie sie bei jedem Schritt die Erde berühren**. Thich Nhat Hanh sagt:

»Drucke Frieden und Gelassenheit auf die Erde. Gehe so, als würdest du die Erde mit deinen Füßen küssen.«[22]

- Nehmen Sie die sich verändernden visuellen Eindrücke wahr, während Sie langsam vor sich hingehen. Nehmen Sie den Boden, die Pflanzen, den Himmel, die Farben und das Licht in sich auf.
- **Halten Sie inne, um auf Tuchfühlung zu gehen.** Berühren Sie Blätter, Rinde, Blumen. Riechen Sie an ihnen. Wenn Sie sich dabei nicht albern fühlen, umarmen Sie einen Baumstamm oder lehnen Sie sich zumindest gegen seinen stabilen Stamm.
- **Denken Sie daran, dass Sie aus der Natur hervorgegangen sind.** Das Wasser in Ihnen ist das Wasser dieses Planeten, das Grundwasser des Orts, an dem Sie wohnen. **Ihr lebenswichtiges Mikrobiom, das bis zu zwei Kilo wiegen kann** (im Darm, in der Lunge, auf der Haut), wird von Ihrer unmittelbaren Umgebung, den Produkten, die Sie essen, und der Luft, die Sie atmen, geprägt (ja, es gibt Millionen von Mikroben in der Luft). Machen Sie sich mit der natürlichen Welt, von der Sie ein Teil sind, vertraut.

Wenn Sie mit geschärften Sinnen durch die Natur gehen, hören Sie auf zu grübeln, und Ihr Stress, egal, was ihn verursacht hat, löst sich ohne Ihr bewusstes Zutun auf. Wenn Sie sich auf den Rückweg nach Hause machen, fühlen Sie sich erfrischt und bereit, sich den Anforderungen des Tages zu stellen, weil Sie Ihre Reserven aufgefüllt haben und Ihre Stress-Baseline sich jetzt Gemütszustand grün angenähert hat. Vielleicht machen Sie ein Foto von einem Anblick, der Sie bewegt, um dieses Gefühl auch später hervorzurufen.

Versuchen Sie, mindestens 15 Minuten lang zu schlendern – oder so lange, wie Sie können! Man kann Natur nicht »überdosieren«.

Option 2: Drücken Sie mithilfe von urbaner Natur die Reset-Taste

Wenn Sie sich einen Rückzugsort suchen, an dem keine Autos zu sehen oder hören sind, ist die Wirkung am größten. Gehen Sie in einen nahe gelegenen Park oder an ein Flussufer oder suchen Sie sich ein ruhiges Fleckchen in Ihrer Nachbarschaft. Am besten funktioniert es, wenn Sie von Bäumen oder anderem Grün umgeben sind, einen freien Blick haben oder sich an einem Gewässer befinden. Nutzen Sie, was Sie zur Verfügung haben. In den Himmel kann man immer schauen.

Ziel ist es, alle Sinne zu nutzen und die »urbane Alarmanlage« in Ihrem Kopf auszuschalten. Wenn Sie sich auf die sinnliche Erfahrung einlassen, bekommen Sie eine kleine Dosis des wohltuenden Natureffekts.

Nehmen Sie sich möglichst viel Zeit – doch schon 15 Minuten können Ihrem System helfen, sich zu regenerieren. Gehen Sie langsam. Versuchen Sie, Ihre Atmung an Ihr langsames Tempo anzupassen. Richten Sie Ihre Aufmerksamkeit auf die natürliche Welt um Sie herum. Was nehmen Sie wahr? Tierbeobachtung bietet auch in der Stadt eine weitere Möglichkeit der Beruhigung. Vielleicht entdecken Sie Vögel oder Eichhörnchen. Sie können eine Futterstelle aufstellen und Singvögel in Ihren Garten locken.

Option 3: Lassen Sie die Natur bei Ihnen einziehen

Hier geht es darum, die Natur in Ihr eigenes Zuhause zu bringen. Unsere Sinne haben große Auswirkung auf uns. Empfindungen, Gerüche und Klänge beeinflussen unser Nervensystem. Studien über ätherische Öle aus Pflanzen wie Zeder oder Lavendel, die flüchtige organische Verbindungen freisetzen, zeigen, dass es zu einer kurzen, aber bedeutsamen Verringerung von Stress- und Angstgefühlen führt, wenn man ihren Duft einatmet.[23] Dies funktioniert natürlich noch besser in Verbindung mit einer kurzen Hand-, Nacken-, Fuß- oder Rückenmassage. Es gibt zahlreiche Theorien, wie der Duft ätherischer Öle die Neurochemie beeinflusst.[24]

Suchen Sie sich einen Ort in Ihrer Wohnung, an dem Sie ungestört sind und bequem sitzen (auf einem Stuhl oder auf dem Boden) oder liegen können. Wenn Sie beruhigende ätherische Öle zur Hand haben, verwenden Sie diese. Sie können Ihr Zuhause auch mit Dingen, die Sie in der Natur gefunden haben, bestücken: Blumen, Gras, Blätter, Eicheln – alles, was Sie mit der freien Natur in Verbindung bringen. Holen Sie auch die auditiven Signale der Natur zu sich nach Hause. Spielen Sie Naturgeräusche ab, die Ihnen gefallen – die des Winds, des Regens oder der Wellen. (Für eine reichhaltige Auswahl einfach »Naturgeräusche« bei YouTube oder einer anderen Musik-App eingeben.) Dann machen Sie eine kleine Atemübung, um Ihnen zu helfen, in diesen »blau-grünen Gemütszustand« zu kommen:

- Achten Sie auf Ihren Atemfluss, mit einer Hand auf dem Bauch und einer auf der Brust. Vielleicht spüren Sie, dass sich Ihr Bauch stärker aufbläht als Ihr Brustkorb.
- Atmen Sie fünf Mal durch die Nase ein und atmen Sie langsamer aus als ein.
- Richten Sie nun Ihren Blick nach außen, in den Raum, in dem Sie sich befinden, und aktivieren Sie Ihre Sinne.
- Achten Sie auf jedes noch so kleine Geräusch. Wie fühlt sich die Luft an, die Sie einatmen? Was riechen Sie? Wollen Sie irgendeinen natürlichen Gegenstand betasten oder näher betrachten?
- Stellen Sie sich vor, mitten in der Natur zu sein, etwa am Wasser oder im Wald, und visualisieren Sie ein detailliertes Bild.
- Sagen Sie sich, dass die Weite der Natur all Ihre Gedanken und Gefühle aufnehmen kann; sie ist groß genug für all Ihre Erfahrungen. Sie kann Ihnen jetzt Halt geben und Sie unterstützen.

Auf welchem Weg auch immer Sie zu Ihrer Portion Natur, Schönheit oder Ehrfurcht kommen, ich möchte Ihnen gerne ein Zitat von John Muir mit auf den Weg geben: »Der Frieden der Natur wird in dich fließen, wie der Sonnenschein in die Bäume fließt. Die Winde werden ihre eigene Frische in dich hineinblasen und die Stürme ihre Energie, während Sorgen wie Herbstblätter von dir abfallen werden.«[25]

Troubleshooting

Diese magischen Momente, von denen andere schwärmen, wollen sich bei Ihnen einfach nicht einstellen? Bei einigen kommen diese Gefühle leicht auf, bei anderen ist es schlicht nicht so. Vielleicht fühlen Sie es nicht auf die hier beschriebene Weise, oder Sie finden keinen Zugang zu diesen Emotionen. Das bedeutet aber nicht, dass Natur bei Ihnen nicht funktioniert. Sie wirkt sich dennoch auf Ihr Nervensystem aus.

Es gibt kein Patentrezept für Ehrfurcht, und sie ist auch nicht erforderlich, egal, wie schön die Landschaft, die sich Ihnen bietet, auch sein mag. Sie müssen Ehrfurcht nicht erzwingen. Manche versetzt ein Gebirge oder ein Meer in Staunen, während bei Ihnen vielleicht ganz andere Erlebnisse oder Anblicke dieses Gefühl auslösen. Videos über menschliche Heldentaten oder den Weltraum lösen oft ein Gefühl von Ehrfurcht aus. Wir können uns in ihr üben, indem wir aufmerksam, offen und neugierig gegenüber den Dingen sind, die normalerweise unserer Aufmerksamkeit entgehen. Nehmen Sie Ihre Umgebung bewusst wahr, von winzigen Details bis hin zum großen Ganzen. Versuchen Sie, jede Woche fünf Fotos von Dingen zu machen, die Sie innehalten lassen, und beschreiben Sie in ein paar Worten die Gefühle oder Gedanken, die sie bei Ihnen auslösen.

Wenn Sie sich in der Natur nicht wohlfühlen ...

Wenn Sie sich in der rauen, wilden Natur nicht wohlfühlen, nehmen Sie sich Zeit. Eine Umgebung, die Sie als ungewohnt oder gar bedrohlich empfinden, wirkt kontraproduktiv und erhöht Ihre Alarmbereitschaft. Das heißt aber nicht, dass Sie von der Kraft der Natur nicht profitieren können. Versuchen Sie, in Ihrer vertrauten Umgebung Pflanzen und Bäume bewusst wahrzunehmen oder Naturgeräusche oder -gerüche in einen Ort zu bringen, an dem Sie sich sicher fühlen. Lassen Sie sich ganz allmählich auf intensivere Naturerfahrungen ein.

Vielleicht haben Sie eine starke Vorliebe für eine bestimmte Art von Natur. Wir wissen seit Langem, dass Menschen eine Umgebung suchen, die zu ihrer Persönlichkeit passt. Extrovertierte Menschen haben beispielsweise ein größeres Bedürfnis nach sozialen Kontakten und Aktivitäten und fühlen sich danach wohler als introvertierte, die sich dadurch eher ausgelaugt fühlen; Extrovertierte fühlen sich an quirligen Orten wie Cafés wohl. Wie sich zeigte, haben sie auch, was die Natur anbelangt, ihre eigenen, individuellen Vorlieben: Mehrere Studien des Kulturpsychologen Shigehiro Oishi und Kollegen haben gezeigt, dass sich Extrovertierte mehr zum Meer hingezogen fühlen als Introvertierte, während Introvertierte Wälder, Berge und andere ruhigere, abgeschiedene Orte bevorzugen.[26]

Natürlich sollten Sie Ihre persönlichen Vorlieben und Ihr Wohlbefinden berücksichtigen, aber wagen Sie sich gerne ein Stück aus Ihrer Komfortzone. Das Austesten von Neuartigem ist eine gute Möglichkeit, seine Resilienz zu stärken. Selbst wenn Sie in einem ungewohnten Ökosystem zunächst ein bisschen »in Habtachtstellung« sind, wette ich, dass Sie sich schnell akklimatisieren und von der stresslindernden Wirkung profitieren werden.

TAG 6

ENTSPANNEN SIE SICH NICHT NUR – FÜLLEN SIE IHRE RESERVEN AUF

VOM MOMENT UNSERER Geburt an atmen wir. Atmen ist für uns überlebenswichtig, doch kaum jemand schenkt seiner Atmung Aufmerksamkeit. Die meisten unserer Atemvorgänge sind unwillkürlich und werden vom Stammhirn gesteuert. Sie atmen, während Sie schlafen, während Sie essen, während Sie sprechen. Natürlich haben Sie auch selbst Kontrolle über Ihre Atmung. Oft spüren und regulieren wir sie, wenn wir Sport treiben, oder um uns zu beruhigen. Aber wir beeinflussen unsere Atmung auch auf andere Weise – eine Weise, derer wir uns nicht immer bewusst sind.

Mehrere Studien haben ergeben, dass sich die Atmung von Menschen während der Arbeit verändert. Sie nehmen pro Minute mehr Atemzüge, und ihre Atmung ist flacher. Bei der Arbeit atmen wir schneller, und es gibt sogar ein Phänomen, das als »E-Mail-Apnoe« bezeichnet wird: Wenn Sie Ihre E-Mails abrufen, halten Sie höchstwahrscheinlich den Atem an. Wenn wir angespannt sind und unsere Stress-Baseline hoch ist, nehmen wir tendenziell mehr Atemzüge pro Minute, wobei diese in der Regel eher flach sind. Wir reagieren auf Stress mit einer flachen, schnellen Atmung, häufig über den Mund. Zugleich *löst* diese Atmung eine Stressreaktion im Körper *aus*.[1] Ein flacher, schneller Atem signalisiert dem Körper: Mach dich bereit, in Aktion zu treten. Dies stellt eine kaum spürbare Version der Kampf-oder-Flucht-Reaktion dar und bedeutet, dass unser Nervensystem in Alarmbereitschaft ist. Unsere Atemmuster, die in der Regel im Autopilot-Modus und weitgehend unbewusst ablaufen, beeinflussen den Stress und die Anspannung im Körper, werden im Gegenzug aber auch von Letzteren beeinflusst. Letzten Endes kann sich dadurch eine Art von »Stressspirale« entwickeln: Alltäglicher Stress triggert eine flache, schnelle Atmung mit dem typischen, gelegentlichen Atemanhalten, was wiederum zu einer Aktivierung des sympathischen Nervensystems führt. Die Folge daraus ist ein Zustand, den wir als »Gemütszustand orange« bezeichnen könnten. Wir atmen uns in einen Zustand zwischen kognitiver Belastung und erhöhtem körperlichem Stresslevel.

Daher erlauben Sie mir die Fragen:

Halten Sie oft den Atem an?

Wie tief oder flach atmen Sie?

Wie groß ist Ihre körperliche Anspannung, besonders in der Brust?

Würden Sie sagen, dass Sie in diesem Moment *volle*, tiefe Atemzüge nehmen?

Das Problem: Wir kommen nicht wirklich zur Ruhe

Was stellten Sie beim Lesen der oben stehenden Fragen fest? Dass Sie verspannte Schultern hatten? Dass Sie sich körperlich oder geistig nach vorne lehnten? War Ihre Atmung langsam und tief oder hastig und flach? Halten Sie jetzt für einen Moment inne und nehmen Sie einen tiefen Atemzug – ganz ein und ganz aus. Dann fragen Sie sich: Wie fühlt sich das im Vergleich zu Ihrer gewöhnlichen Atmung an? Anders?

Gemütszustand gelb, in dem unser Nervensystem dauerhaft aktiviert ist, und die damit einhergehende unzureichende, flache Atmung sind für uns *normal*. Wir haben uns an ihn gewöhnt und ihn als unsere Baseline akzeptiert. Wenn wir dann eine Lebensphase mit größerem Stress erleben oder ein alltäglicher Stressor unseren Sympathikus in die Höhe schnellen lässt, fährt unser System weiter hoch, und wir gehen vollständig in Gemütszustand rot über. Wenn wir wieder auf Baseline-Niveau sind und uns auf Gemütszustand gelb heruntergeregelt haben, fühlt es sich vielleicht so an, als wären wir entspannt. Das Problem ist, dass wir es nicht sind. Oder genauer: Wir haben uns nur so weit »entspannt«, dass wir wieder den Ausgangszustand erreicht haben. Dieser aber ist nicht entspannend genug.

Es reicht nicht, wieder auf Baseline-Niveau zu kommen. Ziel ist es, unsere gewohnte Stress-Baseline zu *unterschreiten* – bis hin zu echter Erholung oder dem, was ich zu Beginn des Buchs als »Tiefenentspannung« oder »Gemütszustand blau« beschrieben habe. Gelingt es, diesen Zustand der Tiefenentspannung zu erreichen, kommt es zu der dringend benötigten körperlichen und geistigen Erholung. Außerdem können wir auf diese Weise das Verhaltensmuster durchbrechen, unseren Stresslevel konstant hoch zu halten.

Gelingt es uns, in Gemütszustand blau zu kommen, und sei es auch nur für kurze Zeit, führt dies nicht nur zu biologischer

Verjüngung, sondern potenziell auch zu einer Senkung unserer gewohnten Stress-Baseline. Wie bereits zu Beginn des Buchs erläutert, führt das Absenken unserer normalen Stress-Baseline dazu, dass sich unser Nervensystem in einem Erregungszustand befindet, der uns ein gesünderes und biologisch nachhaltigeres Leben ermöglicht.

Man kann sich nicht dauerhaft in einem Zustand der Tiefenentspannung befinden – das ist unmöglich. Aber wissen Sie, wie oft die meisten Menschen in diesen Zustand gelangen?

Fast nie.

Daher möchte ich heute über Tiefenentspannung reden. Wenn wir uns ein abwechslungsreiches Leben und hohe Stressresilienz wünschen, ist Tiefenentspannung keine Option, sondern ein Muss. Sie ist so notwendig wie Sauerstoff. Und tatsächlich hat sie viel mit Sauerstoff zu tun.

Ein konstant hoher Stresslevel bedeutet eine flache Atmung und chronischen Verschleiß unserer Zellen. Gemütszustand gelb lässt unsere Batterien schneller leer werden. Am Ende des Tages fühlen wir uns erschöpft, und nach dem Wochenende haben wir das Gefühl, überhaupt nicht »aufgetankt« zu haben. Wir brauchen eine Pause. Wir müssen uns wirklich aufladen und die Reset-Taste drücken. Wir müssen Bedingungen schaffen, unter denen für Körper und Seele äußerst wichtige, zellverjüngende Prozesse ablaufen können, die wir bislang versäumt haben. Unser Stresslevel manifestiert sich in unserer Atemfrequenz und ist nur einer von vielen Faktoren, die sie beeinflussen. Achtung, Spoiler: Die dringend benötigte Tiefenentspannung hat *auch* etwas mit Atmung zu tun.

Wenn wir uns im Zustand tiefer Entspannung befinden, verlangsamt sich unsere Atmung. Mehr Sauerstoff durchdringt die Barriere zwischen unseren Lungen und unseren Blutgefäßen. Der Stickoxidspiegel steigt, wodurch sich die Blutgefäße weiten und Blut und Sauerstoff schneller durch den Körper fließen können. Blutdruck und Herzfrequenz sinken. Diese physiologischen Prozesse sind eng mit unserer Atmung verknüpft. Die beschriebenen körperlichen Vorgänge signalisieren, dass wir in Gemütszustand blau eintreten – in einen Zustand echter, tiefer Erholung und Entspannung.

Aber wie kommen wir dorthin?

Tiefenentspannung erreichen – schwieriger, als es scheint!

Sie machen es sich auf der Couch bequem und schauen Ihre Lieblingsserie. Sie gehen mit Ihrem Hund spazieren oder joggen. Sie kochen Ihr Lieblingsessen und geben sich bei der Zubereitung ganz der sinnlichen Erfahrung hin, wie es riecht und sich anfühlt. Sie nehmen sich eine Auszeit von der Arbeit, um in den sozialen Medien mit Freunden zu chatten.

All diese Tätigkeiten hören sich äußerst entspannend an, oder?

Pausen und Freizeitaktivitäten mit echter Erholung zu verwechseln, ist ein Fehler, den wir alle machen. Sich Pausen von der Arbeit oder Pflegearbeit zu nehmen und Dinge zu tun, die Sie genießen, wie etwa Zeit mit geliebten Menschen zu verbringen, ein Buch zu lesen oder einen Film anzuschauen – das alles ist wichtig. Und ja, es handelt sich dabei um Formen von Entspannung, die in die Kategorie »Gemütszustand grün« gehören. Aber es gibt zwei Gründe, warum sie Ihnen nicht zu tief greifender Regeneration verhelfen. Zum einen schwirren

Ihnen dabei sehr wahrscheinlich noch viele Gedanken durch den Kopf. Zum anderen sind Sie de facto *beschäftigt*, wohingegen sich Gemütszustand blau am leichtesten erreichen lässt, wenn wir nicht tun, sondern sind: wenn Sie sich hinsetzen oder -legen, aufnahmebereit sind und Ihren Fokus auf etwas anderes als das, was Ihnen im Kopf herumgeht, richten. Vieles von dem, was Menschen machen, um zu entspannen, ist nicht wirklich erholsam.

Für sich genommen sind diese Maßnahmen zwar wertvoll, wirken aber nur oberflächlich im Vergleich zum Zustand tiefer Entspannung. Zwischen Gemütszustand grün und blau besteht ein sehr großer Unterschied.

Versuchen Sie sich an eine Zeit zu erinnern, in der Sie wirklich völlig entspannt waren und Körper und Seele eine echte Auszeit von der Arbeit oder anderen Aufgaben bekommen haben. Vielleicht waren Sie an einem bestimmten Ort. Viele Menschen verweisen auf die Natur, da diese, wie wir im vorherigen Kapitel gesehen haben, Gemütszustand blau herbeiführen kann. Vielleicht ging es eher darum, wo Sie nicht waren. Möglicherweise befanden Sie sich fernab von der üblichen Hektik und den alltäglichen Herausforderungen (normalerweise kommen wir beim Anblick zu faltender Wäschestapel nicht in einen Zustand tiefer Entspannung, oder wenn der blinkende Laptop den Eingang neuer E-Mails verkündet). Wahrscheinlich haben Sie sich darüber hinaus sicher gefühlt, denn Sicherheit ist Voraussetzung für Tiefenentspannung. Letztere geht oft Hand in Hand mit Abgeschiedenheit. Es kommt zu einer »sinnlichen Einengung« oder sogar Deprivation – einer Abwesenheit von Stimuli. Wir befinden uns in einem rezeptiven Bewusstseinszustand (wir lehnen uns nicht nach vorne, um in die imaginäre Zukunft zu blicken, sondern lehnen uns zurück oder legen uns flach hin). Unsere Aufmerksamkeit befindet sich in einem sanften Schwebezustand: Wir machen uns keine Sorgen über etwas Bestimmtes oder verstricken uns in Grübeleien, sondern geben uns Tagträumen hin, fühlen uns kreativ und lassen unsere Gedanken schweifen. Es gelingt uns, aufkommende Gedanken weiterziehen zu lassen.

Wenn ich Menschen frage, wann sie zuletzt tiefenentspannt waren, erwähnen sie oft einen Urlaub – eine echte Alltagsflucht. Manche erzählen auch von einem Ausflug in die Natur. Andere nennen eine ausgiebige Massage. Für mich ist es das Ende einer Yogastunde. Die meisten Yogastunden enden mit einer Pose, die Savasana oder Totenstellung genannt wird. Das Ziel ist es, sich auf den Boden zu legen und nichts zu tun, während die Energiereserven des Körpers wieder aufgeladen werden. Am Ende von Savasana richte ich mich zwar widerwillig auf, um mein Tagesprogramm fortzusetzen, aber ich fühle mich zugleich ruhig und energiegeladen. Dieser Zustand der Tiefenentspannung stellt sich typischerweise nach Body-Mind-Praktiken wie Yoga, Meditation oder Qigong ein. Wenn Sie ihn schon einmal erlebt haben, wollten Sie wahrscheinlich nicht, dass er aufhört! Das ist er: Gemütszustand blau. Das Gedankenkarussell kommt zum Stillstand, Sie sind wach und füllen Ihre Energietanks auf.

Ob Sie diese Erfahrung schon gemacht haben oder auch nicht – es ist in Ordnung. Die meisten Menschen kommen pro Woche oder Jahr eher selten in den Genuss davon. Erholung, so scheint es, sollte einfach und mühelos sein und sich ganz automatisch einstellen, aber in Wirklichkeit ist sie eine riesige Herausforderung. Es ist schwer, eine Auszeit zu nehmen, aber noch schwerer fällt das Nichtstun. So gern wir es auch tun würden, wir können uns nicht einfach auf die Couch plumpsen lassen und uns »mal eben« tiefgreifend erholen. Körper und Geist schalten nicht so schnell herunter. Es sind spezielle Body-Mind-Praktiken, die uns helfen, dieses Ziel zu erreichen. Savasana gilt im Yoga als die wichtigste, aber auch schwierigste Stellung. Das mag seltsam erscheinen, da es im Yoga Posen gibt, die unglaubliche Kraft und Flexibilität voraussetzen! Der Grundgedanke der Totenstellung aber ist es, loszulassen, *die Kontrolle vollständig abzugeben und sich wirklich zu entspannen*. Es gibt einen Grund, warum Savasana am Ende der Yogapraxis steht: Das Loslassen fällt uns so schwer, dass wir Geist und Körper darauf vorbereiten müssen.

Die zelluläre Biologie von Tiefenentspannung

Im Zustand der Tiefenentspannung geschieht etwas Einzigartiges in Gehirn und Körper. Es ist das Gegenteil unseres Standardzustands der Wachsamkeit. Anfang dieser Woche haben wir darüber gesprochen, wie nach hormetischem Stress ein Erholungsprozess in Gang gesetzt wird, der eine »Reinigung« veranlasst, im Zuge derer Fresszellen aktiviert werden, die freie Radikale auffressen, Müll entsorgen und alte Zellen abtöten. Dieser Reinigungsprozess, ausgelöst durch positiven Stress, ist für Ihren Körper auf zellulärer Ebene hervorragend. Tiefenentspannung hat eine andere Wirkung. Eine, die tiefer greift.

Tiefenentspannung bewirkt biologische Regeneration. Sie kurbelt die Produktion von Wachstums- und Sexualhormonen an, und wenn diese ansteigen, ist der Körper besser in der Lage, Gewebe auszubessern und zu heilen. Phasen der Tiefenentspannung im Wachzustand stellen eine effektive Möglichkeit dar, sich körperlich und geistig zu erholen. Auch im Schlaf durchlaufen wir eine Phase der Tiefenentspannung: Tiefschlaf (auch langsamwelliger Schlaf genannt) ist der erholsamste Zustand, in dem wir uns befinden können. In dieser Phase werden über die Rückenmarksflüssigkeit Amyloid-Proteine und andere Ablagerungen aus dem Gehirn entfernt.

In der Stressforschung besteht eine Möglichkeit, die Auswirkungen von Tiefenentspannung zu messen, darin, Menschen zu untersuchen, die sich in ein Retreat begeben. *Retreat* kann vieles bedeuten. Oft ist damit ein Workshop mit angeleiteten Meditationen oder ein Silent- oder Schweige-Retreat in einem Retreat-Zentrum unter professioneller Anleitung gemeint. Aber dies sind nur einige von vielen Möglichkeiten. *Retreat* (deutsch: Rückzug) im eigentlichen Sinne bedeutet, sich aus seiner gewohnten, fordernden und reizüberfluteten Umgebung zurückzuziehen, indem man sich beispielsweise in einer Hütte im Wald einquartiert.

Retreat-Zentren bieten optimale Bedingungen, um sich mehr zu entspannen als sonst. Man ist geschützt, sicher und abgeschirmt von Dingen, die normalerweise unseren Sympathikus anfeuern (Arbeit, E-Mails, Technologie, Pflegearbeit, schwierige Beziehungen – was auch immer in Ihrem Alltag Ihren Stresslevel steigen lässt).

Ich habe das am eigenen Leib erfahren. In Retreats gelang es mir am besten, Tiefenentspannung zu finden, und ich profitierte wochenlang von den Auswirkungen. Langfristig lohnt es sich, darüber nachzudenken, wie Sie Platz für eine Art von Rückzug schaffen können, egal, ob Sie das Programm eines Retreat-Zentrums in Anspruch nehmen oder einfach ein

Wochenende im Wald verbringen. Diese geschützte, technikfreie, erholsame Auszeit für uns selbst ist etwas, dem wir selten Priorität einräumen, das wir aber dringend brauchen.

Heute haben wir aber keine ganze Woche, um dem Trubel des Alltags zu entkommen. Wir haben das Hier und Jetzt – während Sie dieses Kapitel lesen – und die wenigen Minuten, die Sie sich nehmen können, um heute eine neue Übung auszuprobieren. Können wir in einem viel kürzeren Zeitraum eine Art von »Retreat-Mindset« entwickeln, für das wir uns nicht extra eine Woche von der Arbeit freinehmen müssen, etwas, das wir *jetzt*, tagtäglich praktizieren können?

Ein »Retreat-Mindset«

Das menschliche Gehirn, ein im Dunkeln isoliertes Organ im Schädel, ist voll und ganz auf aktuelle sensorische Informationen angewiesen. Das Gehirn arbeitet, indem es all diese Informationen nutzt und vorhersagt, was passieren könnte. Emotionen sind im Grunde die Einschätzung des Gehirns, wie es auf Basis von Körpersignalen und Erinnerungen an ähnliche Situationen auf eine Situation reagieren soll.[2]

Wenn Sie beispielsweise bei der Arbeit mit zahlreichen Problemen zu kämpfen haben und eine schwierige E-Mail nach der anderen beantworten, werden Sie beim nächsten Mal, wenn eine E-Mail in Ihrem Posteingang landet, vielleicht etwas angespannter und alarmierter sein, bevor Sie die E-Mail überhaupt öffnen. Die Reaktion des Gehirns basiert auf Erfahrung und Gewohnheit. Aber wir können diesen Kreislauf durchbrechen und uns in einen Zustand tieferer Entspannung versetzen.

Wir können unsere Gehirnaktivität und gewohnheitsbedingten Stresszustände beeinflussen, indem wir die vom Gehirn empfangenen Signale verändern. Wir können eine Körpererfahrung erzeugen, die »korrigierende« Signale an das Gehirn sendet, woraufhin dieses interozeptive Informationen abgibt, die wiederum bestimmen, wie wir uns in jenem Moment fühlen. Mit anderen Worten: Wenn wir für Bedingungen sorgen, die unserem Körper signalisieren, dass wir sicher sind, uns wohlfühlen und es im Moment nichts zu tun gibt, außer sich zu entspannen, ist das ein hervorragender Ausgangspunkt. Gedimmtes Licht oder Dunkelheit, weiche Kissen oder Augenmasken, ein sicherer, geschlossener Raum, beruhigende Bilder oder Symbole – all dies kann signalisieren, dass es in Ordnung ist, sich zu entspannen und fallen zu lassen. In diesem Zustand erledigt der Körper dann den Rest. Er stellt fest, dass die Umgebung sicher genug ist, um seine Energie in die Instandhaltung der Zellen zu investieren. Und das Wichtigste ist, dass neue Antizipationen geschaffen werden. Erfahrung in Tiefenentspannung erzeugt Körpererinnerungen. Dies hat Einfluss darauf, wie das Gehirn dieselben sensorischen und interozeptiven Signale zukünftig für Vorhersagen nutzt. Es ist eine positive Rückkopplungsschleife. Wir sorgen für neuen Input, der in die zukünftigen Vorhersagen unseres Gehirns Tiefenentspannung einbaut. So gelangen wir beim nächsten Mal leichter und schneller in den Zustand der Tiefenentspannung.

Retreats erleichtern Tiefenentspannung. Es wäre schön, diesen mentalen Retreat-Zustand täglich hervorrufen zu können. Ich versuche es abends, während meines Einschlafrituals. Wenn man sich vor Augen führt, was ein erfolgreiches Retreat ausmacht, kann man, egal, wo man ist, für eine ähnliche Erfahrung sorgen: Man ist frei von jeglichen Anforderungen, das Handy ist ausgeschaltet (im Idealfall hat man nicht einmal die Möglichkeit, es zur Hand zu nehmen). Man fühlt sich im sozialen Kontext sicher – entweder sind Sie zufrieden damit, allein zu sein, oder befinden sich in Gesellschaft mit anderen, die ein ähnliches Ziel verfolgen. Unter diesen Bedingungen stellt sich Ihr Nervensystem neu ein. Wir kappen unsere Verbindung zu Stressquellen und verbinden uns wieder mit uns selbst – mit unserem inneren Ruhepol. Indem wir uns von den Anforderungen der äußeren Welt befreien, werfen wir eine riesige kognitive Last ab. Wenn wir dies längere Zeit praktizieren, reduzieren wir auch unseren gespeicherten, unbewussten Stress.

Was passiert im Inneren unserer Zellen, wenn wir uns in ein Retreat begeben? Genau diese Frage stellten meine Kollegen und ich in einer Studie, die wir gemeinsam mit Dr. Rudy Tanzi und Dr. Eric Schadt durchführten.[3] Eric ist Mathematiker und kann mithilfe ausgeklügelter Modelle Veränderungsmuster in der Aktivität von über 20.000 Genen erkennen. Für diese Studie (dieselbe Studie, die ich bereits an Tag 1 erwähnte) rekrutierten wir Teilnehmer, die noch nie zuvor meditiert hatten, also absolute Neulinge auf diesem Gebiet waren, und brachten sie in ein Retreat-Zentrum. Dann teilten wir die Gruppe in zwei Hälften auf. Die eine Hälfte erhielt von Deepak Chopra und anderen Lehrern eine Woche lang eine Schulung in Mantra-Meditation. Die andere Hälfte ließ es sich in dem wunderschönen Retreat-Zentrum einfach gut gehen, aß die gleiche gesunde ayurvedische Kost und flanierte über das gleiche zauberhafte Gelände. Alle entkoppelten sich komplett von Arbeit, Handy und Computer.

Es stellte sich heraus, dass der Aufenthalt im Retreat-Zentrum unabhängig davon, ob die Teilnehmer ein Meditationstraining bekamen oder nicht, zu dramatischen Veränderungen der Genexpression in den Immunzellen führte. Diese waren so stark, dass ein Algorithmus die Profile nach dem Retreat mit einer Trefferquote von 96 Prozent vorhersagen konnte. Oder einfacher ausgedrückt: Die Zellaktivität der Probanden nach dem Aufenthalt im Retreat-Zentrum war völlig anders als am Tag der Ankunft! Wir konnten eine Verringerung der Entzündungsaktivität, der Aktivität des oxidativen Stresses, der DNA-Schäden und der mitochondrialen Degradation feststellen. Großartig! Autophagie-korrelierte Prozesse, die mit der Reinigung der Zellen zu tun haben, nahmen zu. Teilnehmer in beiden Gruppen berichteten am Ende der Woche, sich äußerst vital zu fühlen, und verzeichneten einen starken Rückgang von Depressionen, Angstzuständen und Stress. Der Punkt ist: Sie müssen nicht lernen zu meditieren, um gesundheitliche Vorteile zu verspüren. Wir brachten die Leute einfach in eine schöne, entspannende Umgebung (ohne E-Mail), was zu unmittelbaren, deutlichen körperlichen Veränderungen führte.

Der Effekt von Achtsamkeit und einer Unterweisung in Meditation kann tief greifende Auswirkungen haben. Vergleicht man mentale Verfassung und Nervensystem einer Person, die gerade meditiert, mit jemandem, der sich gerade in einem stressigen Umfeld befindet, stellt man dramatische Gegensätze fest. Die Vorteile sind real. Ein junger Mann, der an einem von meinem Kollegen Professor Amit Bernstein geleiteten Achtsamkeitsmeditationskurs für Geflüchtete teilnahm, beschrieb es so: »Es ist ein Zustand, in dem der Geist zur Ruhe kommt, und wenn der Geist zur Ruhe kommt, kann man einen sehr klaren, sauberen Zustand des Denkens erreichen. Es ist wie eine Medizin für mich. Für dich mag es ein Luxus sein, aber für mich ist es eine Medizin. Ich benutze es wie eine Medizin.«[4]

Das Recht auf Ruhe

Wir haben nicht alle gleichermaßen Zugang zu Ruhe, da dieser von persönlichen Umständen und strukturellen Faktoren abhängt. Jeder von uns hat seine eigenen, einzigartigen Herausforderungen; wir alle sind unterschiedlich, mit komplex kalibrierten Nervensystemen. Daher gibt es für jeden von uns unterschiedliche Dinge, die triggern, beruhigen oder ein Gefühl von Sicherheit geben. 30 Prozent der Menschen haben in ihrer Kindheit ein Trauma erlebt, was meist bedeutet, dass sie sich von den täglichen Stressoren stärker bedroht fühlen und ihre Alarmbereitschaft höher ist.[5]Wir wissen jetzt auch, dass Menschen, die früh in ihrem Leben ein Trauma erlitten haben, besonders von Body-Mind-Praktiken profitieren, um in einen Zugang von Tiefenentspannung zu gelangen.

Ruhe ist eine Frage der sozialen Gerechtigkeit – sowohl die ethnische Zugehörigkeit als auch sozioökonomische Faktoren können Tiefenentspannung im Weg stehen. Nicht alle von uns bekommen ausreichend Schlaf. Studien zeigen, dass in Amerika People of Color im Vergleich zu *weißen* Amerikanern kürzer und schlechter schlafen.[6] Tricia Hersey, Performance-Künstlerin und Community Healer, gründete das Nap Ministry basierend auf dem Grundgedanken, dass Ruhe eine Form des Widerstands ist.[7] Auf ihrer Website schreibt sie: »Wir glauben, dass Ruhe eine spirituelle Praxis, eine Frage der Rassengerechtigkeit und der sozialen Gerechtigkeit ist.«

Tiefenentspannung ist ein Recht, kein Luxus. Diese gesellschaftliche und kulturelle Veränderung müssen wir herbeiführen, und wissenschaftliche Erkenntnisse (und harte Daten!) sollten uns den Weg dabei weisen. Wir alle haben Schlafprobleme, aufgrund der allgemeinen Weise, wie der menschliche Verstand funktioniert (er neigt zu Gemütszustand gelb und ständiger Wachsamkeit), und weil unsere Zeit durch Arbeit und gesellschaftliche Verpflichtungen knapp ist. Ruhe selbst – echte Ruhe, tiefe Ruhe – ist eine wirksame Medizin, und sie ist rar. Wir müssen sie zugänglicher machen, und zwar für alle. Sorgen Sie nicht nur für mehr Ruhepausen für sich selbst, sondern fragen Sie sich auch, ob Sie in Ihrem Alltag Ihren Einfluss nutzen können, damit andere zu ihren benötigten Ruhepausen kommen. Dabei kann es sich um Familienmitglieder, aber auch Freunde oder Menschen handeln, die für Sie arbeiten, Menschen mit weniger Privilegien und Möglichkeiten. Können Sie sich für Ruhepausen einsetzen?

Wie sehr Sie das Gebot des Nichtruhens verinnerlicht haben, merken Sie schon an Ihren Reaktionen auf meinen Vorschlag, sich Zeit für Tiefenentspannung zu nehmen. Wie oft haben Sie sich beim Lesen dieses Kapitels schon dabei ertappt zu denken: *Ich habe keine Zeit für Ruhepausen* oder *Ich überspringe dieses Kapitel* oder *Ich kann mich nicht ausruhen; andere schaffen es, obwohl sie viel mehr um die Ohren haben* oder *Vielleicht wenn ich die Deadline eingehalten habe*? Sollten Sie sich irgendetwas davon gesagt haben, haben Sie Tiefenentspannung umso nötiger.

Es geht hier um Ihre Gesundheit. Um Ihr Leben. Es geht darum, welchen Weg Sie einschlagen, wie Sie sich fühlen werden und was im Rahmen Ihrer Kapazitäten liegen wird, wenn Sie am Ziel sind. Es geht um Prävention, ähnlich wie Zähneputzen, was Sie ja auch täglich einbauen können. Jeden Tag

Stress entgegenzuwirken bedeutet, sich um sein Wohlbefinden, seine Lebensqualität und seine Fähigkeit zu kümmern, etwas auf der Welt zu bewirken – ganz gleich, wie groß unser Einflussbereich auch sein mag. *Wer sich jetzt keine Zeit für Selbstfürsorge und Tiefenentspannung nimmt, wird später gezwungen sein, sich Zeit für Krankheiten zu nehmen*. Jeden Tag können wir einen fruchtbaren Boden für frühzeitige Alterung und Krankheit schaffen oder die Voraussetzungen für Verjüngung und Wohlbefinden. Erlauben Sie sich aufzutanken.

Atmen Sie sich in einen Zustand der Tiefenentspannung ... gleich jetzt

Es gibt nicht den einen Weg hin zu Tiefenentspannung, es gibt viele Möglichkeiten. Vielleicht erreichen Sie den Zustand während eines langen Aufenthalts in einem Retreat, am Ende eines Work-outs oder während Savasana nach einer Yoga-Einheit. Oder durch einen Aufenthalt in der wilden Natur, wo unsere körperlichen Abläufe sich auf die der Natur einstimmen. Es gibt allerdings eine Veränderung, die bei all diesen Aktivitäten auftritt: eine Veränderung des Atems, der langsamer und rhythmischer wird und zu einem höheren vagalen Tonus (Parasympathikus und Sympathikus befinden sich mehr im Gleichgewicht) sowie mehr Sauerstoff im Körper führt.

Wenn wir ideale Bedingungen für Tiefenentspannung schaffen (uns sicher fühlen, Body-Mind-Praktiken üben oder in die Natur gehen), verändert sich unsere Atmung oft von ganz allein, da sich der Körper anpasst. Heute überspringen wir das und *starten* direkt mit der Atmung.

Wenn wir so atmen, wie es unser Körper in einem Zustand

der Tiefenentspannung tut, signalisieren wir ihm, dass es in Ordnung ist, sich auszuruhen. Es ist in Ordnung, loszulassen. Statt eine Top-down-Methode anzuwenden, um ein Mindset der Ruhe zu schaffen, wie z. B. Meditation, verwenden wir eine Bottom-up-Methode: Wir verändern unseren geistigen und körperlichen Zustand durch die Atmung. Es hat sich gezeigt, dass die Atmung der schnellste und direkteste Weg zu Tiefenentspannung ist. Wenn Sie sich in kein Retreat einbuchen können, können Sie das Retreat zu sich nach Hause holen. Alles, was Sie brauchen, ist Ihr Atem.

Atemübungen gehören zu den effektivsten Handlungsmöglichkeiten, um unseren physiologischen Zustand zu verändern – und das in kürzester Zeit. Es ist verblüffend: Wir können unsere Atmung steuern, was bedeutet, dass wir den Zustand unseres autonomen Nervensystems und sogar unseren Bewusstseinszustand kontrollieren können. Durch die Veränderung unserer Atmung beeinflussen wir auch unseren emotionalen Zustand, indem wir ruhiger, glücklicher und gelassener werden.

Erstens: Machen Sie sich klar, dass Sie wahrscheinlich die meiste Zeit nicht richtig atmen! Wir atmen meist schnell und ineffizient – perfekte Voraussetzungen, um in Gemütszustand orange zu schlittern und einen überdurchschnittlich hohen Stresspegel zu haben. Außerdem atmen wir zu oft durch den Mund. Wenn wir durch die Nase einatmen, können unsere Nebenhöhlen Stickstoffmonoxid bilden, das in die Lunge gelangt und dort eine gesunde, gefäßerweiternde Wirkung hat. Der Journalist James Nestor, Autor des Buchs *Breath – Atem: Neues Wissen über die vergessene Kunst des Atmens. Über das richtige Atmen und Atemtechniken*, führte seine eigenen Untersuchungen durch, indem er sich zehn Tage lang die Nase zuklebte, um ausschließlich über den Mund zu atmen.[8] Nestors Vermutungen bestätigten sich, aber es kam noch schlimmer: Er fühlte sich ängstlich, der Sympathikus übernahm das Ruder, sein Adrenalinspiegel schoss in die Höhe, und er schlief schlecht. Seine Schnarchphasen verlängerten sich von ein paar Minuten auf mehrere Stunden pro Nacht, und er entwickelte sogar eine Schlafapnoe. Die Rückkehr zur Nasenatmung löste all diese Probleme.

Momentan gibt es den Trend, sich vor dem Schlafengehen mit speziellen Klebebändern den Mund zu verschließen, z. B. mit Myotape, das vom Atmungsexperten Patrick McKeown entwickelt wurde. Nachdem er sein eigenes Asthma geheilt hat, widmet McKeown seine Karriere dem Ziel, anderen zu zeigen, wie sich viele gesundheitliche Probleme durch eine Veränderung der Atmung angehen lassen.[9] Die Atmungsphysiologie ist komplex und faszinierend, eine optimale, funktionelle Atmung hingegen ist – zum Glück – einfach.

Probieren Sie die Methode weiter unten aus, die McKeown als leichte, langsame, tiefe Atmung (LSD – Light-Slow-Deep) bezeichnet. Atmen Sie nicht zu stark ein! Heftige Atemzüge durch den Mund führen zu Überatmung, verengten Gefäßen und weniger Sauerstoff im Blut. Eine leichte, sanfte Atmung führt zu mehr Sauerstoff im Blut!

Verspüren Sie einen Unterschied zu Ihrer gewöhnlichen Atmung? Bei der Übung LSD wird mit einer noch tolerierbaren Luftknappheit gearbeitet, um den CO_2-Gehalt in der Lunge und im Blut zu erhöhen, außerdem mit einer Verlangsamung der Atmung. Anfangs kann die Luftknappheit unangenehm sein, aber mit zunehmender CO_2-Toleranz wird es Ihnen leichter fallen.

McKeown rät, behutsam, mit 30-Sekunden-Etappen und einer einminütigen Pause dazwischen, zu beginnen. Er empfiehlt, zu Beginn leicht zu atmen, um Luftknappheit zu erzeugen, dann die unteren Rippen ausdehnen und kontrahieren zu lassen und schließlich die Atmung zu verlangsamen und gleichzeitig das Atemvolumen auf ein Minimum zu beschränken. Durch diese Maßnahmen normalisieren wir die biochemischen und biomechanischen Aspekte der Atmung sowie Atemfrequenz, Biomechanik und Geschwindigkeit der Atmung. Leichte, langsame Nasen- und Zwerchfellatmungsformen bilden die Grundlage für eine funktionelle Alltagsatmung.

So sollten wir so oft wie möglich atmen.

Atmen Sie gut

Setzen Sie sich gerade hin, um Ihre Atemwege offen zu halten: Brust raus, Kinn nach unten. Atmen Sie mit geschlossenem Mund durch die Nase. Atmen Sie mühelos und unbeschwert und wenden Sie die Light-Slow-Deep-Methode an:

Atmen Sie ***leicht*** *– sanft, behutsam, ruhig*

Atmen Sie ***langsam***

Atmen Sie ***tief*** *– bis hinunter zum Zwerchfell (sodass sich Ihre Rippen seitlich aufdehnen)*

Die meisten von uns sind sich nicht bewusst, wie viel Kontrolle wir dank unserer Atmung über unser Nervensystem haben. Durch Veränderungen unserer Atemfrequenz können wir den Sauerstoff- und CO_2-Gehalt in unseren Lungen, im Blut und im Gewebe beeinflussen. Seit Jahrtausenden nutzen die Menschen Atemtechniken, um Energie zu tanken, sich zu entspannen und sich in ekstatische Zustände zu versetzen. Das Spektrum an physiologischen und mentalen Zuständen, die man durch die Atmung hervorrufen kann, ist riesig. Ja, sie kann entspannend wirken. Sie kann aber auch hormetischen Stress auslösen (wie weiter vorne bei der Wim-Hof-Methode erläutert), bis Sie einen Stress-Peak erreichen – und das alles mithilfe von verschiedenen Atemmustern. Es gibt noch andere Atemübungen, wie holotropes Atmen oder die Atemtechnik des Kundalini-Yoga, die Bewusstsein und emotionalen Zustand dramatisch verändern können. Wir können unsere Atmung nutzen, um alles zu fühlen, von Stress über Glückseligkeit bis hin zu tiefer Entspannung.

Bei der Atemübung, die wir gleich machen werden, *halten wir die Luft immer wieder kurz an*. Warum? Weil wir selbst durch kurzes Luftanhalten den CO_2-Gehalt im Blut steigen lassen. Dadurch kann das sauerstoffbindende Hämoglobin Sauerstoff in unser Blut und Gewebe abgeben. Kurzum: Die Sauerstoffmenge, die unserem Körper und Gehirn zur Verfügung steht, wird kurzzeitig erhöht, bis sie verbraucht ist. Ein höherer Sauerstoffgehalt kann energetisierend *und* entspannend wirken, Stress abbauen und zu mehr Ruhe, Klarheit und Konzentration führen. Und es hat sich herausgestellt, dass kurzes Atemanhalten unsere »CO_2-Toleranz« erhöht. Je größer unsere Toleranz gegenüber CO_2 ist, desto weniger Angst empfinden wir. Deswegen bauen wir in unsere heutige Übung eine kurze Episode ein, in der wir den Atem anhalten.

Studien zu Atemübungen, bei denen die Teilnehmer angeleitet werden, länger auszuatmen als einzuatmen, zeigen, dass dies zu einer quasi *unmittelbaren* Veränderung des autonomen Nervensystems führt.[10] Wenn Sie Ihre Atmung verlangsamen, passt sich der Rest Ihres Körpers an: langsamere Herzfrequenz, erhöhte Alphawellen im Gehirn, allgemeine Gefühle des Wohlbefindens und der Entspannung und eine höhere Herzfrequenzvariabilität, was wichtig ist, denn wenn wir unsere Herzfrequenzvariabilität erhöhen, senden wir unserem Gehirn die Botschaft, dass wir in Sicherheit sind. Wir gönnen unserem überlasteten sympathischen Nervensystem eine Pause und reduzieren die Stoffwechselrate unserer Zellen, was Zellverjüngung ermöglicht. Etliche Studien ergaben, dass langsames Atmen mit einer Frequenz von zehn Atemzügen oder weniger pro Minute, mehrmals wöchentlich für etwa 15 Minuten pro Sitzung (die genaue Dauer variiert je nach Studie) über einen Zeitraum von einem Monat, den systolischen Blutdruck um etwa sechs Punkte senkt. Die Forscher sind sich generell darüber einig, dass langsamer besser ist. Durch eine Reduzierung unserer Atemfrequenz auf sechs Atemzüge pro Minute können wir unsere Herzfrequenzvariabilität zuverlässiger erhöhen und den Blutdruck senken. Dies wird als *resonante* oder *vagale Atmung* bezeichnet.

Unsere normale Atemfrequenz liegt bei 12 bis 20 Atemzügen pro Minute, wobei der Durchschnitt bei etwa 16 liegt. Manche von uns bewegen sich sogar am Rande der Hyperventilation. Im Normalzustand, also Gemütszustand gelb, ist unsere Atmung zu schnell und zu flach. Wenn wir zu flach atmen, reagiert der Körper mit einer Stressreaktion. Es ist ein Teufelskreis.

Wir alle tendieren zu Gemütszustand gelb oder einer erhöhten Stress-Baseline. Darin zeigt sich, wie gut wir fürs Überleben programmiert sind: Unsere Aufmerksamkeit richtet sich eher auf Bedrohungen, da diese viel auffälliger sind als subtile Signale von Sicherheit und Liebe. Daher müssen wir gezielt handeln und uns einen sicheren Raum schaffen, um unsere Stress-Baseline über einen längeren Zeitraum hinweg niedriger zu halten. Das kostet uns mehr Kraft, als auf Stress zu reagieren, da dies automatisch passiert. In einen Zustand tiefer Entspannung zu kommen, erfordert zunächst einmal, dass Sie sich Mühe geben und Zeit nehmen.

Heute hätte ich gern, dass Sie so oft wie möglich Ihre Atemfrequenz senken. Außerdem lernen wir in der Übung eine spezielle Technik für einen langsam fließenden und erholsamen Atem – ein Hilfsmittel, das Sie immer dann, wenn Sie Ihr Nervensystem neu einstellen wollen, anwenden können (und sollten!). Ohne Anpassung einiger anderer Parameter, die ich Ihnen noch an die Hand geben werde, kommen Sie wahrscheinlich nicht in einen Zustand der Tiefenentspannung, doch reicht es, um die dauerhafte Aktivierung Ihres Nervensystems zu unterbrechen. Ihre Atmung ist ein äußerst wirksames Instrument zur Stresslinderung, das Sie jederzeit einsetzen können.

Kurze Zusammenfassung

Wenn wir flach und hektisch atmen, senden wir Stresssignale an den Körper.

Atmen wir hingegen lange aus, signalisieren wir unserem Körper, dass wir in Sicherheit sind. Das parasympathische Nervensystem wird stärker aktiviert, die Herzfrequenzvariabilität steigt (was gut ist), und der vagale Tonus verbessert sich.

Wenn wir unsere Atmung verändern, hat dies Einfluss auf unseren Gemütszustand und unseren physischen Stresslevel. Es kann Ängste verfliegen lassen und uns zu Gelassenheit, Resilienz und einer positiven Einstellung verhelfen.

Entspannung allein reicht nicht aus, um unsere Stress-Baseline wesentlich zu verändern. Und unsere Stress-Baseline befindet sich höchstwahrscheinlich eher im *Stress-* als im *Ruhe*bereich. Das bedeutet, dass wir konstant von Stress geplagt sind. Es gelingt uns nicht, so weit herunterzufahren, um Gemütszustand blau zu erreichen und die tiefe Regeneration zu durchlaufen, die wir benötigen. Um unsere Baseline zu verschieben, brauchen wir Erholungsphasen. Regeneration über einen längeren Zeitraum hinweg ist eine großartige Sache. Doch selbst kurze Regenerationsphasen können wesentliche Auswirkungen haben. Das tägliche »Mini-Retreat« bringt Ihnen schon sehr viel.

Also lassen Sie uns auf das Ziel zuatmen.

Übung des Tages

ATMEN SIE SICH IN DEN ZUSTAND DER TIEFENENTSPANNUNG

Übung für den Notfall: Kommen Sie in einen Zustand tiefer Entspannung

Für diese Übung müssen ein paar Grundvoraussetzungen erfüllt sein. Tiefenentspannung tritt nicht ein, wenn wir unser E-Mail-Programm offen haben oder auf Nachrichten und Anrufe warten. An Orten, an denen wir uns unsicher oder unbehaglich fühlen, wird sie sich nicht einstellen. Sie erfordert Abgeschiedenheit, ein Gefühl der Sicherheit und Abgrenzung von allen Anforderungen des Alltags. Der erste Schritt besteht also darin, den Raum für diese Übung vorzubereiten und sich mit dem eigenen Körper zu verbinden. Oder wie Thich Nhat Hanh sagt: »Atme tief, um deinen Geist zu deinem Körper zurückzubringen.«

Bereiten Sie den Raum vor

Schaffen Sie sich Raum! Wählen Sie einen Ort, an dem Sie sich absolut sicher und entspannt fühlen. Es ist der Ort, an dem Sie aller Wahrscheinlichkeit nach ungestört bleiben, fern von Arbeit, Haushaltspflichten und anderen Aufgaben. Er sollte relativ ruhig und aufgeräumt sein.

Sie werden sich bei der Übung hinlegen, also holen Sie eine Yogamatte oder eine Decke, um es sich bequem zu machen. Bei Bedarf bereiten Sie eine Augenmaske, eine

Gewichtsdecke oder ein Kissen vor, das Sie sich unter den Kopf oder die Kniekehlen legen. Die Übung lässt sich aber auch ohne jegliche Hilfsmittel durchführen. Eine viel beschäftigte Mutter aus meinem Bekanntenkreis geht ins Badezimmer (der einzige Ort, an dem sie niemand stört!) und breitet ein großes Handtuch auf dem Boden aus.

Regeneratives Atmen (4-6-8)
Erinnern Sie sich an die »Light-Slow-Deep-Methode« in diesem Kapitel, bei der Sie übten, langsamer, tiefer und bewusster zu atmen. Blättern Sie zum Kasten auf S. 207 zurück, wenn Sie sie sich nochmals ins Gedächtnis rufen wollen. Diese Methode sollten wir eigentlich den ganzen Tag über anwenden, wenn wir daran denken, langsamer zu atmen. Für eine kurze Atemübung gehen wir nun einen Schritt weiter. Es ist eine Übung, die unsere volle Aufmerksamkeit erfordert, um den vagalen Tonus und die Sauerstoffversorgung zu erhöhen. Stellen Sie sich einen Timer auf fünf Minuten (ich schlage vor, dass Sie sich die Zeit nehmen, einen sanften Signalton oder ein Lied auszuwählen). Legen Sie sich auf Ihre Matte oder Decke und machen Sie es sich bei Bedarf mit Stützkissen bequem. Schließen Sie Ihre Augen. Stellen Sie sich vor, den Koffer mit den Ziegelsteinen (von Tag 2) abzustellen.

Nun machen Sie fünf Minuten lang folgende Übung:

- Atmen Sie vier Sekunden lang durch die Nase ein.
- Halten Sie den Atem sechs Sekunden lang an.

- Atmen Sie acht Sekunden lang sehr langsam aus. Manchmal gelingt das langsame Ausatmen leichter, wenn man dabei die Lippen schürzt. Versuchen Sie es.

Vier Sekunden einatmen, sechs Sekunden halten, acht Sekunden ausatmen: Wiederholen Sie dieses Muster und versuchen Sie dabei, tief in Ihr Zwerchfell zu atmen und sich vorzustellen, dass Ihr Atem durch Ihren Körper bis zu den Fingerspitzen und Zehenspitzen ausstrahlt.

Für viele Menschen reicht es schon aus, ein paar Minuten lang diese tiefe und entspannende Atmung zu praktizieren, um maßgeblichen Einfluss auf ihr Nervensystem zu nehmen und eine Art von »Reset-Taste« zu drücken. Ich hoffe, dass Sie dadurch geerdet und mit einem niedrigeren Stresslevel wieder Ihrem Alltag nachgehen. Sollten Sie nicht gleich am ersten Tag eine unmittelbare Wirkung verspüren, schreiben Sie die Übung nicht gleich ab. Die Wirkung von Übungen dieser Art verstärkt sich im Lauf der Zeit. Wenn Sie sich unwohl dabei fühlen, versuchen Sie es zunächst mit 4-4-6 (vier Sekunden lang einatmen, vier Sekunden lang anhalten, sechs Sekunden lang ausatmen). Atmen Sie sanft und behutsam und geben Sie nicht auf!

Zusatzübung

Fünf Prozent mehr dank Achtsamkeit

Wenn Sie heute etwas mehr Zeit haben, nehmen Sie sich nach Ihrer Atemübung noch fünf bis zehn Minuten für eine kurze Achtsamkeitsübung. Die Forschung hat gezeigt, dass selbst kurze, regelmäßige Achtsamkeitsübungen die Aufmerksamkeit verbessern und Stress abbauen. Außerdem erkennen Sie auf diese Weise viel leichter, welche Stressoren sich in Ihren Gedanken und Ihrem Körper festgesetzt haben.

Achtsamkeit bedeutet, kurz gesagt, unsere Aufmerksamkeit urteilsfrei und wohlwollend auf unsere momentane Erfahrung zu richten. Das ist simpel, aber nicht leicht! Praktizieren Sie daher Achtsamkeit mit hundertprozentiger Hingabe und Nachsicht. Man kann es gar nicht »schlecht« machen. Unser Körper atmet von selbst, also müssen wir diesen Prozess nur beobachten, und dies kann sehr bereichernd und entspannend sein.

Richten Sie Ihre Aufmerksamkeit auf Ihren Atem. (Sie brauchen jetzt nicht mehr zu zählen – atmen Sie einfach ganz natürlich.) Achten Sie auf Ihre körperlichen Empfindungen beim Atmen, wenn die Luft ein- und ausströmt. Falls Sie abschweifen und sich Ihre Aufmerksamkeit auf Sorgen oder andere Gedanken richtet, kehren Sie zu Ihrem Atem und den Empfindungen in Ihrem Körper zurück.

Spüren Sie in Ihren Körper hinein:

- Was empfinden Sie, und wie viel Energie haben Sie? Können Sie die ruhige Energie Ihres Körpers spüren? Es kann sich wie ein Brummen, Summen oder Vibrieren anfühlen. Gibt es noch Stellen, an denen Stress festsitzt? Erinnern Sie sich an die Übung »Mitbekommen und Loslassen«, mit der wir die Woche begonnen haben? Sie passt jetzt perfekt: Scannen Sie beim Atmen Ihren Körper nach gespeichertem Stress und lassen Sie ihn los. Achten Sie auf ein Gefühl der Erleichterung.

- Atmen Sie ein und denken Sie an das Wort *erfrischen*. Atmen Sie aus und denken Sie: Entspannen! Oder stellen Sie sich ein buntes, kreisförmiges Mandala vor, das sich mit jedem Ein- und Ausatmen ausdehnt und zusammenzieht.
- Schaffen Sie es, dass sich Ihr Nervensystem noch um weitere fünf Prozent entspannt?

Lassen Sie, wenn möglich, Ihren Entspannungsraum für morgen eingerichtet und planen Sie ein, die Übung zur gleichen Uhrzeit zu wiederholen. Wir können unseren Körper darauf konditionieren, sich automatisch mehr zu entspannen! Lassen Sie uns diese Fähigkeit nutzen. Wenn Sie diese Übung immer zur gleichen Zeit, im gleichen Raum und mit einem sensorischen Trigger (Duftöle aus der Aromatherapie oder beruhigende Klänge) durchführen, wird Ihr Körper mit der Zeit darauf konditioniert, schneller zur Ruhe zu kommen und sich zu verjüngen.

Troubleshooting

Wenn eine Änderung des Atemmusters Ängste auslöst

Wenn man sich Studien über Atmung genau ansieht, wird klar, dass viele Menschen beim Ausprobieren langsamer Atemtechniken zunächst leicht hyperventilieren

(Symptome: Schwindel, Kribbeln, Anspannung). Dies wird durch eine Abnahme des CO_2-Gehalts im Blut statt einer Zunahme verursacht. Infolgedessen fühlen wir uns eher ängstlich als entspannt. Dies gilt insbesondere für Menschen mit Asthma oder Angstzuständen. Es gibt eine schnelle Lösung für das Problem, auch wenn sie verquer klingt: *Atmen Sie flach (leicht), natürlich und langsam. Vermeiden Sie tiefe Atemzüge.* Allein diese Anweisungen haben Menschen geholfen, sofort von der vagalen Atmung zu profitieren.[11]

Manche Menschen leiden unter einer Angstsensitivität, auch Angst vor der Angst genannt. Es handelt sich dabei um die Furcht vor den körperlichen Symptomen der Angst. So verspürt man beispielsweise bei Herzrasen noch mehr Angst. Während der Covid-Studie konnten wir beobachten, dass eine hohe Angstsensitivität die Wahrscheinlichkeit für eine gesteigerte Anzahl von Arztbesuchen sowie die Entwicklung von schweren Angstzuständen und Depressionen erhöhte.[12] Wenn Sie unter Angstsensitivität leiden, sollten Sie besonders darauf achten, längere und langsamere Atemzüge zu machen. In Extremfällen, z.B. bei Menschen mit Panikstörungen, kann eine Umstellung des Atemmusters in Richtung Hypoventilation sogar zu weniger Panikattacken führen.[13]

Studien zur Umschulung der Atmung zeigten, dass es den Betroffenen manchmal zunächst schlechter geht, bevor sie eine Linderung verspüren. In Studien zur langsamen, resonanten Atmung (sechs Atemzüge pro Minute) wiesen beispielsweise Menschen – vor allem solche mit starken Angststörungen – zu Beginn der Umschulung mehr Anzeichen von Hyperventilation auf. Nach ein paar Wochen fühlten sie sich entspannter. Fangen Sie daher langsam an, bleiben Sie dabei und seien Sie sich bewusst, dass Sie sich vielleicht erst schlechter fühlen, bevor Sie eine Besserung verspüren. Aber es lohnt sich.

TAG 7

STARTEN UND BEENDEN SIE IHREN TAG MIT EINEM VOLLEN TANK

WAS IST DAS Erste, woran Sie denken, wenn Sie morgens Ihre Augen aufschlagen?

Ist es ein piepender Alarmton, der Sie aus dem Schlaf reißt? Fragen Sie sich sofort: *Wie spät ist es? Habe ich verschlafen?* Drehen Sie sich zur Seite und greifen zum Handy? Oder wachen Sie auf, weil ein Kind oder Haustier nach Ihnen verlangt? Denken Sie bereits über den Tagesablauf nach und wie Sie alles unter einen Hut kriegen?

Wenn wir aufwachen, hätten wir gern einen neuen Tag vor uns, der wie ein unbeschriebenes Blatt ist. Ein Neuanfang, eine blanke weiße Seite voller Möglichkeiten. Doch das ist nicht der Fall. Wir haben Sorgen aller Art – Überbleibsel von gestern und neue Sorgen, die heute dazukommen.

Aber die Art und Weise, wie wir aufwachen, diese ersten kostbaren Minuten, nachdem wir die Augen aufgeschlagen haben, hat großen Einfluss auf den Rest unseres Tages – und tatsächlich auch auf unsere Stressresilienz und unsere Physiologie. Das Gleiche gilt für die Art und Weise, wie wir den Tag beenden. Stellen Sie sich diese beiden kurzen Zeitspannen wie Buchstützen vor, die den Rahmen für die Erlebnisse des Tages bilden. Diese kurzen Momente sind entscheidend dafür, wie Sie sich auf den anbrechenden Tag einstellen und wie Sie abschalten und über den sich zu Ende neigenden Tag nachdenken – worauf Sie sich konzentrieren und bewusst Ihren Fokus richten.

Die Art und Weise, wie Sie aufwachen und Ihren Tag angehen, bestimmt darüber, wie Sie auf Stressoren reagieren. Wie Sie an seinem Ende abschalten, beeinflusst Ihre Schlafqualität und Ihre Fähigkeit, sich zu erholen. Diese Entscheidungen zu Beginn und am Ende Ihres Tages haben wahrscheinlich Auswirkungen auf die Funktion Ihrer Mitochondrien, der »Batterien« Ihrer Zellen. Je nachdem, wie Sie sich entscheiden, können Sie Tage erleben, an denen Sie mehr Glück empfinden. Und um *Glück* geht es heute, denn je mehr Glück Sie im Lauf eines Tages verspüren, desto weniger Stress haben Sie.

Eine Dosis Glück

Wir wissen, dass wir widerstandsfähiger gegenüber Stress sind, wenn wir mehr Glück erleben – und zwar nicht flüchtiges Vergnügen, sondern das, was wir als Eudaimonie oder Glückseligkeit bezeichnen. Der Grund dafür ist simpel: Wir empfinden einfach weniger Stress. Wir müssen nicht so hart an unserer Reaktion auf Stress oder unserer Regeneration davon arbeiten, weil wir ihn gar nicht erst wahrnehmen. Wir sind immun dagegen.

Ganz zu Beginn des Buchs ging es darum, dass Stress sehr oft von Ungewissheit herrührt. Von der Angst, was passieren könnte, vom Unbekannten, von all den Möglichkeiten, warum ein noch so fein ausgearbeiteter Plan schiefgehen kann. Aus einem anderen Blickwinkel betrachtet, ist ein Großteil unseres Stresses das Resultat von Liebe. Wir sind gestresst, weil wir uns sorgen. Wir werden von Liebe angetrieben, der anderen großen Kraft in unserem Leben neben der Angst. Wir empfinden Stress und Sorgen, weil wir uns um die Menschen sorgen, die wir lieben. Außerdem ist es uns wichtig, im Job gute Arbeit zu leisten. Wir sorgen uns um das Land, in dem wir leben, und um unseren Planeten. Uns liegt so vieles am Herzen, aber es kann so viel schiefgehen, dass uns nur allzu leicht das Gefühl beschleicht, dass wir untergehen – dass unser Stress zu groß, zu überwältigend ist.

Chade-Meng Tan, ein ehemaliger Software-Ingenieur und Google-Pionier, hat dafür eine schöne Analogie: Wir gehen durchs Leben, als ob wir in einem kleinen Boot säßen. Unser Boot ist draußen auf dem Meer und gleitet über die Wellen. Und es schwimmt! Es sinkt nur, wenn Wasser eindringt. Wenn Ihr kleines Boot sinkt, ist das Problem nicht das Wasser selbst, das ist einfach da. Das Problem ist, dass das Wasser *eingedrungen* ist.

Wir sind alle von diesem Ozean aus Stress und Schmerz umgeben. Und der wird immer da sein. Wir können diesen Ozean nicht ablassen. Das müssen wir auch gar nicht. Das Problem ist nicht der Ozean. Das Problem entsteht, wenn das Wasser des Ozeans eindringt. Wie werden wir widerstandsfähig dagegen? Wie können wir das Wasser draußen und uns über Wasser halten?

Das ist eine große Frage. Manche Tage können sich ganz schön hart anfühlen, so, als würden wir das kleine Boot die ganze Zeit ausschöpfen und uns trotzdem kaum über Wasser halten können. Letztendlich spielen viele Faktoren eine Rolle, wenn es um unsere individuelle Resilienz geht. Auf einige davon haben wir keinen Einfluss, wie z. B. unsere Gene, unsere Erfahrungen und die Art und Weise, wie sie uns geformt haben, unsere sozioökonomische Situation und vieles mehr. An anderen können wir arbeiten, etwa unserem Mindset oder worauf wir unseren Fokus richten. Wir haben in diesem Buch Belege dafür gefunden, wie bestimmte Maßnahmen unsere Stressreaktion verändern und uns helfen können, uns besser und unbeschwerter über Wasser zu halten. Die Forschung zeigt uns jedoch auch, dass eine der wirkungsvollsten Maßnahmen für mehr Stressresilienz darin besteht, sich auf Glück zu konzentrieren – insbesondere auf die guten Dinge, die es derzeit in unserem Leben gibt, und auf die Schaffung einer positiven Zukunft.

Die These ist simpel, wird aber von der Wissenschaft gestützt: Glück hält Ihr Boot über Wasser.

Heute ist unser letzter gemeinsamer Tag. Ich hoffe, es wird der Tag, der Ihnen am meisten Spaß macht. Heute steht Glück im Mittelpunkt, und wir werden es auf verschiedene Weise erreichen. Wir werden über die großen und kleinen Dinge sprechen, die echte Freude und Lebenszufriedenheit bringen, solche, die Stress abfedern und unser Boot wirklich über Wasser halten. Ich werde Ihnen ein paar glückssteigernde kleine Dinge verraten, die Sie leicht in Ihren Tag einbauen können, kleine Maßnahmen mit großer Wirkung. Unsere Übung wird sich auf die Buchstützen unseres Tages konzentrieren: die ersten paar Minuten nach dem Aufwachen und die letzten paar vor dem Einschlafen.

Betrachten Sie diese Minuten wie die Akkupressurpunkte Ihres Tages: Wenn man weiß, wo man drücken muss, reagiert das gesamte Nervensystem.

»Stressgewohnheiten« und Freude

Wir schicken Teilnehmern unserer Stressstudien zwei Mal am Tag eine Textnachricht mit einem Fragebogen, den sie auf Ihren Handys ausfüllen: einen morgens und einen abends. Ziel ist es, ihre ersten Gedanken beim Aufwachen und ihre letzten vor dem Einschlafen festzuhalten. Morgens stellen wir folgende Fragen:

- Wie sehr freuen Sie sich auf den heutigen Tag?
- Wie sehr fürchten Sie sich vor dem heutigen Tag?
- Wie viel Freude oder Zufriedenheit empfinden Sie?
- Wie besorgt, ängstlich oder gestresst fühlen Sie sich?

Am Tagesende kontaktieren wir unsere Probanden nochmals:

- Was war das Stressigste, das Ihnen heute passiert ist?
- Wie intensiv haben Sie danach darüber nachgedacht? Wie lange?
- Was war das Positivste, das Ihnen heute passiert ist?
- Haben Sie jemandem von dem Guten, das Sie heute erlebt haben, erzählt?

Mein Team und ich gewinnen aus diesen Umfragen jede Menge Daten. Die Antworten auf diese Fragen geben Aufschluss über die *Stressgewohnheiten* der Teilnehmer. Obwohl vor allem mit Blick auf zufällige Ereignisse jeder Tag anders verläuft, nennen wir sie Stressgewohnheiten, da sich herausgestellt hat, dass wir alle eine gewohnheitsmäßige Art zu denken haben: Wenn wir an einem Tag mit einem positiven Gefühl aufwachen, ist es wahrscheinlich, dass wir es auch an den meisten anderen Tagen tun.

Wenn wir diese auf Selbstaussagen beruhenden Umfrageergebnisse mit den objektiven physiologischen Daten aus dem Labor kombinieren, können wir sehen, dass manche Menschen in der Lage sind, mehr positive Emotionen zu entwickeln, die sie durch den Alltagsstress tragen. Untersuchungen zur Tageslaune, insbesondere nach einem anstrengenden Tag, zeigen, dass ein niedriges Maß an positiven Emotionen (oder ein hohes Maß an negativen Emotionen) langfristig mit einem schlechten Gesundheitszustand in Verbindung steht, wie Depressionen, Herzkrankheiten und sogar Sterblichkeit.[1] In einer anderen Studie hatten diejenigen, die unter Laborbedingungen mit einem Stressor konfrontiert wurden, aber ihre positive Einstellung beibehielten, weniger Entzündungen und litten im darauffolgenden Jahr seltener an Depressionen.[2] Es handelt sich dabei um dieselbe positive Reaktion auf Stress, die wir an Tag 3 besprochen haben – das Gefühl von Herausforderung, Zuversicht und Hoffnung.

Positive Emotionen (alles auf dem Spektrum von Zufriedenheit und Behagen über das Gefühl der sozialen Verbundenheit bis zu sinnlichem Vergnügen) verhelfen uns sofort zu einer Stresspause. Freude hat einen physiologischen Effekt auf den Körper, ähnlich wie ein Waldspaziergang oder Atemtechniken. Freude mildert Stress und schwächt seine negativen Auswirkungen ab.[3] Dies betrifft besonders Menschen mit chronischen Erkrankungen, da bei ihnen der Stress nur allzu leicht die positiven Seiten des Lebens überschattet.

Freude hat außerdem messbar positive Auswirkungen auf die Kognition. In anderen Worten: Sie beeinflusst die Funktionsweise des Gehirns, besonders die Aufmerksamkeit. Positive Emotionen (Glück, Freude, Zufriedenheit, innere Ruhe) wirken wie ein Gegenmittel gegen Grübeleien und diesen verengten Blick auf die Dinge, zu dem wir gern neigen. Glück und Freude weiten unseren Blick und verstärken unsere Anpassungsfähigkeit, also unsere Fähigkeit, Probleme umzudeuten, statt uns starr darauf zu fixieren.[4] Reframing – sich in einer schlimmen Situation auf den Silberstreif am Horizont zu konzentrieren – erfordert etwas mentales Training. Es braucht kognitive Kapazitäten, um dies zu bewerkstelligen. Anstatt sich beispielsweise über einen pandemiebedingten Ausfall zu ärgern, könnten Sie sich auch sagen: *Egal, ich habe mir schon immer mehr Zeit mit meinen Kindern gewünscht. Nun habe ich sie. Sie werden ohnehin so schnell groß*. Menschen, die generell *ein höheres Maß* an Freude zurückmelden, verfügen oft über diese breitere Perspektive und die mentale Fähigkeit, diesen »Schwenk« hinzubekommen, was wiederum ihrer Zufriedenheit zuträglich ist und Stress neutralisiert. Positive Emotionen verringern unsere emotionale Reaktivität auf zukünftige Stressoren.[5] Und wir genießen weitere kognitive Vorteile: Wir sind kreativer. Wir lösen Probleme besser. Wir kommen leichter mit anderen Menschen in Kontakt.[6]

Sogar unsere körperliche Gesundheit profitiert von einem positiven Mindset: Es wirkt antientzündlich und mildert die Auswirkungen von Stress ab, sodass selbst Menschen, die mit vielen Widrigkeiten im Leben zu kämpfen hatten, weniger wahrscheinlich starke systemische Entzündungen aufweisen.[7] Ein größeres Maß an positiven Emotionen erhöht den Schutz vor allgemeinen Erkältungskrankheiten: Es ist also gut für Ihre Immunität![8] Eine Metaanalyse, bei der der Gesundheitszustand und andere Faktoren berücksichtigt wurden, ergab außerdem, dass es eine Verbindung zwischen mehr positiven Emotionen und einer höheren Lebenserwartung gibt.[9] Je mehr positive Gefühle man hat, desto länger lebt man. Die wissenschaftlichen Erkenntnisse sind jedenfalls ziemlich eindeutig, was Glück und Freude anbelangt: Sie sind gut für Körper, Geist und Stressresistenz. Wie also schaffen wir es, mehr davon in unser Leben zu bringen?

Man kann dem Glück nicht hinterherjagen

Was war die beliebteste Lehrveranstaltung in Yale? Glück. Berkeley? Glück. Harvard? Glück. Natürlich verbarg sich das Thema hinter unterschiedlichen Seminartiteln, doch alle Vorlesungen hatten gemeinsam, dass sie sich auf Aspekte des Glücklichseins konzentrierten. An der University of Michigan war es »Sinnhaftigkeit«. Und in Stanford? Die beliebteste Vorlesung aller Zeiten hatte … Stress zum Thema! Der Titel der Veranstaltung, gehalten von einem Pionier der Stressforschung, Dr. Robert Sapolsky, lautete »Verhaltensbiologie«. Diese Vorlesung brachte mich dazu, mein Leben der Erforschung von Leid, Liebe und der Frage zu widmen, wie man ein gutes Leben führt. Wir Studenten lernten, dass wir uns in Wirklichkeit gar nicht so sehr von Affen in Kleidern unterscheiden und von Überlebensinstinkten angetrieben werden, die von unserem Nervensystem, Hormonen, Neurotransmittern und anderen unsichtbaren Einflüssen gesteuert werden, und zwar mehr, als wir wissen oder wissen wollen. Aber wir lernten auch, dass wir uns über die Biologie hinwegsetzen und ein sinnerfülltes, spirituelles Leben führen können.

Allerdings gibt es hier ein Paradoxon: Glück ist ein wunderbares Heilmittel gegen Stress, aber man kann es nicht bewusst anstreben. Wenn Sie sagen: »Mein Ziel ist es, glücklich zu sein«, dann erreichen Sie, wie die Forschung zeigt, eher das Gegenteil. Die Vorlesung in Harvard, in der das Streben nach Glück als Trugschluss enttarnt wird, hält Tal Ben-Shahar, und er erklärt es so: »Man kann nicht direkt in die Sonne schauen, aber man kann ihre Strahlen aufnehmen.« Ironischerweise ist in den USA das »Streben nach Glück« in der Unabhängigkeitserklärung fest verankert. Umfragen zeigen jedoch, dass Menschen, die aktiv nach Glück streben, die Idee des Glücks überbewerten oder glauben, die meiste Zeit über glücklich sein zu müssen, zu den unglücklichsten überhaupt gehören.

Positive Emotionen können viel bewegen. Aber wir können Glück nicht auf direktem Weg anstreben. Man muss wissen, welche Faktoren gegeben sein müssen, um glücklich zu sein.

Dr. Ben-Shahar fasst die Zutaten des Glücks unter einem Akronym zusammen: SPIRE steht für Spiritualität (*spirituality*), körperliche Aktivität (*physical activity*), intellektuelle Aktivität (*intellectual activity*), qualitativ hochwertige Beziehungen (*high-quality relationships*) – mit anderen Worten: tiefe, nicht oberflächliche – und positive emotionale Erfahrungen (*positive emotional experiences*). Diese Glückszutaten betreffen viele Lebensbereiche, und wir können hier nicht alle an einem Tag behandeln. Aber ich erwähne sie, um daran zu erinnern, woher dauerhaftes Glück eigentlich kommt. Es hilft uns, die Aspekte zu identifizieren, die in unserem Alltag bereits vorhanden sind, aber auch jene, die wir vielleicht vermissen oder noch ausbauen wollen. Anstatt der abstrakten Idee von »Glück« hinterherzujagen, können wir bewusst versuchen, mehr SPIRE in unser Leben zu bringen, und dadurch die Infrastruktur für zukünftiges, lange währendes Glück aufbauen. Und wenn wir unsere Aufmerksamkeit auf die Dinge lenken, die wir bereits in unserem Leben haben, verstärken wir unsere Zufriedenheit. Zufriedenheit ist eine dauerhafte und solide Form des Glücks, die sich oft leichter erreichen lässt. Das Glück der *Zufriedenheit* ist immer möglich.

Glück ist eine Frage der inneren Einstellung

Wahres Glück kann man nicht kaufen – es kommt von innen. Für jemanden, der im westlichen Kulturkreis groß geworden ist, mag das schwer zu glauben sein, weil diese Aussage all unseren sozialen und medialen Konditionierungen zuwiderläuft.

Vor ein paar Jahren hatte ich die Gelegenheit, im Rahmen des Weltwirtschaftsforums in Davos an einem Stressresilienz-Retreat teilzunehmen. Das Weltwirtschaftsforum ist ein Jahrestreffen globaler Finanzkonglomerate, bei dem öffentlichkeitswirksame Reden gehalten werden. Es finden aber auch Hinterzimmertreffen statt, im Rahmen derer Übernahmen und Fusionen sowie andere Pläne, die Weltwirtschaft zu beeinflussen, besprochen werden. Oben in einer ruhigen Skihütte mit Panoramablick über die Alpen, weit entfernt vom hektischen Konferenzzentrum, lauschten wir dem tibetisch-buddhistischen Lehrer Tsoknyi Rinpoche, der einen Vortrag über echtes Glück hielt. Rinpoche führte aus, dass wahres Glück nicht durch materiellen Konsum erreicht werden kann, sondern bereits hier ist (als er *hier* sagte, zeigte er auf sein Herz). Es ist in jedem Menschen und bereit, vollständiger entdeckt und hervorgebracht zu werden.

Ein Mann aus dem Publikum meldete sich zu Wort. Er schüttelte energisch den Kopf und widersprach: »Nein, nein, nein. Wir sind erfolgsorientiert. Lebenserfüllung ist das Erreichen von Zielen, und in Wahrheit lieben wir materiellen Konsum. Das ist es, was uns glücklich macht.«

Einige nickten, andere schüttelten den Kopf, aber alle Aufmerksamkeit war auf einen Punkt gerichtet. Ein Raunen ging durch den Saal. Jemand hatte den Elefanten im Raum benannt.

Rinpoche lächelte. Er ging auf den Mann zu, der den Einwand vorgebracht hatte. Ich war völlig gefesselt: der CEO im schwarzen Anzug von Angesicht zu Angesicht mit dem Mönch in roter Kutte.

»Ich habe neulich die Werbung für ein neues iPad gesehen«, erzählte Rinpoche. »Der Mann, der in dieser Werbung das iPad hielt, war so attraktiv, jung und stark. Er hatte einen Waschbrettbauch, und ich wollte wie er sein! Also kaufte ich mir das iPad. Es war ein tolles Gefühl, es in Händen zu halten. Ich hatte das Gefühl, mein Bauch besteht nur aus Muskeln. Doch dann schaute ich an mir herab und sah meinen runden, weichen Bauch!«

Er rieb sich den Bauch und lächelte. Alle lachten entwaffnet.

»Dann ging mein iPad kaputt. Jetzt ist mein nagelneues iPad im Eimer und mein Glück auch.«

Es war eine simple Geschichte, parabelgleich, aber Rinpoche ging noch näher darauf ein, dass es problematisch sei, Glück an materielle Güter oder bestimmte Ziele zu knüpfen. Herausragendes Können und das Erreichen von Zielen können uns vorübergehend ein gutes Gefühl vermitteln. Sie können einen Teil des Weges zu Glück und einem erfüllten Leben ausmachen. Aber wir müssen auch das große Ganze sehen. Wir können nicht immer etwas Besserem nachjagen und denken, dass wir glücklich sind, wenn wir ein bestimmtes Vermögen anhäufen oder eine bestimmte Sache erwerben (ein iPad, ein Haus, ein Auto oder einen bestimmten Job). Es gibt immer etwas Neues. Etwas Besseres. Etwas Größeres. Jemanden, der fähiger ist.

Kaum haben wir ein Ziel erreicht, wartet schon das nächste. Wie wir diese Woche bereits feststellen mussten, können wir nicht zulassen, dass unser Wohlbefinden von äußerlichen Dingen abhängt, die sich unserer Kontrolle entziehen. Man kann aber ehrgeizig und leistungsorientiert sein, ohne sein Glück und Selbstwertgefühl zu sehr mit der nächsten Errungenschaft zu verknüpfen. Überraschenderweise besteht einer der besten Wege, glücklich zu sein, darin, unsere negativen oder schwierigen Gefühle anzunehmen und mit ihnen zurechtzukommen.

Tsoknyi Rinpoche leitete eine Meditation mit dem Titel »Dem Gefühl die Hand schütteln«.[10] Er forderte uns auf, an eine kürzlich gemachte emotional belastende Erfahrung zu denken, sie auf Basis unserer Erinnerung nochmals zu durchleben und dabei körperliche Empfindungen wahrzunehmen. Anstatt diese negativen Emotionen schnell beiseitezuschieben, erforschten wir sie vorsichtig und offen, um allem zu begegnen, was aufkam, und es willkommen zu heißen. Rinpoche nennt diese Gefühle »freundliche Monster«, weil uns diese schwierigen Gäste zu Einsicht und Weisheit verhelfen. Wenn wir uns negativen Emotionen gegenüber öffnen und sie beim Namen nennen, werden wir ihnen gegenüber weicher und können sie sogar annehmen. In der Neurowissenschaft gibt es ein ähnliches, aber einfacheres Verfahren, das sogenannte *Affect Labeling*, bei dem man Personen bittet, in Worten zu beschreiben, was sie gerade fühlen. *Furcht. Verlegenheit. Eifersucht.* Wenn wir uns nicht gegen negative Gefühle wehren, sie bekämpfen oder vor ihnen davonlaufen, sondern uns ihnen stellen und sie annehmen, verschwindet ihre aktivierende Macht. Wir wechseln von Gemützustand rot in Gemütszustand gelb und irgendwann zu grün, wenn diese negativen Emotionen langsam verfliegen. Außerdem zeigt die Forschung Folgendes: Je mehr unterschiedliche Emotionen wir verspüren und benennen, desto resilienter sind wir gegenüber Stress und desto weniger Entzündungen haben wir im Körper.[11] Ähnlich wie Biodiversität ist wahrscheinlich auch emotionale Diversität ein Indikator für ein anpassungsfähiges Ökosystem. Gefühle beim Namen zu nennen, hilft uns, diese Vielfalt zu erhöhen.

Der Punkt ist der: Wenn es um Wohlbefinden geht, klappt es nicht, Materiellem hinterherzujagen. Vor Schmerz und Stress davonzulaufen, funktioniert auch nicht. Was funktioniert: Zufriedenheit und Glück wahrzunehmen.

Vergnügen und *Glück* ausbalancieren

Sowohl Vergnügen als auch Glück sind für unser Wohlbefinden wichtig, wobei Vergnügen kurzlebig ist. Vergnügen verspüren wir oft durch Konsum (von Essen, Sex, Gebrauchsgütern), weil dieser zu einer Dopaminausschüttung führt ... was sich *gut* anfühlt. Dieser Dopamin-Kick verstärkt unser Verlangen, diese Erfahrung erneut zu machen, was nicht immer das Beste für unser langfristiges Glück ist, da Vergnügen durch Konsum nicht lange anhält. Selbst nach einem sehr beglückenden Ereignis kehren wir auf unser normales Glücksniveau zurück. Andererseits können wir uns auch recht schnell von einem tragischen Ereignis erholen. Dies wird als *hedonistische Adaption* bezeichnet. Eine Studie ergab, dass sowohl Lotteriegewinner als auch Menschen, die plötzlich querschnittsgelähmt waren, nach ein paar Jahren zu ihrer Glücks-Baseline zurückkehrten.

Um eines klarzustellen: An Vergnügen ist nichts Falsches! Sinnesfreuden, ein duftendes Bad, der Genuss von köstlichem Essen, eine Massage oder Musik sind fester Bestandteil eines bunten, vielfältigen Lebens … *und* sie bauen darüber hinaus auch Stress ab. Im Moment sinnlichen Genusses geistig präsent zu sein, ist eine wunderbare Möglichkeit, sein Nervensystem neu einzustellen. Eine weitere effektive Möglichkeit ist Sex. Hier zeigt sich die erstaunliche Programmierung unseres Gehirns auf Genuss. Studien zu sexueller Aktivität zeigen, dass diese tendenziell mit einer besseren kardiovaskulären Gesundheit zusammenhängt und Stress puffert. Oxytocin, das »Liebeshormon«, das beim Orgasmus oder bei körperlicher Intimität ausgeschüttet wird, senkt zum Beispiel den Blutdruck. In unserer Studie über Eltern fanden wir heraus, dass Paare, die häufiger sexuell intim waren, tendenziell längere Telomere und einen gesünderen Metabolismus aufwiesen. Obwohl er in gewisser Hinsicht immer noch ein Tabuthema ist, ist Sex, ob mit einem Partner oder allein, ein wichtiger Gesundheitsfaktor, der auf der Liste der schnell wirksamen, stresslindernden Maßnahmen stehen sollte. Eine Studie mit Paaren ergab, dass ein höheres Maß sexueller Befriedigung in Verbindung mit einem geringeren Stresslevel steht.[12] In einer Umfrage unter deutschen Frauen,[13] in der nach der Motivation für Masturbation gefragt wurde, gaben 67 Prozent Entspannung und Stressabbau an. Dieser Motivationsgrund war fast genauso wichtig wie die pure sexuelle Befriedigung (69 Prozent).

Es ist nicht unbedingt der Geschlechtsakt selbst, der zu einer Reduktion von Stress führt. Es ist das, was die berühmte Psychotherapeutin und Beziehungsexpertin Esther Perel als »erotische Sinnlichkeit« bezeichnet. Sie beschreibt, wie sinnliche, erotische Erfahrungen bei uns selbst anfangen: »Erotische Selbstpflege beginnt damit, weniger Raum für Selbstkritik zuzulassen und uns einfach die Erlaubnis zu geben, uns schön zu fühlen, es zu genießen, für uns zu sein, uns mitfühlender und realistischer zu begegnen.«[14] Alle Arten von starken, genussreichen, sinnlichen Erlebnissen, die unsere Aufmerksamkeit auf sich ziehen, bringen irgendeine Art von Freude – subtil oder eindringlich, ruhig oder ekstatisch. Der Geschmack eines ofenwarmen, köstlichen Schokokekses zum Beispiel. Das Gefühl einer sanften Sommerbrise auf der Haut in einer lauen Sommernacht. Eine ausgiebige, entspannende, heiße Dusche. Je besser es uns in solchen Momenten gelingt, innezuhalten und bewusst wahrzunehmen, desto glücksbringender sind sie für uns, und der Stress schmilzt dahin.

Wir sollten uns unbedingt vornehmen, diese Momente sinnlichen Genusses auszukosten. Zugleich sollten wir aber auch daran denken, dass hedonistisches Vergnügen, das durch Genuss und Konsum entsteht, flüchtig und unbeständig ist und das ständige Streben danach uns nicht dauerhaft Zufriedenheit und Erfüllung, die Grundlagen wahren Glücks, bringt. Tatsächlich macht es uns unglücklich, wenn wir übermäßig auf Genuss aus sind, und es ist der Ausgangspunkt vieler Süchte.[15] Es ist wie eine Achterbahnfahrt – wir haben gigantische *Hochs*, gefolgt von bodenlosen *Tiefs*.

Die Achterbahnfahrt beenden

Aktuelle Studien zu Emotionsdynamik zeigen, dass eine stabile Stimmung gesünder ist als positive Emotionen, die dramatischen Schwankungen unterliegen. Selbst wenn man viele »Hochs« hat, leidet man umso mehr, je mehr Auf- und Abschwünge die eigenen positiven Emotionen im Lauf eines Tages erleben. Dies schlägt sich auch in einer schlechteren mentalen Gesundheit[16] und einem geringeren vagalen Tonus[17] nieder. Ein routinemäßiges Auf und Ab der positiven Stimmung wird sogar mit vorzeitiger Sterblichkeit[18] in Verbindung gebracht.

Ziel sind also nicht krasse Gefühlsspitzen! Nach einem Hoch folgt ein Tief, und dieses Auf und Ab macht einem das Leben schwer. Das Ziel sind beständige und dennoch ausreichend intensive, positive Emotionen, die von stabileren Glücksquellen herrühren: Erfüllung, Zufriedenheit und Gelassenheit. Wie die Forschung zeigen konnte, sind diese Gefühle sehr verlässliche Gegenmittel gegen Alltagsstress.

Unser Ziel ist »eudaimonisches Wohlbefinden«, also das Gefühl, ein erfülltes, sinnvolles Leben zu führen und zufrieden zu sein. Es wurzelt in Beziehungen und Verbindungen mit anderen Menschen, aber was dabei am wichtigsten ist: Es ist *von Dauer*. Während hedonistische Glücksgefühle – ausgelöst durch Sinnesfreuden und Genuss – durch starke Dopaminausschüttungen ausgelöst werden, wird eudaimonisches Glück von Serotonin reguliert.[19] Eudaimonisches Glück ist beständig. Im Gegensatz zu hedonistischem Vergnügen ist es nicht anfällig für abenteuerliche Berg-und-Tal-Fahrten.

Wir alle wollen uns gut fühlen. Dieses stabile, unaufgeregte, positive Gefühl sollten wir pflegen. Es ist erreichbar, beständig und das Beste für Körper und Seele.

Hört sich gut an. Woher man das bekommt?

Es gibt viele Wege zu beständigem Glück. Ich bin Mitglied eines Forschungsnetzwerks der National Institutes of Health zum Thema emotionales Wohlbefinden. Unsere erste Aufgabe bestand darin, eine Definition zu finden, auf die wir uns alle einigen konnten. Das war keine leichte Aufgabe, und meine Kollegen, ausgewiesene Experten im Bereich Wohlbefinden, brauchten Monate, um eine einzige Definition zu formulieren. Die Gruppe einigte sich schließlich auf diesen Wortlaut, an dem allerdings immer noch gefeilt wird: Emotionales Wohlbefinden ist ein komplexes Phänomen. Es umfasst, wie wir uns allgemein fühlen, momentan und mit Blick auf unser Leben. Es hat sowohl *erfahrungsbezogene* Merkmale, wie z. B. die emotionale Qualität unserer alltäglichen Erfahrungen, als auch *reflexive* Merkmale – unsere Ansichten über Lebenszufriedenheit, soziale Beziehungen und Sinnhaftigkeit sowie unsere Fähigkeit, Ziele zu verfolgen, die das Selbst übersteigen. Glücksgefühle sind daher nur ein Teilaspekt allgemeinen Wohlbefindens, aber ein wichtiger Baustein.

Einen der folgenden Teilaspekte zu verstärken, verbessert unser Wohlbefinden:

- Momente der Zufriedenheit, des Glücks oder der Wertschätzung wahrzunehmen
- Positive soziale Beziehungen
- Aufzuwachen und ein Tagesziel vor Augen zu haben

Eine Sache anzusprechen ist mir wichtig: Glücksgefühle kann

jeder empfinden, ganz unabhängig von den Umständen. Erinnern Sie sich an meinen Freund Bryan, den wir am Anfang dieses Buchs kennengelernt haben? Als junger Mann wurde er in die russische Armee eingezogen und in eine der unbarmherzigsten, unwirtlichsten Gegenden unseres Planeten geschickt. Er wurde aus seiner Familie gerissen und in eine Situation katapultiert, in der es jeden Tag ums Überleben ging. Er hatte Angst, seine Angehörigen niemals wiederzusehen. Die extreme Kälte, die zermürbenden Arbeitszeiten und die niederen Arbeiten, die er verrichten musste, machten ihm ständig zu schaffen.

Aber als er radikal akzeptierte, dass es einfach Dinge gab, die er in dieser Situation nicht kontrollieren konnte, war er in der Lage, besser damit umzugehen. Er versuchte nicht mehr, gegen das anzukämpfen, was er nicht ändern konnte. Er lernte eine wertvolle Lektion darüber, worin es sich lohnt, seine Energie zu investieren, und wie man in harten Zeiten resilient und standhaft bleiben kann. Wenn heute etwas Unerwartetes, Stressiges oder Beängstigendes passiert, will er nicht mehr mit dem Kopf durch die Wand, indem er versucht, Dinge zu verändern, die sich nicht verändern lassen. Er weiß, wann er aktiv Veränderungen herbeiführen kann und wann er sich anpassen und in Akzeptanz üben muss. Das ist eine wertvolle Fähigkeit, und ich bewundere ihn, weil er so gut darin ist! Aber was mir an Bryan wirklich auffällt, ist seine Fähigkeit, Glück zu empfinden, und mögen die Zeiten auch noch so unsicher und stressig sein. Er scheint unbegrenzten Zugang dazu zu haben. Als es ihm gelang, während seiner langen Stationierung vor all den Jahren seine Situation zu akzeptieren, erlebte er auch euphorische Momente. Selbst Kleinigkeiten, die ihn zuvor nicht erfreut hatten, brachten ihm große Glücksmomente. An seinem einzigen freien Tag in der Woche ging er spazieren und war regelrecht glückselig, einfach tun und lassen zu können, was er wollte – etwas, das bislang selbstverständlich für ihn gewesen war. Er konnte in einen kleinen Laden gehen, sich die Lebensmittel ansehen, alles kaufen, was er wollte, und sich an den verschiedenen Aromen erfreuen. Er konnte anhalten und sich mit einem Passanten auf der Straße unterhalten, und auch wenn es nur ein kurzes Gespräch über das Wetter war, fühlte er sich wie im siebten Himmel, weil er mit einem freundlichen Unbekannten ein paar Worte gewechselt hatte. Nach einer langen Woche unter harten Bedingungen, mit starren Zeitplänen und ohne sinnliche Genüsse fühlte sich jedes kleine Vergnügen umso intensiver an: bunter, heller, schöner.

Bryan führt jetzt ein komfortables Leben in San Francisco. Seine Überlebensausrüstung für die arktische Tundra braucht er nicht mehr. Aber er hat sich die Fähigkeit bewahrt, die kleinen Freuden im Leben intensiver auszukosten – er schätzt Momente und Erfahrungen, die ihm sonst entgehen würden. Er weiß jetzt, dass sie wertvoll und wie ein *Treibstoff* sind.

Ich will nicht so tun, als würden wir im Leben alle die gleichen Bedingungen vorfinden. Das tun wir gewiss nicht. Einige haben einen viel steinigeren Weg zu meistern. Dennoch gibt es immer *irgendetwas* Schönes auf diesem Weg. Und es ist wahr, dass manche Menschen eine ebene Straße mit wunderschöner Aussicht entlanggehen und nur das einzige Schlagloch bemerken, während andere einen Gewaltmarsch in rauem Gelände bewältigen und sich über eine einzelne Blume freuen, die sie zwischen den Felsen entdecken. Je mehr wir wie Letztgenannte sein können, desto resilienter werden wir – das ist wissenschaftlich bewiesen.

Der Schauspieler Jim Carrey sagte einmal: »Ich denke, jeder sollte reich und berühmt werden und alles tun, wovon er schon immer geträumt hat, damit er sieht, dass das nicht die Lösung ist.« Ruhm und Reichtum machen nicht automatisch glücklich, aber viele Menschen verbringen ihr Leben mit der fieberhaften Suche danach. Zwischen dem, was wir für glücksförderlich halten, und dem, was tatsächlich glücksförderlich ist, klafft eine Lücke. Gesundheit und Sicherheit sind Grundbedürfnisse, die erfüllt sein müssen. Ist dies der Fall, zeigen Studien, dass ein höheres Einkommen nicht mit mehr Glück einhergeht. Glück kann man nicht kaufen. Aber wir können es finden, tagtäglich.

Das Glück beim Schopf packen: Die kleinen Dinge zählen

Dr. Sonja Lyubomirsky von der University of California, Riverside, eine Pionierin auf dem Gebiet der Glücksforschung, führt seit drei Jahrzehnten Experimente zum Thema Glück durch. Eines ihrer Forschungsergebnisse besagt, dass ein Teil unseres »Glücksniveaus« durch genetische Faktoren und Lebensumstände festgelegt wird, der Großteil aber in unserer Hand liegt.[20] Lyubomirskys Forschungsarbeit zeigt, dass man sein Glück und Wohlbefinden messbar mithilfe von täglich bewusst durchgeführten Handlungen steigern und diese Steigerung lange bewahren kann. Eine weitere gute Nachricht ist, dass es nicht unbedingt große weltbewegende Veränderungen im Leben braucht, um glücklicher zu sein. Schon Kleinigkeiten können einen Unterschied machen. Eine der besten Möglichkeiten, dem eigenen Glück auf die Sprünge zu helfen, sind kleine Akte der Freundlichkeit und des Mitgefühls. Eine Studie untersuchte die Auswirkung einer freundlichen Geste anderen im Vergleich zu sich selbst gegenüber, und es waren prosoziale Handlungen – anderen etwas Gutes zu tun –, die zu Stresslinderung und mehr positiven Emotionen führten.[21] Darauf aufbauend fand Lyubomirsky heraus, dass freundliche Gesten mit einer geringeren proinflammatorischen Genexpression verbunden sind.[22] Einer anderen Person etwas Gutes zu tun, ist gut für diese Person, aber auch gut gegen *Ihren* Stress und gut für *Ihren* Körper.

Beziehungen sind wichtig für Gesundheit und Glück. Tatsächlich sind starke Beziehungen zu Beziehungspartnern, Familienmitgliedern oder Freunden einer der wichtigsten Faktoren für stabiles, eudaimonisches Glück. Verantwortlich für diesen magischen Effekt sind die positiven Emotionen, die in einer Beziehung ausgetauscht werden. Forscher untersuchten unter Laborbedingungen, wie Paare mit Konflikten umgingen, und fanden heraus, dass die Reaktionsprofile der Nervensysteme derjenigen, die Momente positiver Emotionen miteinander *teilen*, auch während eines Konflikts aufeinander abgestimmt sind. Und je ausgeprägter dieses Synchronisationsprofil ist, desto besser sind ihre Beziehungen und ihre Gesundheit, auch noch Jahre später.[23] Gute Beziehungen sind durchwegs ein wichtiger Gesundheits- und Glücksfaktor: Menschen mit qualitativ hochwertigeren Freundschafts-, Familien- oder Ehebeziehungen verfügen tendenziell über eine bessere Gesundheit und leben länger.[24]

Positive Emotionen haben enormen Einfluss auf uns, und manchmal sind es in Beziehungen die kleinen Interaktionen, die am meisten zählen. Sogar flüchtige Interaktionen mit Unbekannten können Ihnen einen kräftigen Positivitätsschub geben. Lächeln kann eine Quelle der Freude sein! Ein echtes, volles Lächeln ist wie eine kleine Party im Gehirn: Ihr Gehirn reagiert auf die Aktivität Ihrer Gesichtsmuskeln mit der Ausschüttung von Wohlfühlhormonen wie Endorphinen. Ähnlich, wie die Atmung das Nervensystem *bottom-up* beeinflussen kann, kann auch ein Lächeln dazu beitragen, dass wir uns ein wenig glücklicher fühlen.[25] Dies wird als *Facial-Feedback-Hypothese* bezeichnet. Wie Thich Nhat Hanh sagt: »Manchmal ist deine Freude die Quelle deines Lächelns, aber manchmal kann das Lächeln die Quelle deiner Freude sein.« So, wie unsere Atmung die Aktivität unseres Nervensystems und ein Lächeln unsere Gefühle beeinflussen kann, kann der Morgen – ja, die ersten Minuten, nachdem wir unsere Augen geöffnet haben – unseren ganzen Tag beeinflussen, insbesondere hinsichtlich darauf, wie stressresistent wir sind.

Ihr Morgen und Ihre Mitochondrien

Zu Beginn dieses Kapitels habe ich Sie gebeten, darüber nachzudenken, welche Gedanken Sie morgens haben. Was geht Ihnen durch den Kopf, wenn Sie aufwachen?

> Wie spät ist es?
> Wo muss ich wann sein?
> Was habe ich heute zu erledigen?

Manchmal gehe ich in Gedanken direkt zu meinem ersten Treffen oder Termin, aber dann korrigiere ich meinen Kurs. Dieses kleine Zeitfenster nach dem Aufwachen ist entscheidend dafür, wie unser Tag verläuft, da exakt zu diesem Zeitpunkt unser Körper seine Stress- und Energiesysteme abstimmt. Unsere Nebennierenrinde schüttet beim Aufwachen Cortisol ins Blut aus, sogar schon etwas früher, da wir den Tagesanbruch unbewusst vorwegnehmen. Cortisol mobilisiert so viel Glukose, wie unser Gehirn voraussagt zu benötigen. Großer Tag heute? Dann ist ein ordentlicher Cortisolschub nötig! Das ist gesund – sofern wir wirklich einen hohen Bedarf haben und die ganze Glukose in unserem Blut auch tatsächlich brauchen! Etwa 30 Minuten nach dem Aufwachen ist der Cortisolspiegel am höchsten und kann über einen längeren Zeitraum hinweg auf hohem Niveau bleiben.

Arbeitsstress hat maßgeblichen Einfluss auf unseren Cortisolspiegel im Wachzustand. Überarbeitung ist kein beliebtes Gesprächsthema, aber wir müssen sie ansprechen: Wenn wir im Job ein chronisch hohes Maß an Anforderungen und Verantwortung haben, jedoch wenig Belohnungen in Form von Unterstützung und Respekt erhalten, kommt es zu dem, was Forscher als »Effort-Reward-Imbalance« bezeichnen, eine Form von arbeitsbedingtem Burn-out. Wir neigen dazu, mit einem hohen Cortisolspiegel aufzuwachen *und zusätzlich* durch übermäßig hohe, nur langsam abflauende Cortisolspitzen übers Ziel hinauszuschießen.[26] Dies trifft besonders auf Personen zu, die sich im Job mental übermäßig stark engagieren, wobei dieses übermäßige Commitment nicht so gut ist, wie es klingt. Es geht nicht um Hingabe und Zielstrebigkeit, sondern vielmehr um die Unfähigkeit, nicht mehr an die Arbeit zu denken und zu entspannen. Übermäßiges Commitment steht auch in Verbindung mit einem hohen Cortisolspiegel vor dem Schlafengehen, ein weiteres wichtiges Zeitfenster, das wir im Auge haben sollten.

Auch Pflegepersonen leiden unter dieser erhöhten Alarmbereitschaft beim Aufwachen – aufgrund ihrer Lebensumstände tendieren sie dazu, gedankliche Zeitsprünge in die Zukunft zu machen: Pläne zu schmieden, vorauszuschauen, sich Sorgen zu machen. Bei einer Studie mit Eltern mittleren Alters haben wir Blutproben genommen, um herauszufinden, wie »jugendlich« ihre Zellen sind. Gleichzeitig haben wir uns ihre Gedankenmuster beim Aufwachen und Einschlafen angesehen – den wichtigen Buchstützen des Tages. Wir verglichen Eltern von pflegebedürftigen Kindern (Kinder mit einer Autismus-Diagnose) mit Eltern neurotypischer Kinder. Während alle Eltern von Kleinkindern stark gestresst sind, weisen Eltern von pflegebedürftigen Kindern eine beschleunigte Zellalterung und einen höheren Cortisolspiegel auf. Aber das Interessante war Folgendes:

Pflegepersonen, die mit einem positiven Gefühl aufwachen – die Freude empfinden, in ihrer Rolle als Pflegeperson aufgehen, den Sinn hinter den zu meisternden Schwierigkeiten erkennen und sich auf den kommenden Tag freuen –, weisen ein besseres zelluläres Alterungsprofil auf und wachen mit einem niedrigeren Cortisolspiegel auf. Ihr Mindset ist auf Glück ausgerichtet, und dies schlägt sich körperlich nieder. Sie sind resilienter. Wir fanden heraus, dass Menschen, die positiv gestimmt aufwachen und ihren Tag in einer positiven Stimmung abschließen, ein höheres Maß mitochondrialer Aktivität sowie höhere Telomerasewerte (Telomerase ist das »Antiaging-Enzym«) aufweisen.

Die Mitochondrien sind auch als »Kraftwerke« der Zelle bekannt. Sie sind die Batterien unserer Zellen. Die von ihnen erzeugte Energie, Adenosintriphosphat (ATP), dient als Treibstoff aller essenziellen Zellaktivitäten. In jungen Jahren sind unsere Mitochondrien groß, robust und effizient. Im Lauf des Alterungsprozesses bilden sie mehr oxidativen Stress. Je älter und schwächer sie werden, desto mehr oxidativer Stress entweicht aus ihnen, während die Energieproduktion langsam eingestellt wird. Hier wird klar, wie wichtig der Zusammenhang zwischen Körper und Geist ist: Im Durchschnitt haben Eltern pflegebedürftiger Kinder Mitochondrien von geringerer Qualität, was zu einem Energie- und Vitalitätsverlust führen kann. Eltern pflegebedürftiger Kinder mit einem positiven Emotionsprofil haben, ähnlich wie Eltern von nicht pflegebedürftigen Kindern, qualitativ hochwertige Mitochondrien.[27] Positive Emotionen verleihen diesen Eltern einen Schutzpanzer gegen Stress, wahrscheinlich sogar auf Zellebene.

Ihre Mission: Starten und beenden Sie Ihren Tag mit einem vollen Tank

Die Art und Weise, wie Sie Ihren Tag beginnen, bietet Ihnen eine effektive Möglichkeit, Ihr Nervensystem zu kalibrieren. Wenn Sie Ihren Fokus auf das richten, was Sie haben, was Sie lieben, worauf Sie sich freuen und was Sie begeistert, beeinflussen Sie, wie Sie Ihren Tag erleben werden. Es kann etwas so Simples wie die Vorfreude auf die erste Tasse Kaffee oder eine Kuscheleinheit mit Ihrem Haustier sein.

Auch das Tagesende beeinflusst uns stark. Beim Zubettgehen sollte uns nicht ein Wirrwarr aus negativen Gedanken und ungelösten Problemen durch den Kopf spuken. Wir sollten uns entspannen, um neue Energie zu schöpfen und die Nacht nicht unbewusst gestresst zu verbringen. In der heutigen

Übung werden Sie ein einfaches Ritual direkt vor dem Schlafengehen ausprobieren. Es zielt darauf ab, Ihr Mindset zu verändern, Ihre Aufmerksamkeit auf Ihren Körper und Ihre Umgebung zu richten und Ihrem Körper zu signalisieren, dass es in Ordnung ist, sich zu entspannen.

In einer Zusatzübung bitte ich Sie, jeden kleinen Funken Freude wahrzunehmen, den Sie heute empfinden. All die Mühe, die Sie sich beim Durcharbeiten dieses Buchs gemacht haben, ist es wert, denn Ihre neu gewonnenen Fähigkeiten werden Ihnen helfen, sich von Stressoren weniger triggern zu lassen. Und das Tolle an Glück ist: Wenn wir es steigern, brauchen wir den Stress gar nicht zu reduzieren, weil der Stresstrigger erst gar nicht zündet – wir haben unsere »Stressschwelle« erhöht und »sehen nicht mehr so leicht rot«.

Das Wunderbare an eudaimonischem Glück ist, dass es unsere Stressresilienz erhöht. Es ist eine reichhaltige Quelle zusätzlicher mentaler und emotionaler Kapazitäten. Wenn ein Stressor eine Bedrohungsreaktion bei uns auslöst, liegt das daran, dass wir es nicht geschafft haben, eine »mentale Triage« vorzunehmen: Wir nehmen etwas als bedrohlich wahr, obwohl wir, wenn wir nur ein wenig herauszoomen und einen anderen Blickwinkel einnehmen könnten, erkennen würden, dass es zwar eine Herausforderung ist, aber keine Bedrohung. Es gibt keinen Grund, in Panik zu geraten. Es gibt keinen Grund für eine massive Stressreaktion aufgrund einer vermeintlichen Bedrohung. Glück und Dankbarkeit verleihen uns diese Reservekapazitäten, sie laden unsere Batterie auf. Sie geben uns eine solide Basis, um herauszuzoomen, die Dinge realistisch zu betrachten, die Herausforderung zu erkennen, flexibel zu bleiben und resilient zu sein.

In der heutigen Übung geht es darum, aufzuwachen und zu entspannen, Dankbarkeit zu empfinden und sich auf die Dinge zu fokussieren, die Ihnen etwas bedeuten. Morgens ist es das, worauf Sie sich freuen. Abends geht es darum, sich nochmals alle Momente der Freude und der Erfüllung in Erinnerung zu rufen. Wir können sie selbst im Lauf eines schwierigen Tags finden. Wir müssen nur ganz genau hinschauen. Die Zeit, die wir uns nehmen, um uns auf sie zu fokussieren, ist dann vielleicht der Grund, warum der folgende Tag noch besser wird, weil wir ihn resilienter, offener und glücklicher begehen können.

Übung des Tages

BUCHSTÜTZEN, DIE GLÜCKLICH MACHEN

Fähigkeit für den Notfall: sich auf einer Welle der Freude treiben lassen

Die Forschung zeigt, dass eine der besten Möglichkeiten, einen Perspektivwechsel vorzunehmen, Dankbarkeitsübungen sind. Selbst bei Schülern an der Highschool führten zehn Minuten Dankbarkeitsübungen pro Woche (Briefe an Trainer, Lehrer, Freunde, in denen die Wertschätzung für etwas Bestimmtes zum Ausdruck gebracht wurde) zu einem gesteigerten Gefühl der Verbundenheit und einer größeren Lebenszufriedenheit.[28] Dankbarkeit wirkt der hedonistischen Adaption entgegen, einem gut dokumentierten Effekt, bei dem wir nach einem erfreulichen Ereignis schnell wieder auf unser emotionales Baseline-Niveau zurückkehren. Wir können der hedonistischen Adaption entgegenwirken, indem wir positiven Dingen in unserem Leben, egal, ob klein oder groß, große Aufmerksamkeit schenken. Inzwischen weiß man, dass der Anfang und das Ende des Tages die besten Zeiten dafür sind. Die heutige Übung besteht aus zwei Teilen: einer Morgen- und einer Abendübung.

Morgenübung

Nehmen Sie sich gleich nach dem Aufwachen, bevor Sie das Handy zur Hand nehmen oder irgendetwas anderes tun, fünf Minuten, um Ihren Tag in eine positive Richtung zu lenken. Vielleicht setzen Sie sich etwas auf, um ein bisschen wacher zu werden. Geben Sie sich Zeit, sanft aufzuwachen. Atmen Sie langsam und leicht, um diesen neuen, unberührten Tag zu begrüßen. Nach drei langsamen und achtsamen Atemzügen stellen Sie sich folgende Fragen:

Auf was freue ich mich heute?
Wofür bin ich dankbar?

Vielleicht antworten Sie mit etwas so Banalem wie: Ich freue mich auf eine Tasse starken Kaffee. Ich bin dankbar, dass mein Partner einkaufen war und ich heute dadurch mehr Zeit für mich habe. Ich freue mich darauf, heute jemanden, den ich mag, zum Mittagessen zu treffen. Wenn Sie sich auf bestimmte Aspekte Ihres Tages freuen, statt Ihre geistige Energie darauf zu verwenden, die schwierigen Aspekte zu fürchten, wodurch Sie nur die unangenehmen, scharfkantigen Seiten des Tages wahrnehmen, polstern Sie Ihren Tag mit »positiven Kissen« aus. Es sind diese kleinen Dinge, die sich aufsummieren, die dafür sorgen, dass Sie guter Dinge sind. Sie spielen eine wichtige Rolle für Ihre psychische Gesundheit.

Wenn Sie beim Aufwachen daran denken, was Sie zu erledigen haben, und die To-do-Liste in Ihrem Kopf immer länger wird, machen Sie sich keine Gedanken, das ist okay. Das ist einfach die Art, wie unser Kopf normalerweise funktioniert. Versuchen Sie an etwas zu denken, das

Ihnen am Herzen liegt. Mehr Sinnhaftigkeit im Alltag zu erkennen und sich daran zu erinnern, warum eine Aufgabe oder Verpflichtung von Bedeutung ist, puffert unseren Stress ab und wird sogar mit Langlebigkeit in Verbindung gebracht.

Sollten Sie Ihr Handy schon zur Hand genommen haben, haben Sie es noch nicht vermasselt! Checken Sie, was auch immer Sie checken müssen, und dann legen Sie das Handy zur Seite und nehmen sich diese paar wertvollen Minuten, um Ihren Tag in eine positive Richtung zu lenken.

Abendübung

Sobald Sie im Bett liegen, nehmen Sie sich ein paar Minuten für Ihre Glücksübung. Ihre Aufgabe besteht darin, Ihre Gedankenwelt von der besten Sache, die heute passiert ist, bestimmen zu lassen.

> **Wofür bin ich heute dankbar?**
> **Gab es etwas, das besser verlief als erwartet?**
> **Was brachte mich heute zum Lächeln oder gab mir ein gutes Gefühl? Habe ich jemanden zum Lächeln gebracht?**

Kleine Dinge, und seien sie auch noch so winzig, haben eine riesige Wirkung. Denken Sie auch nach einem schwierigen Tag an diese flüchtigen Momente: die Umarmung eines geliebten Menschen, eine freundliche Begegnung mit einem Sachbearbeiter, mit einem Kollegen zusammen gelacht zu haben. Die Schönheit einer Blume. Eine Schmuseeinheit mit Ihrem Haustier.

Denken Sie abschließend daran, dass unser Geist rekursiv ist und zum Grübeln neigt. Nutzen Sie diese Eigenschaft am Tagesende zu Ihrem Vorteil. Gehen Sie heute beim Einschlafen Ihre Antworten auf obige Fragen durch. Füttern Sie Ihre Gedankenwelt mit Bildern von Glücksmomenten, denen Sie noch ein bisschen nachhängen wollen. Lassen Sie Ihren Körper Zufriedenheit und Leichtigkeit spüren. Auf diese Weise beenden wir unseren Tag mit einem »vollen Tank«.

Zusatzübungen

Machen Sie Ihre Glücks-Buchstützen zur Familiensache! Werfen Sie die Abendfragen beim gemeinsamen Abendbrot in die Runde und lassen Sie jedes Familienmitglied antworten.

Verstärken Sie den Effekt der Abendübung, indem Sie sich mehr Zeit zum Entspannen nehmen. Die Stunde vor dem Schlafengehen ist ein äußerst wichtiges Zeitfenster. In dieser Zeit können Sie herunterfahren und für hoch qualitativen Schlaf sorgen, um am nächsten Tag weniger gestresst zu sein. Sorgen Sie für Sicherheit und Abgeschiedenheit, um zur Ruhe zu kommen. Machen Sie Ihre To-do-Liste für den morgigen Tag und schalten Sie dann alle Bildschirmgeräte aus. Führen Sie noch ein Body-Mind-Ritual durch, wenn Sie mögen: zum Beispiel Yoga, Dehn- oder Atemübungen. Jetzt, wo Sie sich entspannt haben, ist der ideale Zeitpunkt, Ihre Dankbarkeitsübung zu machen. Vielleicht schlafen Sie dadurch sogar früher ein oder haben einen tieferen Schlaf – die Art von Schlaf, die Ihr Gehirn wieder frisch macht.

Soll Ihre Tagesbilanz heute noch positiver ausfallen, denken Sie sich einen Gefallen aus, den Sie morgen jemandem tun können. Soziales Engagement bringt Freude. Mit jemandem ein paar Worte zu wechseln oder jemand anderem etwas Gutes zu tun, sei es ein Lächeln, eine nette Bemerkung oder jemandem das Gefühl zu geben, gesehen und gehört zu werden, sind die kleinen Dinge, die tatsächlich in uns und unseren Mitmenschen positive Gefühle wecken. Und das können Sie mit jedem tun, nicht nur mit Menschen, die Sie bereits kennen. Nette Gesten gegenüber Menschen, die wir nicht kennen, sind kleine Wunder mit großer Wirkung, denn auf Gefühlsebene wirken sie ansteckend.

Manchmal, wenn ich etwas Kleines für jemand anderen tue, muss ich an die kleinen freundlichen, hilfsbereiten Gesten in meiner eigenen Familiengeschichte denken. Den Menschen, die sie ausführten, war nicht bewusst, welch große Auswirkungen sie haben würden. Ende des 19. Jahrhunderts war meine Urgroßmutter, damals noch ein Kind, ohne gültige Papiere allein auf der Flucht. Ein Fahrkartenverkäufer hielt sie davon ab, das rettende Boot zu besteigen, aber ein Passant drängte ihn, sie trotzdem an Bord gehen zu lassen. Der Verkäufer zögerte kurz, nickte aber dann und winkte sie durch. Vielleicht hat der Ticketverkäufer nie mehr daran gedacht – vielleicht aber doch. Ich hoffe jedenfalls, dass ihm diese kleine Geste des

Mitgefühls etwas Glück brachte, denn ohne sie würde es mich nicht geben. Meine verstorbene Schwiegermutter hatte als Kind auf ihrer Flucht aus Deutschland ein ähnliches Erlebnis. Ohne die Empathie eines Kontrolleurs, der sie trotz ihres abgelaufenen Passes an Bord eines Schiffs ließ, gäbe es meinen Sohn nicht. Oft denke ich voller Dankbarkeit und Erstaunen an die kleinen, gütigen Gesten, für die sich diese mir unbekannten Menschen vor so langer Zeit entschieden.

Vielleicht bietet sich Ihnen heute die Gelegenheit, etwas Nettes für jemand anderen zu tun.

Troubleshooting

Falls das Glück in der letzten Zeit für Sie eher rar gesät war und Sie nicht recht wissen, wo Sie danach Ausschau halten sollen.

Stellen Sie sich diese eine Frage: Was bereitet Ihnen Freude? Etwas, das Sie gerne mögen, oder die kleinen Wunder, die der Tag für uns bereithält? Fragen Sie sich das nicht nur einmal. Sie werden keine vollständige Antwort erhalten. Fragen Sie sich acht Mal und antworten Sie jedes Mal so schnell wie möglich. Wenden Sie diese Taktik an, wenn Sie einen ordentlichen Energieschub brauchen. Zögern Sie nicht. Schreiben Sie einfach das Erste auf, was Ihnen in den Sinn kommt, und fragen Sie dann erneut. Auf diese Weise können Sie Ihren inneren Kritiker übergehen. Überraschen Sie Ihren Verstand und schauen Sie, was dabei herauskommt!

Was bereitet mir Freude? ______________________

____

Was bereitet mir Freude? ______________________

____

Was bereitet mir Freude? ______________________

____

Was bereitet mir Freude? ______________________

____

Was bereitet mir Freude? ______________________

____

Was bereitet mir Freude? ______________________

____

Was bereitet mir Freude? ______________________

____

Was bereitet mir Freude? ______________________

Sich immer wieder ganz schnell hintereinander diese Frage zu stellen, verhindert, dass Sie vorgefertigte Antworten geben, über sich selbst urteilen oder über die »richtige« Antwort nachdenken. Auf diese Weise erschließen Sie sich das, was Sie wirklich glücklich macht. Auf Retreats lassen wir die Leute Zweiergruppen bilden und sich einander fragen. Wenn Personen diese Frage immer wieder gestellt wird, ist ihnen das Ergebnis völlig unbekannt. Auf diese Weise finden sie es heraus. Es kommen dabei Antworten, die sie gar nicht auf dem Schirm hatten. Oft wird ihnen klar, dass kleine Dinge sie glücklich machen, die sie zuvor nicht wahrgenommen oder wertgeschätzt haben.

Was nach dieser Übung passiert, kann man zu Recht als bemerkenswerte Transformation bezeichnen. Der Energielevel steigt, und fast jeder im Raum hat ein Lächeln auf dem Gesicht. Die Teilnehmer können gar nicht aufhören zu reden. Meist beenden wir die Übung, indem wir sagen: »Okay, schreibt auf, was ihr herausgefunden habt. Jetzt wird es euch noch besser gelingen, eure Aufmerksamkeit auf glückliche Momente zu richten.«

An einem wirklich schlechten Tag …

Fragen Sie sich Folgendes: Gibt es einen Funken Hoffnung? War irgendjemand nett zu mir? Gab es irgendetwas, das ich gelernt habe?

In einer sehr herausfordernden Situation kann es wirklich schwerfallen, dem Ganzen etwas Positives abzugewinnen. Dennoch ermutige ich Sie, eine kleine Sache an diesem Tag oder dieser Woche zu finden und sich darauf auszuruhen. Kosten Sie sie aus. Für den Fall, dass Sie unter schweren Depressionen leiden sollten, wird es Ihnen nicht unmittelbar besser gehen. Depressionen sind heftig. Anstatt zu warten, bis Sie sich gut genug fühlen, um Dinge zu tun, die Ihnen Freude bereiten, empfehle ich Ihnen, es andersherum zu machen: Planen Sie kleine Aktivitäten, mithilfe derer Sie sich gut fühlen, und ziehen Sie diese trotz negativer Gedanken und Gefühle durch. Dies kann dazu beitragen, positive Emotionen zu fördern und die Depression zu lindern.

Dieses Tief wird nicht ewig andauern. In schweren Zeiten geben mir einige meiner Lieblingszitate Halt, weil sie mich daran erinnern, dass Mühsal Hand in Hand mit Glück geht. Hier ein Zitat von Joanna Macy: »Zusammenzubrechen ist gar nicht so schlimm. Tatsächlich ist es für eine evolutionäre und psychologische Transformation so wichtig wie das Aufbrechen von Schalen, aus denen man herausgewachsen ist.« Jane Hirshfield schrieb: »Um etwas zu gewinnen, muss man erst alles verlieren.«

Wir wachsen an Widrigkeiten und gewinnen mehr von dem, was unserem Leben Sinn verleiht: Beziehungen, persönliche Stärke, Weisheit. Aber es braucht Zeit. Ihr Ziel sollte nur sein, durch den Tag zu kommen. Am allerwichtigsten ist es, Selbstmitgefühl zu haben. Begegnen Sie sich mit höchster Sanftheit und Freundlichkeit, so wie Sie Ihrem besten Freund oder Ihrer besten Freundin begegnen würden.

FAZIT

HOLEN SIE SICH EIN FOLGEREZEPT

ZU BEGINN DIESE Woche setzten wir uns zum Ziel, einen »Notfallkoffer« mit leichten Werkzeugen zu befüllen, um ausgeruht, bereit und resilient zu sein. Von Tag zu Tag entwickelten wir neue »Stressresilienz-Routinen«, und je öfter Sie diese praktizieren, desto gefestigter werden sie. Auf diese Weise ersetzen Sie alte Gewohnheiten, die nicht gut für Sie waren, durch solche, die Leichtigkeit und Ruhe in Ihr Leben bringen. Ich hoffe, dass Sie mit den Werkzeugen und Taktiken aus dieser Woche die allergrößten Quellen für chronischen Stress ausmerzen können: unsere Sorgen angesichts einer ungewissen Zukunft, angesichts all der Dinge, die sich unserer Kontrolle entziehen; unser Bedauern und Grübeln über das, was nicht so gelaufen ist, wie wir es uns erhofft haben; und unser Versuch, mit alldem allein in unserem Kopf fertigzuwerden.

Dies spielt eine entscheidende Rolle bei der Bildung von Stressresilienz, da es tatsächlich zwei unterschiedliche Typen von Ungewissheit gibt. Da wir die Zukunft nicht kennen können, verspüren wir eine *grundsätzliche, nicht reduzierbare Ungewissheit*, und das wird sich nicht ändern. Selbst in den ruhigsten und stabilsten Zeiten wird uns diese Art von Ungewissheit begleiten. Es ist das omnipräsente »Unbekannte« mit Blick auf das nächste Jahr, die nächste Woche, morgen oder die nächste Stunde. Wir alle leben damit. Sie ist Teil des menschlichen Daseins. Doch darüber hinaus leben wir nun auch mit einer *volatilen Ungewissheit*: mit abrupten und unvorhersehbaren Veränderungen, die den physischen und sozialen Unwägbarkeiten unserer Welt geschuldet sind. Globalen Herausforderungen.

Wir befinden uns an einem besonderen Punkt in der Geschichte, an dem die Ungewissheit neue Ausmaße angenommen hat, da unser Überleben und die Erde, wie wir sie kennen, bedroht sind. Im Moment herrscht ein Gefühl der Instabilität. Die Welt, sowohl die physische, natürliche Welt als auch die soziale Welt, scheint sich exponentiell zu verändern. Denken Sie an all das, was täglich auf uns einprasselt: Berichte über Extremwetterereignisse und eine sich verschärfende Klimakrise. Politische Querelen und Unsicherheit, Extremismus und wild wuchernde Fehlinformationen. Eine Pandemie, wie wir sie nie im Leben erwartet hätten, und die Gefahr, dass noch mehr auf uns zukommen.

Es ist überwältigend und lässt einen demütig werden.

Was ich in meiner Forschung und bei den Menschen um mich herum beobachte, ist, dass sie sich in diesen existenziellen Krisen verlieren, insbesondere unsere Jugend. Wir sind mehr denn je von einer ungewissen Zukunft bedroht. Dies kann selbst die Widerstandsfähigsten unter uns mürbe machen, so, wie eine starke Brandung eine mächtige Klippe erodiert. Zuweilen passiert es, dass wir den Sinn, die Richtung und das Ziel aus den Augen verlieren und anfällig für Hoffnungslosigkeit und Katastrophendenken werden. Angesichts einer existenziellen Bedrohung fällt es schwer, sich zu behaupten und der Zukunft mit Hoffnung, Widerstandskraft, Flexibilität und einer gesunden Herausforderungsreaktion zu begegnen.

Aber wir wollen es trotz alledem, und wir können es auch. Unsere Kinder, unsere Gemeinschaften und unser Planet brauchen uns in Bestform: Nie war es nötiger, an einem Strang zu ziehen und kreativ zu denken. Und interessanterweise könnte es sein, dass etwas für den Planeten zu tun eines der besten Mittel gegen Stress ist.

Für unser eigenes Wohlergehen und für das Allgemeinwohl ist es daher wichtig, dass wir uns ein Folgerezept gegen Stress holen, einschließlich »grüner Rezepte«, um in die Natur zu gehen, und uns effektiv um Körper und Seele kümmern, um Tiefenentspannung sowie Glück zu ermöglichen. Die Zukunft, der wir entgegensehen, erfordert all unsere Ressourcen, um uns gemeinsam weiterzuentwickeln und zu überleben. Mit Resilienz und Gelassenheit erreichen wir einen Zustand, der als »Ebene der Möglichkeiten«[1] bezeichnet wird. Dort können wir mit unseren persönlichen Denkgewohnheiten brechen, unsere Vernetzung verstehen und neue Möglichkeiten auftun.

Das ist der Grund, warum das Hauptthema in dieser Woche der Aufbau von Resilienz war: Ihre Stress-Baseline senken, und zwar sowohl des bewussten als auch des unbewussten Stresses in Ihrem Körper; verstehen, wie man in einen Zustand der Tiefenentspannung gelangt; und zu guter Letzt, basierend auf fundierten wissenschaftlichen Erkenntnissen, gesündere Denkweisen entwickeln.

Lassen Sie uns nochmals die Werkzeuge durchgehen, die Sie nun haben, um genau das zu tun.

Inventur am Ende der Woche: Was ist in Ihrem Notfallkoffer?

Sie haben beim Durcharbeiten dieses Buchs sieben neue Taktiken ausprobiert, und ich hoffe, dass sie Ihnen geholfen haben, sich leichter, flexibler, ausgeruhter und fröhlicher zu fühlen und Ihren Kopf über Wasser zu halten. Ich hoffe, dass Sie durch das Training Ihrer Stressresilienz eine andere Einstellung gegenüber dem Stress in Ihrem Leben gewonnen haben:

- Das Unterwartete wird eintreten, und das ist in Ordnung. Ich kann meine Erwartungen herunterschrauben. Ich kann mich zurücklehnen, entspannen und die Dinge auf mich zukommen lassen.
- Ich kann Dinge, die ich nicht kontrollieren kann, loslassen. Ich kann mich von zusätzlichem Ballast befreien.
- Stress kann stimulierend sein! Durch Herausforderungen fühle ich mich motiviert und angespornt.
- Ich kann mich bei akutem Stress entspannen und ihn abbauen. Mein Körper liebt eine gute Stressantwort.
- Ich lasse die Natur mein Nervensystem neu einstellen. Ich bin Teil der Natur.
- Ich verdiene Ruhe. Ich werde mir Entspannung, Schlaf und Tiefenentspannung nicht mehr vorenthalten.
- Glück vermindert Stress. Je mehr Glück ich in mein Leben lasse, desto weniger können mir Stress und Probleme etwas anhaben.

Am Buchanfang verglich ich Stress mit Wasser, in dem wir schwimmen, stellte aber die These auf, dass wir Strategien lernen können, die uns helfen, über Wasser zu bleiben und die Stresswellen zu reiten, anstatt von ihnen überrollt zu werden. Mit den Fertigkeiten, die Sie diese Woche gelernt haben, wird Ihnen das auch gelingen. Ich stelle mir das gern so vor: Ich steuere mein Boot auf einem mir unbekannten Fluss. Im Lauf meines Tages und meines Lebens habe ich Wahlmöglichkeiten: An einer Flussgabelung kann ich entscheiden, welche Abzweigung ich nehme, aber die Strömung verläuft nur in eine Richtung. Ich habe keine Kontrolle über die Strömung, und obwohl ich, wenn die Bedingungen es zulassen, ein wenig manövrieren kann, kann ich nicht flussaufwärts paddeln. Ich würde mich nur selbst aufreiben. Mein Boot geschickt auf diesem Fluss zu lenken bedeutet, das Unerwartete anzunehmen, meine Erfahrungen zu machen, die Felsen und Stromschnellen mit einem Herausforderungs-Mindset anzugehen, das zu kontrollieren, was ich kann, und ansonsten einfach über Wasser zu bleiben. Wir können sogar innehalten und das Wasser sanft um uns herumwirbeln lassen. Wenn wir uns zurücklehnen und uns in Gemütszustand grün oder blau begeben, Ruhe und Zufriedenheit empfinden, senden wir unseren Zellen die klare Botschaft, dass es Zeit ist, sich auszuruhen und sich zu regenerieren.

Nur allzu leicht beschleicht uns ein Gefühl der Überforderung, das uns in Gemütszustand gelb oder rot versetzt. Wenn wir erkennen, dass sich die Dinge ständig ändern, dass wir die Zukunft nicht kontrollieren und nur unser Bestes tun können, sind wir für das, was kommt, und das Glück, das sich in jedem unserer Tage versteckt, offen.

Es folgt eine Übersicht über Ihr Rezept gegen Stress. Zu jeder Strategie sind Übungen aufgelistet, um Sie daran zu erinnern. Vielleicht hängen Sie sie sich die ja an Ihren Kühlschrank?

TAG 1	TAG 2	TAG 3	TAG 4	TAG 5	TAG 6	TAG 7
Ungewissheit annehmen	**Loslassen, was man nicht kontrollieren kann**	**Herausforderungen als positiven Ansporn sehen**	**Bauen Sie körperlichen Stress ab**	**Gehen Sie in die Natur**	**Tiefenentspannung erleben**	**Buchstützen, die glücklich machen**
Stress im Körper lösen	*Stress-Inventur*	*Schutzschild gegen Stress*	*Hormetischer Stress*	*Sinnliches Wahrnehmen*	*Atmen, um sich zu erholen*	*Beginnen und beenden Sie Ihren Tag glücklich*
• Stress im Körper identifizieren • Erwartungen und Sorgen zur Kenntnis nehmen • Erwartungen loslassen	• Vereinfachen: Was kann ich streichen? • Hinzufügen: Was ist am wichtigsten? • Ablegen: Was kann ich akzeptieren?	• Positives Stress-Mindset • Vergewissern Sie sich Ihrer Werte • Rufen Sie sich Ihre Ressourcen in Erinnerung und richten Sie sich in Richtung Resilienz aus	• HIIT oder zügiges Gehen • Kalt duschen • Sauna • Im Unbehagen Entspannung finden	• Wilde Natur • Urbane Natur • Rückzugsort zu Hause	• Atmen für mehr Wohlbefinden: leichte, langsame, tiefe Atmung (LSD– Light-Slow-Deep) • Regeneratives Atmen (4-6-8) • Vagale Atmung, um sich zu entspannen	• Freude wahrnehmen • Die Sinnhaftigkeit eines jeden Tages erkennen • Dankbarkeit zum Ausdruck bringen • Sich selbst und anderen freundlich begegnen

Das »Rezept« für Stressresilienz ist Ihr Rüstzeug für alles Unvorhersehbare, das in der Zukunft passiert. Um die vor uns liegenden Herausforderungen zu meistern, brauchen wir ein gelassenes, flexibles Mindset. Und wir brauchen Hoffnung.

»Aktive Hoffnung« hilft Ihnen, über Wasser zu bleiben

Die wichtigste Quelle menschlicher Resilienz wird von extremer Ungewissheit zunichtegemacht: die radikale Hoffnung, die wir auf die Menschheit und unsere Zukunft setzen. Hoffnung ist nicht nur ein Gefühl, sondern meint auch, aktiv zu *handeln*. Joanna Macy nennt es »aktive Hoffnung«, und ihre Definition schließt sowohl Selbstfürsorge als auch die Fürsorge für andere mit ein. Kurz gesagt: Kümmern Sie sich um sich selbst, nehmen Sie sich Zeit, um sich zu erholen, *und* finden Sie einen Weg, um etwas zurückzugeben: Verändern Sie etwas, setzen Sie sich für etwas ein, das Ihnen wichtig ist – egal, wie unbedeutend es Ihnen erscheinen mag. Es wird Ihnen helfen, es wird sich aufaddieren, es wird uns allen helfen.

Macy hat sich geschworen, sich Tag für Tag ein Ziel zu setzen und ihr Handeln danach auszurichten. Auch der Dalai Lama führt dank eines täglichen Gelübdes ein zielgerichtetes, engagiertes Leben. In meinem Gespräch mit ihm fragte ich ihn, wie es gelingt, angesichts der überwältigenden existenziellen Probleme, mit denen wir derzeit konfrontiert sind, nicht die Hoffnung zu verlieren. Er antwortete, indem wir jeden noch so kleinen Fortschritt wahrnehmen und uns auf ihn konzentrieren, können wir Raum für Mut und Zuversicht – wichtige Begleiter der Hoffnung – schaffen. Tun wir das Gegenteil und fokussieren uns auf unsere Probleme, können wir nicht klar denken. Er erzählte von seiner eigenen täglichen Strategie: Er rezitiert jeden Morgen Gelübde des buddhistischen Meisters Shantideva. »Was mir Mut und Zuversicht schenkt, ist, mich ständig daran zu erinnern, warmherzig zu sein ... Ich empfinde das Nachdenken über diese Verse als sehr hilfreich. Was wir brauchen, ist ein Weg, wie wir uns regelmäßig unserer positiven Absichten vergewissern können.« Einen Vers hebt er dabei besonders hervor – *All, welche hienieden glücklich sind, sind es deshalb, weil sie [früher] das Glück des Nächsten gesucht haben*[2] – und erklärt: »Wenn wir uns zu sehr auf uns selbst fokussieren, werden wir auch in diesem Leben nicht glücklich sein, während die Sorge um das Wohlergehen anderer das Tor zu großer Freude ist.«[3]

Wir leben in schwierigen Zeiten, daher ist es klug, unseren Übungen gegen Stress ein tägliches Hoffnungsgelübde hinzuzufügen, um unseren Tag mit vollem Tank zu beginnen. Sie können sich selbst ein Gelübde einfallen lassen. Vielleicht haben Sie auch schon eines aus der spirituellen Richtung oder Religion, der Sie angehören. Ich mag es, neue auszuprobieren, und erfahre gern, welche andere verwenden. Hier ist einer meiner Favoriten für den Start in den Tag, ein Auszug aus einem Gebet von Pádraig Ó Tuama:[4]

> *Wir beginnen unseren Tag alleine und ehren das Leben mit all seinen Chancen und Möglichkeiten.*
> *Wir beginnen unseren Tag mit Hoffnung, in dem Wissen, dass der Tag Liebe, Freundlichkeit, Vergebung und Gerechtigkeit bereithält.*

Mögen wir Raum für das Unerwartete schaffen. Mögen wir Weisheit und Leben im Unerwarteten finden.

Aktive Hoffnung ist stärker als abstrakte Hoffnung. Sie ist nicht zerbrechlich, sie ist beständig. Es ist eine Hoffnung, durchdrungen von fürsorglichem Handeln. Sie kann nicht so leicht verloren gehen. Sie kann nicht durch Ungewissheit und Bedrohungen ausgehöhlt oder weggespült werden. Und sie ist ein hochansteckendes Gefühl, weil sie andere dazu inspiriert, dasselbe zu tun. Sie sorgt für ein besseres Miteinander. Und sie ist eine der wirkungsvollsten Methoden, um Stress, Schmerz, Sorgen, Angst und Wut zu lindern. Das ist der Grund, warum ich Ihnen jetzt, am Ende unserer gemeinsamen Woche, ein weiteres Werkzeug für mehr Stressresilienz in die Hand drücke: Sinnhaftigkeit.

Ihr Notfallkoffer ist leicht. Sinnhaftigkeit wird ihn noch leichter machen. Stellen Sie sie sich als Helium vor, das Sie schwerelos vorwärtsschreiten lässt.

Behalten Sie Ihren »Nordstern« im Auge

Wir sprachen bereits darüber, Stressoren, wenn möglich, auszumerzen – besonders solche, die wir uns selbst aufgeladen haben, weil wir glauben, etwas tun zu »müssen«. Unter diese Kategorie fallen soziale Verpflichtungen, aber auch andere Aktivitäten, durch die wir unsere Verantwortung und unseren Stress im Job oder in unserer Gemeinschaft vergrößern, weil wir uns dazu gedrängt fühlen. Daran halten wir auch fest. Ein bisschen von diesem Stress loszuwerden, schenkt uns hoffentlich eine kleine Verschnaufpause, um uns zu fragen: *Was ist mir wirklich wichtig? Worin möchte ich meine Lebensenergie investieren? Was ist mein Nordstern?*

Oft berichten mir Menschen, sich im »Überlebensmodus« zu befinden. Sie haben das Gefühl, dass ihr Privatleben ein Riesenchaos ist und sie kein Quäntchen mehr übernehmen können. Doch entgegen der landläufigen Meinung sieht die Wahrheit so aus: Etwas außerhalb von uns selbst zu tun, gibt uns aktive Hoffnung und unserem Tun Sinnhaftigkeit. Es hebt unsere Stimmung und lindert Stress.

Vielleicht ist Sinnhaftigkeit das, was wir am dringendsten brauchen, um Stress zu bewältigen.

Um Zugang dazu zu gewinnen, muss man nicht alles durchdacht, verstanden und im Griff haben.

Wir gehen oft nach dem Motto vor: Ich bringe mein Leben in Ordnung, und dann überlege ich mir, etwas zu tun, was ich schon lange tun wollte und was dem Allgemeinwohl dient. Aber Sie müssen zuvor gar nicht Ihr Alltagsdrama bewältigt haben. Es wird morgen wieder dasselbe sein.

Ich werde mich immer an den Morgen im Spätsommer 2020 erinnern, als wir hier an der Westküste auf dem Mars erwachten. Der Himmel war ziegelrot. Die Luft war vergiftet. Der dichte Rauch der verheerenden Waldbrände hatte sich hoch über San Francisco festgesetzt und ließ das Sonnenlicht nicht durch. Unser Postbote musste um zehn Uhr morgens eine Stirnlampe benutzen, um die Post zuzustellen.

Mein Stress angesichts der wachsenden Klimaprobleme wurde immer größer. Ich dachte mehr darüber nach und wollte mehr darüber reden. Aber ich war »rappelvoll«.

Ich hatte die Anforderungen meines Jobs als Professorin, Dozentin und Leiterin des Labors zu erfüllen. Hinzu kamen private Verpflichtungen und meine Rolle als Pflegeperson. All das war unerbittlich wie eh und je. Aber an einem bestimmten Punkt wurde mir klar, dass ich so nicht länger leben konnte. Ich beschloss, statt ein »Clima Worrier« ein »Clima Warrior« zu sein, mich also, anstatt mir Sorgen über die Klimaveränderungen zu machen, so effektiv wie möglich für die Sache zu engagieren.

Es war eine Herausforderung, da sich angesichts der Klimakrise schnell ein Gefühl der Hilflosigkeit breitmacht. Unsere Emotionen können wie ein Metronom hin- und herpendeln, von Verzweiflung und Traurigkeit hin zu Hoffnung und Freude, und zwar so stark, dass wir uns fühlen, als hätten wir ein Schleudertrauma. Es sind so viele Veränderungen nötig, große und kleine, und oft fragt man sich, ob man überhaupt etwas bewirken kann. Ich hatte Ideen für Projekte, aber der Gedanke, dass sie nicht ausreichen würden, blockierte mich. An Zuversicht gewann ich zum einen, weil ich von der Theorie des *Quantum Social Change* erfuhr. Ihr zufolge haben lokale Veränderungen – greifbare Faktoren innerhalb unseres Einflussbereichs – weitreichende und ansteckende Effekte.[5] Auf diese Weise können wir gemeinsam Aspekte unserer Kultur verändern. Selbst wenn wir die Auswirkungen unseres Tuns nicht sehen können und zu Lebzeiten auch nicht sehen werden, macht es einen Unterschied, wie wir als Individuen handeln.

Ich starte gerade ein Projekt, das Menschen dazu bringen soll, das Klima zu schützen, anstatt es als Anlass für Stress zu sehen. Es ist ein spezieller Kurs, der Informationen und Fähigkeiten vermittelt und hoffentlich dazu inspiriert, etwas zu verändern, anstatt sich hilflos und überfordert zu fühlen. Wir nutzen die Prinzipien, über die wir gesprochen haben – Glück trotz Traurigkeit und Wut zu verspüren, sich durch Sinnhaftigkeit und gemeinsames Handeln befähigt zu fühlen und den *Quantum Social Change* in die Tat umzusetzen. Ich habe keine Ahnung, wie das Ganze ausgehen wird. Aber ich weiß, dass etwas fürs Klima zu tun der beste Weg ist, seine »Klimaverzweiflung« zu lindern.

Die Wissenschaft ist sich einig: Den Sinn des eigenen Lebens zu erkennen, wirkt stressmindernd. Wenn ich mich mit Klimathemen beschäftige, spüre ich einen positiven Energieschub und habe das Gefühl, mein Leben voll und ganz auszuschöpfen, so, wie ich es tun würde, wenn ich wüsste, dass ich nicht mehr lange zu leben hätte. Diese Gewissheit, etwas mir Wichtiges zu tun, hilft mir, mit all den anderen Unwägbarkeiten des Lebens besser umzugehen.

Vielleicht arbeiten Sie bereits an etwas, das Ihnen sinnbringend erscheint. Wenn nicht, denken Sie an die Dinge, die Sie schon immer tun *wollten*. Selbst eine Stunde pro Woche in ein Herzensprojekt zu investieren, ist von Bedeutung.

Angesichts Ihres ohnehin vollgepackten Alltags, in dem Sie Mühe haben, den Kopf über Wasser zu halten, noch etwas zusätzlich zu tun, klingt vielleicht nicht machbar. Doch es gibt andere Möglichkeiten, als noch ein Projekt anzufangen, um die stresslindernde Wirkung von Sinnhaftigkeit zu erfahren. Manchmal reicht es schon, den Sinn der Dinge zu erkennen, die wir bereits tun und die für andere von Bedeutung sind. Nehmen Sie sich einen Moment Zeit, um darüber nachzudenken, welche Dinge, die Sie bereits machen, Ihrem Leben Sinn geben. Oftmals realisieren wir nicht, dass unser Handeln durchaus etwas bewegt.

Wir bewegen bereits etwas

Wir alle haben Einfluss. Sie hinterlassen auf nicht messbare Weise Spuren in Ihrem Umfeld, von deren Auswirkungen Sie vielleicht gar nichts wissen, die aber über Ihr Lebensende hinaus nachwirken können. Mein Vater David ist emeritierter Biologieprofessor. Nach seiner Ruhestandsfeier erhielt er den Brief eines Studenten, den er 20 Jahre zuvor unterrichtet hatte. Mein Vater freute sich sehr, von ihm zu hören. Aber die tollste Überraschung war, von seinem ungeahnten Einfluss auf den Studenten zu erfahren.

Dieser hatte mit einem schweren Fall von Hochstapler-Syndrom zu kämpfen. Er kam aus einer Kleinstadt und fühlte sich in Stanford wie ein kleiner Fisch im Meer, so, als würde er nicht wirklich dazugehören. Er glaubte, dass Stanford ihn irrtümlich zum Studium zugelassen hatte. Der junge Mann schrieb Zweien und Dreien und hielt sich selbst nicht für einen der Topstudenten. Eines Sommers kam er in das Labor meines Vaters, um im Bereich Meeresbiologie zu forschen, und erwies sich als herausragender Student. Als mein Vater seinen Notenspiegel sah, meinte er: »Das ist nicht in Ordnung. Ich kenne Sie, und ich weiß, dass Sie es besser können.«

Diese Bemerkung gab dem Studenten zu denken, und er kam zu dem Schluss, dass etwas Wahres daran sein könnte. Er schrieb von nun an hervorragende Noten und wurde schließlich einer der weltweit besten Chirurgen. Er wollte meinen Vater in seinem Brief wissen lassen, dass dieses eine Gespräch, in dem mein Vater zum Ausdruck gebracht hatte, dass er an ihn glaubte, seinen Lebensweg verändert hatte. Für meinen Vater war dieses Gespräch nichts weiter als eine flüchtige

Begegnung – etwas, das er regelmäßig machte. Doch hatte es enorme Auswirkungen. Und im Gegenzug hatte auch dieser rührende Brief ungeahnte Auswirkungen, da mein Vater ihn jetzt, da er emeritiert ist, sehr zu schätzen weiß.

Wir können uns alle fragen: Was bewirke ich jenseits des Sichtbaren?

Es gibt so viele kleine unerwähnte und unsichtbare positive Spuren, die wir hinterlassen. Man muss nicht unbedingt einen bestimmten Beruf haben, um Großes zu bewirken. Jemand, der sich in seiner Freizeit künstlerisch betätigt, kann sich Gedanken darüber machen, welche Botschaft er der Welt vermitteln möchte. Jemand, der zu Hause sein Kind großzieht, kann über die Liebe und Unterstützung nachdenken, die er diesem kleinen Menschen entgegenbringt, um ihm dabei zu helfen, auch ein Mensch zu werden, der auf eigene, wichtige Weise seinen kleinen Beitrag zu einer besseren Welt leistet. Wie sich das, was *Sie* tun, langfristig auswirkt? Das liegt im Verborgenen – aber das ist eigentlich etwas Schönes.

Wir sprachen über Angst, die aus Unsicherheit entspringt. Aber das bedeutet auch, dass *Möglichkeiten* bestehen. Wir wissen nicht, welche Spuren wir hinterlassen, welche kleinen freundlichen Gesten für jemanden einen großen Unterschied machen oder welche Anstrengungen zugunsten des Allgemeinwohls einen Welleneffekt nach sich ziehen. Es kann tief greifende Auswirkungen haben. Wir wissen nicht, ob wir gemeinsam möglicherweise gesellschaftliche Veränderungen herbeiführen werden, aber es besteht die Möglichkeit.

Ja, Ungewissheit kann stressig sein, aber sie bedeutet auch, dass die Tür für die Überraschungen des Lebens offen ist. Es bedeutet, dass die Zukunft Herausforderungen, aber auch Schönheit, Ehrfurcht, Dankbarkeit und Freude bringen wird. Ein widerstandsfähiger Geist öffnet sich für eine Welt voller Möglichkeiten. Wenn Sie sich dabei erwischen »zuzumachen«, versuchen Sie, das Gegenteil zu tun: Lassen Sie die Anspannung gehen. Geben Sie die Kontrolle auf, die Sie nie wirklich hatten. Lächeln Sie die Ungewissheit an. Ungewissheit bedeutet auch *Freiheit*.

Alles kann passieren.

Ihr Leben ist voller Möglichkeiten.

Nehmen Sie Ihren federleichten Notfallkoffer mit den Werkzeugen, um jede Herausforderung zu meistern. Gehen Sie hinaus in die Welt und leben Sie danach.

DANK

ICH BIN ZAHLREICHEN Kollegen und Freunden dankbar, die mir geholfen haben, dieses Buch zu schreiben, das trotz seines geringen Umfangs viel Unterstützung benötigte! Zuallererst danke ich Rachel Neumann und Doug Abrams von Idea Architects für ihren Optimismus, dass sich Stress innerhalb von sieben Tagen bewältigen lässt, für ihr Vertrauen in mich, und insbesondere Alyssa Knickerbocker für ihre fantastische Unterstützung beim Schreiben sowie ihre ansteckende Fröhlichkeit. Ein herzliches Dankeschön an Amy Sun von Penguin Life für ihre sorgfältige Themenauswahl und ein mit der Präzision einer Chirurgin durchgeführtes Lektorat.

Ein herzliches Dankeschön an meine vielen Kolleginnen und Kollegen, die in irgendeiner Weise an diesem Rezept gegen Stress mitgewirkt haben, auch dafür, dass sie sicherstellten, dass Studiendetails in korrekte und verständliche Informationen umgewandelt wurden, insbesondere Amit Bernstein, George Bonanno, David Creswell, Alexandra Crosswell, Alia Crum, Martica Hall, Dacher Keltner, Paul Lehrer, Robert Lustig, Sonja Lyubomirsky, Ashley Mason, Patrick McKeown, Wallace Nichols, Martin Picard, Eli Puterman, Charles Raison, Michael Sapiro, Cliff Saron, Shauna Shapiro, Emiliana Simon Thomas, Victor Strecher, Julian Thayer, Cassandra Vieten und Eric Zimmerman.

Ein besonderer Dank gilt meinen engen Mitarbeitern in unserem Zentrum an der USCF. Dank ihnen machen Forschung und anspruchsvolle Studien so viel Spaß: Aric Prather und Wendy Mendes und unser wunderbares Team am Aging, Metabolism and Emotion Center. Danke an Elizabeth Blackburn und Jue Lin für die jahrzehntelange Freundschaft und den Dialog über die Widerstandsfähigkeit unserer Telomere, von Molekülebene bis zum Gemütszustand. Danke an meine vielen Kollegen in unserer Abteilung für Psychiatrie und Verhaltenswissenschaften, die die Pandemiezeit trotz schwerer Belastung und Zoom-Müdigkeit zu einer Zeit der Verbundenheit und Unterstützung gemacht haben. Vielen Dank an Lisa Pritzker, Sako Fisher, Joon Yun und Lynne und Victor Brick für ihre besondere Unterstützung. Danke an meine lebenslangen Mentoren Nancy Adler, Kelly Brownell, Philip Zimbardo und den verstorbenen Albert Bandura.

Danke an die vielen Freunde und hingebungsvollen, weisen Lehrer, die mir über viele Jahre hinweg direkt oder indirekt geholfen haben, resilienter zu werden: James Baraz, Peter und Alison Baumann, Mark Coleman, Richard Davidson, Eve Ekman, Lama Willa Miller, Lama Tsültrim Allione, Joanie Kriens, Jack Kornfield, Trudy Goodman, Roshi Joan Halifax, Stephan Rechtschaffen, Annette Knopp, Esther Perel, Jack Saul, Dan Siegel, Tempel Smith, Bhikkhu Anālayo, Caroline Welch, Rick und Jan Hanson, Jon Kabat-Zinn, Will und Teresa Kabat-Zinn, Darrah Westrup und Kollegen aus der NeuroDharma-Gruppe. Eine tiefe Verneigung vor meiner lieben Freundin Susan Bauer-Wu und den wunderbaren Kolleginnen und Kollegen des Mind & Life Institute und dessen Steering Council, die gemeinsam wertvolle Foren ins Leben rufen, auf denen Wissenschaft und kontemplative Weisheit in einem alchemistischen Akt zusammengebracht werden. Sie haben mein Denken und Leben geprägt.

Es war ein Geschenk, eine anspruchsvolle Gruppe von Lesern zu haben, die eine frühe Version verbessert haben, vor allem durch ihre eigenen Erfahrungen mit den Übungen, einschließlich Cathy Caplener, Ron Chiarello, Elisabeth Doehring, Andrew Dreitcer, Mark Godley, Jeannette Ickovics, Amy Lauer, Robert Lustig, Dan Meer, Peter Prontzos, Jamey Schmidt, Ally und Lilia Shirman, Tracy Turner, David Vogel, Julia Wallace und vor allem Lynn Kutler.

Danke an meine wunderbare Großfamilie und den Kern – David und Lois Epel, meine Schwestern Sharon Epel und Andrea Lieberstein, Danny Glaser und natürlich meinen geliebten Jack Glaser. Und schließlich danke ich Ihnen, liebe Leserin, lieber Leser, dafür, dass Sie mir Ihr Vertrauen geschenkt haben, Sie zu beraten, und dafür, dass Sie offen dafür sind, etwas Neues auszuprobieren. Möge es mehr Leichtigkeit in Ihr kostbares Leben bringen.

WEITERFÜHRENDE LITERATUR UND QUELLEN

FALLS SIE EINE der hier geübten Fertigkeiten vertiefen möchten, habe ich einige meiner Lieblingsbücher und Internetquellen zusammengestellt. Diese sind auch online unter www.elissaepel.com verfügbar, sodass Sie die Links leicht aufrufen können.

Weiter an den Fähigkeiten von Tag 1 arbeiten: Stress durch Ungewissheit

Standing at the Edge: Finding Freedom Where Fear and Courage Meet von Joan Halifax und Rebecca Solnit, New York 2018. (Angesichts von Widrigkeiten und Extremsituationen können wir oft das Beste aus uns herausholen.)

Auf dem Weg. Eine Reise zum wahren Sinn des Lebens von Yongey Mingyur Rinpoche mit Helen Tworkov, München 2023. (Rinpoche beschreibt die innere Haltung, die uns ermöglicht, trotz Unsicherheit und Stress ein glückliches Leben zu führen.)

Meditations-Apps wie z. B. *10 % Happier*, *HeadSpace*, der kostenlose *Insight Timer* oder *Healthy Minds Program*: https://hminnovations.org/meditation-app. Falls Sie einen buddhistischen Meister hören wollen, bietet Bikkhu Anālayo achtsame Atem- und Meditationsübungen: https://www.buddhistinquiry.org/resources/offerings-analayo/breathing-audio/.

Weiter an den Fähigkeiten von Tag 2 arbeiten: Kontrolle loslassen

Das Gelassenheitsgebet aus dem Programm der Anonymen Alkoholiker: »Gott gebe mir die Gelassenheit, Dinge hinzunehmen, die ich nicht ändern kann, den Mut, Dinge zu ändern, die ich ändern kann, und die Weisheit, das eine vom anderen zu unterscheiden.«

Den Dämonen Nahrung geben: Buddhistische Techniken zur Konfliktlösung von Tsültrim Allione, Vorwort von Jack Kornfield, München 2009. (Hier werden Visualisierungstechniken verwendet, um unseren »Dämonen«, also unseren negativen emotionalen Reaktionen auf eine Beziehung oder Situation, Gestalt und Farbe zu geben und sie in eine Stärke zu verwandeln.)

Burnout erfolgreich vermeiden: Sechs Strategien, wie Sie Ihr Verhältnis zur Arbeit verbessern von Christina Maslach und Michael Leiter, Wien, New York 2007.

Starke Emotionen meistern: Dialektische Verhaltenstherapie in der Praxis von Matthew McKay, Jeffrey C. Wood und Jeffrey Brantley, Paderborn 2008.

Weiter an Fähigkeiten von Tag 3 arbeiten: Eine positive Einstellung gegenüber Stress haben, um Alltagsstress, Angst und Depressionen zu bekämpfen

Du bist so alt, wie du dich denkst: Warum positive Glaubenssätze beeinflussen, wie lange und gut wir leben – Wie Ageismus unserer Gesellschaft schadet von Becca Levy, München 2023.

Das resiliente Gehirn: Wie wir zu unerschütterlicher Gelassenheit, innerer Stärke und Glück finden können von Rick Hanson, Freiburg 2019, https://www.rickhanson.net/resilient/.

Glücksfaktor Stress: Warum Stress uns erfolgreich und gesund macht von Kelly McGonigal, Stuttgart 2018.

Für Arbeitgeber: *Meru Health*, https://www.meruhealth.com/. Dabei handelt es sich um eine Selbsthilfeplattform für Menschen mit Depressionen und Angstzuständen. Sie bietet evidenzbasierte Therapie, HRV-Feedback und Sitzungen mit Therapeuten, die in achtsamkeitsbasierter kognitiver Therapie ausgebildet sind. (Beachten Sie meinen Interessenkonflikt, ich bin Mitglied des Beirats.)

Weiter an den Fähigkeiten von Tag 4 arbeiten: Hormetischer Stress

Die Wim-Hof-Methode: Sprenge deine Grenzen und aktiviere dein volles Potenzial. Mit der Kraft der Kälte, bewusster Atmung und mentaler Stärke gesünder, leistungsfähiger und glücklicher werden von Wim Hof mit einem Vorwort von Elissa Epel, München 2021.

The Better Brain: Overcome Anxiety, Combat Depression, and Reduce ADHD and Stress with Nutrition von Bonnie Kaplan und Julia Rucklidge, Boston 2021. (In diesem Buch wird beschrieben, wie Ernährungsmuster und Mikronährstoffe die psychische Gesundheit verbessern und bestimmte Pflanzenchemikalien in hormetischen Stressprozessen wirken.)

Welche Arten von Bewegung helfen bei welchen Arten von psychischen Problemen? Erkunden Sie diese interaktive Website für einen umfassenden Bericht: https://www.johnwbrickfoundation.org/move- your-mental-health-report/.

Es ist leicht, im Internet Videos für hochintensives Intervalltraining zu finden: Peloton bietet online Kurse an, ebenso wie Lanebreak, ein Spiel, das eigentlich ein HIIT-Training ist.

Weiter an den Fähigkeiten von Tag 5 arbeiten: Stellen Sie Ihr Nervensystem mithilfe der Natur neu ein

Blue Mind: Wie Wasser uns glücklicher macht von Wallace J. Nichols, Stuttgart 2020.

»*The Mind, the Human-Earth Connection and the Climate Crisis Online-Course*«, veranstaltet vom Mind and Life Summer Research Institute, ein kostenloses Seminar, das hier verfügbar ist: https://www.mindandlife.org/climate-online-course/. (Meine Kollegen und ich haben mit internationalen Topreferenten einen kontemplativen Kurs mit umfassenden Informationen zur Entwicklung von Klimaresilienz und zur Verbesserung unserer Beziehung zur Natur veranstaltet.)

Suchen Sie online nach Retreats in der Natur oder veranstalten Sie Ihre eigenen! Ich empfehle die von Mark Coleman geführten Natur-Retreats und die Ausbildung zum Natur-Achtsamkeitstrainer: https://markcoleman.org/.

Weiter an den Fähigkeiten von Tag 6 arbeiten: Erleben Sie Tiefenentspannung

The Wakeful Body: Somatic Mindfulness as a Path to Freedom von Willa Baker und Tsoknyi Rinpoche, Shambhala, 2021. (Dieses wunderschön geschriebene Buch beschreibt subtile Körperenergie, eine Möglichkeit, unbewussten Stress wahrzunehmen und zur Ruhe zu kommen.)

The Breathing Cure: Develop New Habits for a Healthier, Happier, and Longer Life von Patrick McKeown und Laird Hamilton, New York 2021. (Dieses umfassende Buch bietet maßgeschneiderte Atemübungen für viele Erkrankungen.)

Zentren für Meditation oder Yoga: Wenn Sie die Möglichkeit haben, ist es wunderbar, einige Tage in einem nichtkommerziellen, spirituellen Meditations- oder Yoga-Retreat-Zentrum zu verbringen, um sich innerlich neu zu justieren. Ich empfehle drei Meditationszentren, die ich gut kenne, weiter unten. In den meisten Ländern gibt es Retreats, die man im Internet findet. Diese Website listet spirituelle Retreats auf der ganzen Welt auf: https://www.spiritualtravels.info/spiritual-sites-around-the-world/.

- Insight Meditation Society, Barre, MA: https://www.dharma.org/.
- Spirit Rock Meditation Center, Woodacre, CA: https://www.spiritrock.org/.
- Wonderwell Mountain Refuge, New Hampshire: https://naturaldharma.org/.

Probieren Sie diese kostenlosen geführten Meditationen für Wohlbefinden und Schlaf aus: https://www.irest.org/try-irest-now.

Ziehen Sie die Verwendung eines tragbaren Biosensors in Betracht, damit Sie wissen, was für Sie am besten funktioniert und wie Ihr Nervensystem während der Übungen und im Schlaf reagiert. Mein Favorit ist der Oura-Ring (oura.com). Versuchen Sie es mit der Messung Ihrer Herzfrequenzvariabilität, z. B. mit einem HeartMath-Produkt: https://www.heartmathdeutschland.de.

Weiter an den Fähigkeiten von Tag 7 arbeiten: Glück und »positive Kissen«

Freude: Erfüllt und glücklich leben von James Baraz, Shoshana Alexander und Jack Kornfield, Freiburg im Breisgau 2013.

GreaterGood in Action (GGIA): Diese Website, https://ggia.berkeley.edu/, bietet einen umfangreichen Katalog an Aktivitäten, Übungen und Praktiken zur Stärkung von Fähigkeiten, die emotionales Wohlbefinden fördern, wie z. B. Ehrfurcht, Dankbarkeit und Mitgefühl. Sie stammen aus veröffentlichten wissenschaftlichen Forschungsbeiträgen. Studien zu Engagement und dessen Auswirkung werden von meinen Kollegen Dacher Keltner und Emiliana Simon-Thomas geleitet.

The Big Joy Project (Forschung): Diese Website und App unter https://ggia.berkeley.edu/bigjoy ist ein einwöchiges Programm, das ich in Zusammenarbeit mit meinen Kolleginnen Peggy Callahan und Jolene Smith von der Mission Joy Kampagne und dem Greater Good Science Center der UCB entwickelt habe, um Freude und Wohlbefinden zu fördern. Es handelt sich darüber hinaus um ein Citizen-Science-Projekt, um mehr darüber herauszufinden, was für wen in verschiedenen Regionen und Ländern funktioniert. Bitte teilen Sie es, wenn es Ihnen gefällt!

Mission Joy: Zuversicht & Freude in bewegten Zeiten, eine Dokumentation über Freude inmitten von Widrigkeiten und über die Freundschaft zwischen Seiner Heiligkeit dem Dalai Lama und Erzbischof Desmond Tutu, https://www.youtube.com/watch?v=n2ns4S-SLjM.

Tank's Good News: Setzen Sie den alltäglichen Negativschlagzeilen etwas entgegen! Ich kann nicht anders, als zu lachen oder zu schmunzeln, wenn ich täglich die Posts auf Instagram (@tanksgoodnews) lese. Sie können den Newsletter auch unter https://tanksgoodnews.com abonnieren.

Sich immer wieder ein »Folgerezept« holen (Fazit)

You Matter More Than You Think: Quantum Social Change for a Thriving World von Karen O'Brien und Christina Bethell, Norwegen 2021.

Humanity Rising ist eine weltweit ausgestrahlte Sendung, die während der Pandemie entstand. Produziert wird sie von der Ubiquity University und hat Zuschauer in 130 Ländern. Sie bietet einen Dialog mit Vordenkern, die sich mit globalen Fragen befassen, wie man für eine sichere Zukunft Resilienz und Regeneration fördern kann. Vielleicht fühlen Sie sich inspiriert und global besser vernetzt. https://humanityrising.solutions/.

One Earth Sangha, https://oneearthsangha.org, bietet Kurse und Webinare darüber an, wie man sich der Klimakrise sowohl aus einer aktiven als auch aus einer kontemplativen Perspektive nähert.

Regeneration.org: Setzen Sie sich hier gegen den Klimawandel ein, https://regeneration.org.

Purpose: Living for What Matters Most, ein kostenloser Kurs auf Coursera von Professor Victor Strecher, https://www.coursera.org/learn/finding-purpose-and-meaning-in-life.

LESERSTIMMEN ZUM BUCH

»Das *7-Tage-Rezept für weniger Stress* ist ein unglaublich kluger Ratgeber mit einfachen, effektiven Ratschlägen. Wenn Sie auch nur eine der Übungen täglich machen, werden Sie Ihren Stress reduzieren und Ihr emotionales Wohlbefinden sowie Ihren Gesundheitszustand verbessern.«

Arianna Huffington, Gründerin und CEO von *Thrive Global*

»Das perfekte Rezept für die heutige Zeit und darüber hinaus.«

Jon Kabat-Zinn, Gründer von MBSR (mindfulness-basedstress reduction) und Autor von *Gesund durch Meditation* und *Achtsamkeit für Anfänger*

»Eine herausragende Expertin bringt Licht ins Dunkel, wie man mit den Widrigkeiten des Alltags umgehen sollte. Es ist nicht nur ein Handbuch zur Stressbewältigung, sondern auch ein Werkzeugkasten zur Stressprävention.«

Adam Grant, *New York Times*-Bestsellerautor von *Think Again – Die Kraft des flexiblen Denkens*

»Elissa Epel enthüllt eine willkommene Wahrheit: Stress zu meistern bedeutet nicht, ihn zu vermeiden, sondern sich durch ihn hindurchzubewegen. Klug und leicht verständlich bringt

Epel dem Leser bei, wie man Stress bewältigt und zugleich lebendig, vital und glücklich bleibt.«

Esther Perel, Psychotherapeutin,
Autorin und Moderatorin von *Where Should We Begin*

»Elissa Epel ist *die* Expertin in Sachen Stress und wie wir ihn in etwas Gutes transformieren können. Sie ist eine begnadete Lehrerin und versteht es, dem Laien die Zusammenhänge zwischen Körper und Seele so zu erklären, dass er Zugang zu diesen Mechanismen hat und sie für sich nutzen kann.«

Daniel J. Siegel, MD, *NYT*-Bestsellerautor von *IntraConnected*

»Elissa Epel, eine der führenden Stressforscherinnen, stellt ein gut recherchiertes, aber dennoch praktisches und einfaches Programm vor, um die vielen schädlichen Auswirkungen von Stress zu lindern und zu verhindern. In der heutigen hochgradig gestressten und zerrissenen Gesellschaft ist dieses Buch Balsam für Körper und Seele.«

Gabor Maté, MD, Autor von *Vom Mythos des Normalen*

»Die meisten von uns wissen, dass zu viel Stress schädlich für unser Gehirn und unseren Körper ist. Die Frage ist, was wir dagegen tun können. *Das 7-Tage-Rezept für weniger Stress* hat Antworten. Dr. Elissa Epel ist sowohl eine brillante Forscherin als auch eine begnadete Kommunikatorin, die die neuesten wissenschaftlichen Erkenntnisse in vertrauenswürdige Anleitungen aufschlüsselt. Dieses Buch muss man gelesen haben!«

Nadine Burke Harris, MD, MPH, ehemalige Leiterin
des United States Health Service of California
und Autorin von *Befreiung finden*

»Das ist wirklich gute Heilkunst! Klug und praktisch, geradlinig und wirklich hilfreich für alle, die Stress reduzieren und mit mehr Leichtigkeit leben wollen, zeigt uns *Das 7-Tage-Rezept für weniger Stress*, wie wir mitten im Getümmel aufblühen können.«

Jack Kornfield, PhD, Autor von *Frag den Buddha*

»Dr. Elissa Epels *7-Tage-Rezept für weniger Stress* ist für uns alle geeignet. Die Lektüre verleiht die Kraft, den nächsten Moment anspornend statt angsteinflößend und intensiv statt beklemmend wahrzunehmen. Auf dem Weg dorthin liefert es Ihnen echte Maßnahmen, wann und wo immer Sie sie am meisten brauchen. Befolgen Sie die Anweisungen dieser guten Ärztin: Diese einfachen, aber fundierten, forschungsbasierten Praktiken könnten Ihr Leben für immer radikal verändern.«

Rhonda V. Magee, Professorin für Recht an der University of San Francisco und Autorin von *The Inner Work of Racial Justice*

»Epels Entscheidung, diese wertvollen Inhalte auf so eingängige, praktische und wirkungsvolle Weise der Öffentlichkeit zugänglich zu machen, ist ein Geschenk für uns alle. In *Das 7-Tage-Rezept für weniger Stress* deckt sie die oft unsichtbaren Kräfte auf, die unser aller Leben beeinflussen, und weist uns den Weg zu einem gesünderen, glücklicheren und längeren Leben. In dieser Ära der neuen Herausforderungen ist dieses Buch eine Pflichtlektüre.«

Richard Carmona, MD, MPH, 17. Surgeon General der Vereinigten Staaten

»*Das Stress-Rezept* ist für jeden geeignet! Das Leben ist voller Herausforderungen, und dieses Buch zeigt auf sehr praktische Weise, wie man sich angesichts von Widrigkeiten zurechtfindet und aufblüht. Elissa Epel gelingt es auf brillante Weise, persönliche Geschichten, neueste wissenschaftliche Erkenntnisse und uralte Weisheiten spiritueller Traditionen zu einem äußerst lesenswerten Leitfaden zu verweben, um in der modernen Welt zu bestehen.«

Richard J. Davidson, PhD, Autor des
New York Times-Bestsellers *The Emotional Life of Your Brain*

»Die einfühlsame und aufschlussreiche Ausdrucksweise in Verbindung mit leicht zugänglichen und praktischen Anleitungen macht dieses Buch zu einer sehr wertvollen Quelle, die in diesen unsicheren Zeiten von vielen genutzt und geschätzt werden wird.«

Elizabeth Blackburn, PhD, Nobelpreisträgerin und
Co-Autorin von *Die Entschlüsselung des Alterns*

»Dieses Buch bietet einen hocheffektiven Weg aus Stress und Überlastung. Es stammt aus der Feder einer renommierten und empathischen Wissenschaftlerin und bietet dem Leser sowohl die wissenschaftlichen Fakten als auch die Methoden, Stress in einer Welt zu transformieren, in der wir uns zunehmend mit Ungewissheit und der eigenen Verletzlichkeit konfrontiert sehen.«

Roshi Joan Halifax, Menschenrechtsaktivistin,
Gründungsäbtissin des Upaya Institute and
Zen Center und Autorin von *Gratwanderung*

»Elissa Epel ist eine der prominentesten Stressforscherinnen von internationalem Rang. Sie verbindet Forschungsergebnisse mit dem, was für Menschen in ihrem täglichen Leben wirklich zählt. In *Das 7-Tage-Rezept für weniger Stress* liefert Epel praktische, kluge, weise und lebensverändernde Ratschläge. Die Öffentlichkeit braucht dieses Buch dringend, und Elissa ist die Einzige, die es hätte schreiben können.«

Robert H. Lustig, MD, MSL, *New York Times*-Bestsellerautor von *The Hacking of the American Mind*

»Ob es sich um persönliche Krisen, den Klimawandel, die schrumpfende Artenvielfalt oder Ungleichheit handelt, wir scheinen von der Last auf unseren Schultern erdrückt zu werden. Epel zeigt, dass der einzige Weg nach vorne darin besteht, die Stärke unserer eigenen Schultern zu entdecken und zu nutzen, um die unerträgliche Stresslast in die Fähigkeit zu verwandeln, ein erfülltes Leben zu führen.«

Christiana Figueres, ehemalige Generalsekretärin des Sekretariats der Klimarahmenkonvention der Vereinten Nationen und Architektin des Pariser Klimaabkommens, Autorin von *Die Zukunft in unserer Hand*

»Stressige Zeiten verlangen nach Lösungen zum Stressabbau. In *Das 7-Tage-Rezept für weniger Stress* gibt Elissa Epel, eine der wissenschaftlichen Expertinnen unseres Landes im Bereich der Biologie und Psychologie von Stress, praktische Anleitungen zur Stressreduzierung. Ihr Rezept beinhaltet auch die Empfehlung für mehr Verbundenheit und erinnert uns daran, dass jeder von uns den Schlüssel zu einer weniger stressigen Welt in Händen hält.«

Thomas Insel, MD, ehemaliger Direktor des National Institute of Mental Health und Autor von *Healing*

»Dieses täuschend einfache Buch enthält in Wirklichkeit ausgefeilte und neuartige Lösungen für mehr Stressresilienz, allesamt in Konzepte und Werkzeuge übertragen, die Sie heute anwenden können. Kaufen Sie dieses Buch für sich selbst, Ihre Mitarbeiter, Ihre Patienten, Ihre Kinder – und verändern Sie die Auswirkungen von Stress auf Ihr Leben für immer.«

Cassandra Vieten, PhD, Geschäftsführerin der John W. Brick Mental Health Foundation, Wissenschaftlerin an der University of California, San Diego

»Menschsein ist stressig heutzutage. Punkt. Obwohl wir der Realität unserer Zeit nicht entfliehen können, können wir Trost und praktische Ratschläge in diesem klugen Buch finden. Elissa Epel, Wissenschaftlerin, Lehrerin und Reisegefährtin, der die Menschheit und der Planet am Herzen liegen, ist unser vertrauenswürdiges Vorbild. Sie zeigt uns, welch großen Unterschied eine Woche für den Rest unseres Lebens machen kann.«

Susan Bauer-Wu, PhD, RN, Präsidentin des Mind & Life Institute, Autorin von *Wie ein Blatt im Herbstwind*

»Die Bewältigung der heutigen Widrigkeiten und Traumata erfordert tiefe Weisheit. In *Das 7-Tage-Rezept für weniger Stress* hat Dr. Elissa Epel einige elementare Bausteine dieser Weisheit zusammengetragen und zeigt uns vielfältige Möglichkeiten, wie wir auf unseren Körper hören, aus unseren Emotionen lernen und an ihnen wachsen und den dringend benötigten inneren

Frieden finden können. Dieses Buch wird uns einen großen Dienst erweisen.«
Tsoknyi Rinpoche, renommierter nepalesischer Lehrer des tibetischen Buddhismus und Autor von *Öffne dein Herz und lausche*

»*Das 7-Tage-Rezept für weniger Stress* verbindet auf wunderbare Weise nüchterne Wissenschaft mit klugen Gedanken, um einen effektiven Wegweiser für ein glücklicheres und gesünderes Leben zu bieten. Die Fülle an Ideen und Übungen, die in diesem aufschlussreichen Werk vorgestellt werden, hat die Kraft, unser individuelles und kollektives Leben zu verändern.«
Shauna Shapiro, PhD, Autorin von *Glückstraining fürs Gehirn*

»Einfach, brillant und effektiv: Die Weltklasse-Wissenschaftlerin Elissa Epel hat es wieder geschafft, uns dabei zu helfen, uns besser zu fühlen, länger zu leben und unser Glück dauerhaft zu genießen. Durch persönliche Geschichten, faszinierende Forschungsergebnisse und viele praktische Vorschläge fühlt man sich gut unterstützt und angespornt, um zu mehr Leichtigkeit und Wohlbefinden zu finden. Dieser umfassende Leitfaden ist eines dieser raren Bücher, die sowohl leicht lesbar und zugleich fundiert sind. Es basiert auf dem umfassenden Wissen der Autorin, ihrer breit gefächerten persönlichen Praxis und ihrem aufrichtigen Engagement für das Wohlergehen anderer. Dieses Buch steht auf meiner sehr kurzen Liste von Büchern, die ich jemandem empfehlen würde, der den Rest seines Lebens auf einer einsamen Insel festsitzt. Wahrlich ein Juwel.«
Rick Hanson, PhD, *New York Times*-Bestsellerautor von *Das resiliente Gehirn*

ANMERKUNGEN

Einleitung

1. Jue Lin und Elissa Epel, »Stress and Telomere Shortening: Insights from Cellular Mechanisms«, in: *Ageing Research Reviews* 73 (Januar 2022): 101507, https://doi.org/10.1016/j.arr.2021.101507.
2. David M. Ameida, Susan T. Charles, Jacqueline Mogle, Johanna Drewelies, Carolyn M. Aldwin, Avron Spiro III und Denis Gerstorf, »Charting Adult Development through (Historically Changing) Daily Stress Processes«, in: *American Psychologist* 75, Nr. 4 (Mai–Juni 2020), S. 511–524, https://doi.org/10.1037/amp0000597.
3. Achim Peters, Bruce S. McEwen und Karl Friston, »Uncertainty and Stress: Why it Causes Diseases and How It Is Mastered by the Brain«, in: *Progress in Neurobiology* 156 (September 2017), S. 164–188, https://Doi.org/10.1016/j.pneurobio.2017.05.004.
4. Alexandra Crosswell, Stefanie Mayer, Lauren Whitehurst, Sheyda Zebarjadian, Martin Picard und Elissa Epel, »Deep Rest: An Integrative Model of How Contemplative Practices Enhance the Body's Restorative Capacity« (im Begutachtungsverfahren).
5. Jos F. Brosschot, Bart Verkuil und Julian F. Thayer, »Generalized Unsafety Theory of Stress: Unsafe Environments and Conditions, and the Default Stress Response«, in: Mark Cropley, Birgitta Gatersleben und Stefan Sütterlin (Hg.), *Stress and Health* (Spezialausgabe), in: *International Journal of Environmental Research and Public Health* 15, Nr. 3 (7. März 2018), S. 464, https:// doi.org/10.3390/ijerph15030464.
6. Seine Heiligkeit der Dalai Lama, »Mind and Life Conversation: Embracing Hope, Courage, and Compassion in Times of Crisis«, Interview von Elissa Epel und Michelle Shiota, moderiert von John Dunne, Mind and Life Institute, 8. Dezember2021, 1:18:01, www.mindandlife.org/event/embracing-hope-courage-and-compassion/.

Tag 1: Dinge werden schiefgehen … und das ist in Ordnung

1. Natalia Bobba-Alves u.a., »Chronic Glucocorticoid Stress Reveals

Increased Energy Expenditure and Accelerated Aging as Cellular Features of Allostatic Load«, in: *BioRxiv* (2022), https://doi.org/10.1101/2022.02.22.481548.

2. Archy O. de Berker, Robb B. Rutledge, Christoph Mathys, Louise Marshall, Gemma F. Cross, Raymond J. Dolan und Sven Bestmann, »Computations of Uncertainty Mediate Acute Stress Responses in Humans«, in: *Nature Communications* 7 (29. März 2016): 10996, https://doi.org/10.1038/ncomms10996.
3. Dilek Celik, Emre H. Alpay, Betul Celebi und Aras Turkali, »Intolerance of Uncertainty, Rumination, Post-Traumatic Stress Symptoms and Aggression during COVID-19: A Serial Mediation Model«, in: *European Journal of Psychotraumatology* 12, Nr. 1 (13. August 2021): 1953790, https://doi.org/10.1080/20008198.2021.1953790.
4. Yuanyuan Gu, Simeng Gu, Yi Lei und Hong Li, »From Uncertainty to Anxiety: How Uncertainty Fuels Anxiety in a Process Mediated by Intolerance of Uncertainty«, in: *Stress Induced Neuroplasticity and Mental Disorders 2020*, hrsg. von Fang Pan, Lee Shapiro und Jason H. Huang, Sonderausgabe, *Neural Plasticity 2020* (1. Oktober 2020): 8866386, https://doi.org/10.1155/2020/8866386.
5. Jessica C. Jimenez, Katy Su, Alexander R. Goldberg, Victor M. Luna, Jeremy S. Biane, Gokhan Ordek, Pengcheng Zhou u. a., »Anxiety Cells in a Hippocampal-Hypothalamic Circuit«, in: *Neuron* 97, Nr. 3 (7. Februar 2018), S. 670–683.e6, https://pubmed.ncbi.nlm.nih.gov/29397273/.
6. Marc-Lluís Vives und Oriel Feldman Hall, »Tolerance to Ambiguous Uncertainty Predicts Prosocial Behavior«, in: *Nature Communications* 9 (12. Juni 2018), S. 2156, https://doi.org/10.1038/s41467-018-04631-9.
7. Jeroen M. van Baar, David J. Halpern und Oriel Feldman Hall, »Intolerance of Uncertainty Modulates Brain-to-Brain Synchrony during Politically Polarized Perception«, in: *Proceedings of the National Academy of Sciences* 118, Nr. 20 (13. Mai 2021): e2022491118, https://doi.org/10.1073/pnas.2022491118.
8. Andreas B. Neubauer, Joshua M. Smyth und Martin J. Sliwinski, »When You See It Coming: Stressor Anticipation Modulates Stress Effects on Negative Affect«, in *Emotion* 18, Nr. 3 (April 2018), S. 342–354, https://doi.org/10.1037/emo0000381.
9. Kirstin Aschbacher, Aoife O'Donovan, Owen M. Wolkowitz, Firdaus S. Dhabhar, Yali Su und Elissa Epel, »Good Stress, Bad Stress and Oxidative Stress: Insights from Anticipatory Cortisol Reactivity«, in: *Psychoneuroendocrinology* 38, Nr. 9 (September 2013), S. 1698–1708, https://doi.org/10.1016/j.psyneuen.2013.02.004.

10. Roxane Cohen Silver, E. Alison Holman und Dana Rose Garfin, »Coping with Cascading Collective Traumas in the United States«, in: *Nature Human Behavior* 5, Nr. 1 (Januar 2021), S. 4 ff., https://doi.org/10.1038/s41562-020-00981-x.
11. Roxane Cohen Silver, E. Alison Holman, Judith Pizarro Andersen, Michael Poulin, Daniel N. McIntosh und Virginia Gil-Rivas, »Mental- and Physical-Health Effects of Acute Exposure to Media Images of the September 11, 2001, Attacks and the Iraq War«, in: *Psychological Science* 24, Nr. 9 (September 2013), S. 1623–1634, https://doi.org/10.1177/0956797612460406.

Tag 2: Kontrollieren Sie, was Sie können, und lassen Sie alles andere beiseite

1. Stephanie A. Robinson und Margie E. Lachman, »Perceived Control and Aging: A Mini-Review and Directions for Future Research«, in: *Gerontology* 63, Nr. 5 (August 2017), S. 435–442, https://doi.org/10.1159/000468540.
2. Shevaun D. Neupert, David M. Almeida und Susan Turk Charles, »Age Differences in Reactivity to Daily Stressors: The Role of Personal Control«, in: *Journals of Gerontology: Series B* 62, Nr. 4 (Juli 2007), S. 216–225, https://doi.org/10.1093/geronb/62.4.p216.
3. Laura L. Carstensen, Yochai Z. Shavit und Jessica T. Barnes, »Age Advantages in Emotional Experience Persist Even under Threat from the COVID-19 Pandemic«, in: *Psychological Science* 31, Nr. 11 (November 2020), S. 1374–1385, https://doi.org/10.1177/0956797620967261.
4. Carol A. Shively und Stephen M. Day, »Social Inequalities in Health in Non-human Primates«, in: *Neurobiology of Stress* 1 (Januar 2015), S. 156–163, https://doi.org/10.1016/j.ynstr.2014.11.005.
5. Jay R. Kaplan, Haiying Chen und Stephen B. Manuck, »The Relationship between Social Status and Atherosclerosis in Male and Female Monkeys as Revealed by Meta-analysis«, in: *Special Issue on Nonhuman Primate Models of Women's Health*, hrsg. von Carol A. Shively und Thomas B. Clarkson, in: *American Journal of Primatology* 71, Nr. 9 (September 2009), S. 732–741, https://doi.org/10.1002/ajp.20707.
6. Janice K. Kiecolt-Glaser, Phillip T. Marucha, W. B. Malarkey, Ana M. Mercado und Ronald Glaser, »Slowing of Wound Healing by Psychological Stress«, in: *The Lancet* 346, Nr. 8984 (4. November 1995), S. 1194 ff., https://doi.org/10.1016/S0140-6736(95)92899-5.
7. Saher Hoda Kamil und Dawn I. Velligan, »Caregivers of Individuals with

Schizophrenia: Who Are They and What Are Their Challenges?«, in: *Current Opinion in Psychiatry* 43, Nr. 3 (Mai 2019), S. 157–163, https://doi.org/10.1097/YCO.0000000000000492.

8. Anna Sjörs Dahlman, Ingibjörg H. Jonsdottir und Caroline Hansson, »The Hypothalamo-pituitary-adrenal Axis and the Autonomic Nervous System in Burnout«, in: *The Human Hypothalamus: Neuropsychiatric Disorders*, hrsg. von Dick F. Swaab, Ruud M. Buijs, Felix Kreier, Paul J. Lucassen und Ahmad Salehi, in: *Handbook of Clinical Neurology* 182 (2021), S. 83–94, https://doi.org/10.1016/B978-0-12-819973- 2.00006-X.
9. Christina Maslach und Michael P. Leiter, *The Burnout Challenge: Managing People's Relationships with Their Jobs*, Cambridge, MA: Harvard University Press, 2022.
10. Annie Dillard, *The Writing Life*, New York: HarperCollins, 1989.
11. Hsiao-Wen Liao und Laura L. Carstensen, »Future Time Perspective: Time Horizons and Beyond«, in: *Future Time Perspectives*, Sonderheft, *Gero-Psych* 31, Nr. 3 (September 2018), S. 163–167, https://doi.org/10.1024/1662-9647/a000194.
12. Marsha M. Linehan, *DBT Skills Training Mannual*, 2. Ausg., New York: Guilford Publications, 2015. DBT, auch dialektische Verhaltenstherapie beinhaltet die Praxis der radikalen Akzeptanz.
13. Alexandra D. Crosswell, Michael Coccia und Elissa S. Epel, »Mind Wandering and Stress: When You Don't Like the Present Moment«, in: *Emotion* 20, Nr. 3 (April 2020), S. 403–412, https://doi.org/10.1037/emo0000548.
14. Elissa S. Epel, Eli Puterman, Jue Lin, Elizabeth Blackburn, Alanie Lazaro und Wendy Berry Mendes, »Wandering Minds and Aging Cells«, in: *Clinical Psychological Science* 1, Nr. 1 (Januar 2013), S. 75–83, https://doi.org/10.1177/2167702612460234.
15. Steven Hayes und Spencer Smith, *Get out of Your Mind and into Your Life: The New Acceptance and Commitment Therapy*, Oakland, CA: New Harbinger Publications, 2015.
16. Emily K. Lindsay, Shinzen Young, Joshua M. Smyth, Kirk Warren Brown und J. David Creswell, »Acceptance Lowers Stress Reactivity: Dismantling Mindfulness Training in a Randomized Controlled Trial«, in: *Psychoneuroendocrinology* 87 (Januar 2018), S. 63–73, https://doi.org/10.1016/j.psyneuen.2017.09.015.
17. Emily K. Lindsay, Brian Chin, Carol M. Greco, Shinzen Young, Kirk W. Brown, Aidan G. C. Wright, Joshua M. Smyth, Deanna Burkett und J. David Creswell, »How Mindfulness Training Promotes Positive Emotions: Dismantling Acceptance Skills Training in Two Randomized

Controlled Trials«, in: *Journal of Personality and Social Psychology* 115, Nr. 6 (Dezember 2018), S. 944–973, https://doi.org/10.1037/pspa0000134.

18. Nora Görg, Kathlen Priebe, Jan R. Böhnke, Regina Steil, Anne S. Dyer und Nikolaus Kleindienst, »Trauma-Related Emotions and Radical Acceptance in Dialectical Behavior Therapy for Posttraumatic Stress Disorder after Childhood Sexual Abuse«, in: *Borderline Personality Disorder and Emotion Dysregulation* 4 (13. Juli 2017), S. 15, https:// doi.org/10.1186/s40479-017-0065-5; siehe auch: Jenny Thorsell Cederberg, Martin Cernvall, JoAnne Dahl, Louise von Essen und Gustaf Ljungman, »Acceptance as a Mediator for Change in Acceptance and Commitment Therapy for Persons with Chronic Pain?«, in: *International Journal of Behavioral Medicine* 23, Nr. 1 (Februar 2016), S. 21–29, https://doi.org/10.1007/s12529-015-9494-y.

Tag 3: Seien Sie die Löwin

1. Elissa S. Epel, Alexandra D. Crosswell, Stefanie E. Mayer, Aric A. Prather, George M. Slavich, Eli Puterman und Wendy Berry Mendes, »More Than a Feeling: A Unified View of Stress Measurement for Population Science«, in: *Frontiers in Neuroendocrinology* 49 (April 2018), S. 146–169, https://doi.org/10.1016/j.yfrne.2018.03.001.
2. Stefanie E. Mayer, Agus Surachman, Aric A. Prather, Eli Puterman, Kevin L. Delucchi, Michael R. Irwin, Andrea Danese, David M. Almeida und Elissa S. Epel, »The Long Shadow of Childhood Trauma for Depression in Midlife: Examining Daily Psychological Stress Processes as a Persistent Risk Pathway«, in: *Psychological Medicine* (26. März 2021), S. 1–10, https://doi.org/10.1017/S0033291721000921.
3. Joanna Guan, Elaz Ahmadi, Bresh Merino, Lindsay Fox, K. Miller, J. Kim und Stefanie Mayer, »Developing Stress Resilience in Everyday Life – Examining Stress Appraisal Effects of an Ecological Mindfulness Intervention Developed for Midlife Women with a History of Early Life Adversity« (Online-Poster-Präsentation beim 7th International Symposium on Resilience Research, International Resilience Alliance Intresa, September 2021).
4. Elissa Epel, Jennifer Daubenmier, Judith Tedlie Moskowitz, Susan Folkman und Elizabeth Blackburn, »Can Meditation Slow Rate of Cellular Aging? Cognitive Stress, Mindfulness, and Telomeres«, in: *Annals of the New York Academy of Sciences* 1172, Nr. 1 (August 2009), S. 34–53, https://doi.org/10.1111/j.1749-6632.2009.04414.x; siehe auch: Aoife O'Donovan, A. Janet Tomiyama, Jue Lin, Eli Puterman, Nancy E. Adler, Margaret

Kemeny, Owen M. Wolkowitz, Elizabeth H. Blackburn und Elissa S. Epel, »Stress Appraisals and Cellular Aging: A Key Role for Anticipatory Threat in the Relationship between Psychological Stress and Telomere Length«, in: *Brain, Behavior, and Immunity* 26, Nr. 4 (Mai 2012), S. 573–579, https://doi.org/10.1016/j.bbi.2012.01.007.

5. Jeremy P. Jamieson, Matthew K. Nock und Wendy Berry Mendes, »Mind over Matter: Reappraising Arousal Improves Cardiovascular and Cognitive Responses to Stress«, in: *Journal of Experimental Psychology: General* 141, Nr. 3(August 2012), S. 417–422, https://doi.org/10.1037/a0025719.
6. Jeremy P. Jamieson, Wendy Berry Mendes, Erin Blackstock und Toni Schmader, »Turning the Knots in Your Stomach into Bows: Reappraising Arousal Improves Performance on the GRE«, in: *Journal of Experimental Social Psychology* 46, Nr. 1 (Januar 2010), S. 208–212, https://doi.org/10.1016/j.jesp.2009.08.015.
7. Alia J. Crum, Peter Salovey und Shawn Achor, »Rethinking Stress: The Role of Mindsets in Determining the Stress Response«, in: *Journal of Personality and Social Psychology* 104, Nr. 4 (April 2013), S. 716–733, https://doi.org/10.1037/a0031201. Die Darstellungen sind dem Fragebogen von Dr. Crum entnommen.
8. Dena M. Bravata, Sharon A. Watts, Autumn L. Keefer, Divya K. Madhusudhan, Katie T. Taylor, Dani M. Clark, Ross S. Nelson, Kevin O. Cokley und Heather K. Hagg, »Prevalence, Predictors, and Treatment of Impostor Syndrome: A Systematic Review«, in: *Journal of General Internal Medicine* 35, Nr. 4 (April 2020), S. 1252–1275, https://doi.org/10.1007/s11606-019-05364-1.
9. Mirjam Neureiter und Eva Traut-Mattausch, »An Inner Barrier to Career Development: Preconditions of the Impostor Phenomenon and Consequences for Career Development«, in: *Frontiers in Psychology* 7 (Februar 2016), S. 48, https://doi.org/10.3389/fpsyg.2016.00048.
10. Patricia K. Leach, Rachel M. Nygaard, Jeffrey G. Chipman, Melissa E. Brunsvold und Ashley P. Marek, »Impostor Phenomenon and Burnout in General Surgeons and General Surgery Residents«, in: *Journal of Surgical Education* 76, Nr. 1 (2019), S. 99–106.
11. Özlem Ayduk und Ethan Kross, »From a Distance: Implications of Spontaneous Self-Distancing for Adaptive Self-Reflection«, in: *Journal of Personality and Social Psychology* 98, Nr. 5 (Mai 2010), S. 809–829, https://doi.org/10.1037/a0019205.
12. Jenny J. W. Liu, Natalie Ein, Julia Gervasio und Kristin Vickers, »The Efficacy of Stress Reappraisal Interventions on Stress Responsivity: A Metaanalysis and Systematic Review of Existing Evidence«, in: *PLoS One*

14, Nr. 2 (Februar 2019), S. e0212854, https://doi.org/10.1371/journal.pone.0212854.

13. Jennifer Daubenmier, Elissa S. Epel, Patricia J. Moran, Jason Thompson, Ashley E. Mason, Michael Acree, Veronica Goldman et al., »A Randomized Controlled Trial of a Mindfulness-Based Weight Loss Intervention on Cardiovascular Reactivity to Social-Evaluative Threat Among Adults with Obesity«, in: *Mindfulness*, Nr. 10,12 (2019), S. 2583–2595, doi: 10.1007/s12671-019-01232-5.
14. Kevin Love, »NBA's Kevin Love: Championing Mental Health for Everyone«, Commonwealth Club, 19.Januar 2021, Video, 1:07:31, 27. Januar 2021, https://www.commonwealthclub.org/events/archive/video/nbas-kevin-love-championing-mental-health-everyone.
15. Kevin Love, »Everyone Is Going through Something«, in: *The Players' Tribune*, 6. März 2018, https://www.theplayerstribune.com/articles/kevin-love-everyone-is-going-through-something.
16. Geoffrey L. Cohen und David K. Sherman, »The Psychology of Change: Self-Affirmation and Social Psychological Intervention«, in: *Annual Review of Psychology* 65 (Januar 2014), S. 333–371, https://doi.org/10.1146/annurev-psych-010213-115137.
17. Arghavan Salles, Claudia M. Mueller und Geoffrey L. Cohen, »A Values Affirmation Intervention to Improve Female Residents' Surgical Performance«, in: *Journal of Graduate Medical Education* 8, Nr. 3 (Juli 2016), S. 378–383, https://doi.org/10.4300/JGME-D-15-00214.1; siehe auch: J. Parker Goyer, Julio Garcia, Valerie Purdie-Vaughns, Kevin R. Binning, Jonathan E. Cook, Stephanie L. Reeves, Nancy Apfel, Suzanne Taborsky-Barba, David K. Sherman und Geoffrey L. Cohen, »Self-Affirmation Facilitates Minority Middle Schoolers' Progress along College Trajectories«, in: *Proceedings of the National Academy of Sciences of the United States of America* 114, Nr. 29 (Juli 2017), S. 7594–7599, https://doi.org/10.1073/pnas.1617923114.
18. J. David Creswell, Suman Lam, Annette L. Stanton, Shelley E. Taylor, Julienne E. Bower und David K. Sherman, »Does Self-Affirmation, Cognitive Processing, or Discovery of Meaning Explain Cancer-Related Health Benefits of Expressive Writing?«, in: *Personal and Social Psychology Bulletin* 33, Nr. 2 (Februar 2007), S. 238–250, https://doi.org/10.1177/0146167206294412.
19. Geoffrey L. Cohen und David K. Sherman, »The Psychology of Change: Self-Affirmation and Social Psychological Intervention«, in: *Annual Review of Psychology* 65 (Januar 2014), S. 333–371, https://doi.org/10.1146/annurev-psych-010213-115137.

20. Giving Purpose, www.givingpurpose.org/.

Tag 4: Trainieren Sie Ihre Resilienz

1. Elissa S. Epel, »The Geroscience Agenda: Toxic Stress, Hormetic Stress, and the Rate of Aging«, in: *Ageing Research Reviews* 63(November 2020), S. 101167, https://doi.org/10.1016/j.arr.2020.101167.
2. Caroline Kumsta, Jessica T. Chang, Jessica Schmalz und Malene Hansen, »Hormetic Heat Stress and HSF-1 Induce Autophagy to Improve Survival and Proteostasis in C. elegans«, in: *Nature Communications* 8 (15. Februar 2017), S. 14337, https://doi.org/10.1038/ncomms14337.
3. David G. Weissman und Wendy Berry Mendes, »Correlation of Sympathetic and Parasympathetic Nervous System Activity during Rest and Acute Stress Tasks«, in: *International Journal of Psychophysiology* 162 (April 2021), S. 60–68, https://doi.org/10.1016/j.ijpsycho.2021.01.015.
4. Elissa S. Epel, Bruce S. McEwen und Jeannette R. Ickovics, »Embodying Psychological Thriving: Physical Thriving in Response to Stress«, in: *Journal of Social Issues* 54, Nr. 2 (Sommer 1998), S. 301–322, https://doi.org/10.1111/0022-4537.671998067.
5. Manuel Mücke, Sebastian Ludyga, Flora Colledge und Markus Gerber, »Influence of Regular Physical Activity and Fitness on Stress Reactivity as Measured with the Trier Social Stress Test Protocol: A Systematic Review«, in: *Sports Medicine* 48, Nr. 11 (November 2018), S. 2607–2622, https://doi.org/10.1007/s40279-018-0979-0.
6. Ethan L. Ostrom, Savannah R. Berry und Tinna Traustadóttir, »Effects of Exercise Training on Redox Stress Resilience in Young and Older Adults«, in: *Advances in Redox Research* 2 (Juli 2021), S. 10007, https://doi.org/10.1016/j.arres.2021.100007.
7. Benjamin A. Hives, E. Jean Buckler, Jordan Weiss, Samantha Schilf, Kirsten L. Johansen, Elissa S. Epel und Eli Puterman, »The Effects of Aerobic Exercise on Psychological Functioning in Family Caregivers: Secondary Analyses of a Randomized Controlled Trial«, in: *Annals of Behavioral Medicine* 55, Nr. 1 (Januar 2021), S. 65–76, https://doi.org/10.1093/abm/kaaa031.
8. Ebd.
9. Eli Puterman, Jordan Weiss, Jue Lin, Samantha Schilf, Aaron L. Slusher, Kirsten L. Johansen und Elissa S. Epel, »Aerobic Exercise Lengthens Telomeres and Reduces Stress in Family Caregivers: A Randomized Controlled Trial – Curt Richter Award Paper 2018«, in: *Psychoneuroendocrinology* 98 (Dezember 2018), S. 245–252, https://doi.org/10.1016/j.psyneuen.2018.08.002.

10. Matthijs Kox, Monique Stoffels, Sanne P. Smeekens, Nens van Alfen, Marc Gomes, Thijs M. H. Eijsvogels, Maria T. E. Hopman, Johannes G. van der Hoeven, Mihai G. Netea und Peter Pickkers, »The Influence of Concentration/Meditation on Autonomic Nervous System Activity and the Innate Immune Response: A Case Study«, in: *Psychosomatic Medicine* 74, Nr. 5 (Juni 2012), S. 489–494, https://doi.org/10.1097/PSY.0b013e3182583c6d.
11. Matthijs Kox, Lucas T. van Eijk, Jelle Zwaag, Joanne van den Wildenberg, Fred C. G. J. Sweep, Johannes G. van der Hoeven und Peter Pickkers, »Voluntary Activation of the Sympathetic Nervous System and Attenuation of the Innate Immune Response in Humans«, in: *Proceedings of the National Academy of Sciences of the United States of America* 111, Nr. 20 (20. Mai 2014), S. 7379–7384, https://doi.org/10.1073/pnas.1322174111.
12. G. A. Buijze, H. M. Y. De Jong, M. Kox, M. G. van de Sande, D. Van Schaardenburg, R. M. Van Vugt, C. D. Popa, P. Pickkers und D. L. P. Baeten, »An Add-On Training Program Involving Breathing Exercises, Cold Exposure, and Meditation Attenuates Inflammation and Disease Activity in Axial Spondyloarthritis – a Proof of Concept Trial«, in: *PLoS ONE* 14, Nr. 12 (2. Dezember 2019), S. e0225749, https://doi.org/10.1371/journal.pone.0225749.
13. Rhonda P. Patrick und Teresa L. Johnson, »Sauna Use as a Lifestyle Practice to Extend Healthspan«, in: *Experimental Gerontology* 154 (15. Oktober 2021), S. 111509, https://doi.org/10.1016/j.exger.2021.111509.
14. Maciel Alencar Bruxel, Angela Maria Vicente Tavares, Luiz Domingues Zavarize Neto, Victor de Souza Borges, Helena Trevisan Schroeder, Patricia Martins Bock, Maria Inês Lavina Rodrigues, Adriane Belló-Klein und Paulo Ivo Homem de Bittencourt Jr., »Chronic Whole-Body Heat Treatment Relieves Atherosclerotic Lesions, Cardiovascular and Metabolic Abnormalities and Enhances Survival Time Restoring the Anti-inflammatory and Anti-senescent Heat Shock Response in Mice«, in: *Biochimie* 156 (Januar 2019), S. 33–46, https://doi.org/10.1016/j.biochi.2018.09.011.
15. Kay-U. Hanusch und Clemens W. Janssen, »The Impact of Whole-Body Hyperthermia Interventions on Mood and Depression – Are We Ready for Recommendations for Clinical Application?«, in: *International Journal of Hyperthermia* 36, Nr. 1 (2019), S. 573–581, https://doi.org/10.1080/02656736.2019.1612103.
16. Clemens W. Janssen, Christopher A. Lowry, Matthias R. Mehl, John J. B. Allen, Kimberly L. Kelly, Danielle E. Gartner, Charles L. Raison u. a., »Whole-Body Hyperthermia for the Treatment of Major Depressive

Disorder: A Randomized Clinical Trial«, in: *JAMA Psychiatry* 73, Nr. 8 (1. August 2016), S. 789–795, https://doi.org/10.1001/jamapsychiatry.2016.1031.

17. Ashley E. Mason, Sarah M. Fisher, Anoushka Chowdhary, Ekaterina Guvva, Danou Veasna, Erin Floyd, Sean B. Fender und Charles Raison, »Feasibility and Acceptability of a Whole-Body Hyperthermia (WBH) Protocol«, in: *International Journal of Hyperthermia* 38, Nr. 1 (2021), S. 1529–1535, https://doi.org/10.1080/02656736.2021.1991010.

Tag 5: Lassen Sie die Natur die Arbeit tun

1. Die genannten Zahlen stammen aus einer YouGov-Umfrage im Auftrag der Mental Health Foundation, in der 4382 Erwachsene aus dem Vereinigten Königreich (18 Jahre und älter) im Mai 2020 befragt wurden. Darauf basierend wurden hilfreiche Ratschläge veröffentlicht, wie die Natur für das eigene Wohlbefinden genutzt werden kann: https://www.mentalhealth.org.uk/campaigns/thriving-with-nature/guide.
2. Sarai Pouso, Ángel Borja, Lora E. Fleming, Erik Gómez-Baggethun, Mathew P. White und María C. Uyarra, »Contact with Blue-Green Spaces during the COVID-19 Pandemic Lockdown Beneficial for Mental Health«, in: *Science of the Total Environment* 756 (20. Februar 2021), S. 143984, https://doi.org/10.1016/j.scitotenv.2020.143984.
3. Timothy D. Wilson, David A. Reinhard, Erin C. Westgate, Daniel T. Gilbert, Nicole Ellerbeck, Cheryl Hahn, Casey L. Brown und Adi Shaked, »Just Think: The Challenges of the Disengaged Mind«, in: *Science* 345, Nr. 6192 (4. Juli 2014), S. 75 ff., https://doi.org/10.1126/science.1250830.
4. William J. Brady, M. J. Crockett und Jay J. Van Bavel, »The MAD Model of Moral Contagion: The Role of Motivation, Attention, and Design in the Spread of Moralized Content Online«, in: *Perspectives on Psychological Science* 15, Nr. 4 (Juli 2020), S. 978–1010, https://doi.org/10.1177/1745691620917336.
5. Jeremy B. Merrill und Will Oremus, »Five Points for Anger, One for a ›Like‹: How Facebook's Formula Fostered Rage and Misinformation«, in: *Washington Post*, 26. Oktober 2021.
6. Sally C. Curtin, »State Suicide Rates among Adolescents and Young Adults aged 10–24: United States, 2000–2018«, in: *National Vital Statistics Reports* 69, Nr. 11 (Hyattsville, MD: National Center for Health Statistics, 2020), S. 10, https://www.cdc.gov/nchs/data/nvsr/nvsr69/nvsr-69-11-508.pdf.
7. Florian Lederbogen, Peter Kirsch, Leila Haddad, Fabian Streit, Heike

Tost, Philipp Schuch, Andreas Meyer-Lindenberg u.a., »City Living and Urban Upbringing Affect Neural Social Stress Processing in Humans«, in: *Nature* 474, Nr. 7352 (23. Juni 2011), S. 498–501, https://doi.org/10.1038/nature10190.

8. Łukasz Nicewicz, Agata W. Nicewicz, Alina Kafel und Mirosław Nakonieczny, »Set of Stress Biomarkers as a Practical Tool in the Assessment of Multistress Effect Using Honeybees from Urban and Rural Areas as a Model Organism: A Pilot Study«, in: *Environmental Science and Pollution Research* 28, Nr. 8 (Februar 2021), S. 9084–9096, https://doi.org/10.1007/s11356-020-11338-2.
9. Michele Antonelli, Davide Donelli, Lucrezia Carlone, Valentina Maggini, Fabio Firenzuoli und Emanuela Bedeschi, »Effects of Forest Bathing (Shinrinyoku) on Individual Well-Being: An Umbrella Review«, in: *International Journal of Environmental Health Research* (28. April 2021), S. 1–26, https://doi.org/10.1080/09603123.2021.1919293; siehe auch: Yuki Ideno, Kunihiko Hayashi, Yukina Abe, Kayo Ueda, Hiroyasu Iso, Mitsuhiko Noda, Jung-Su Lee und Shosuke Suzuki, »Blood Pressure-lowering Effect of Shinrin-yoku (Forest Bathing): A Systematic Review and Meta-analysis«, in: *BMC Complementary and Alternative Medicine* 17, Nr. 1 (16. August 2017), S. 409, https://doi.org/10.1186/s12906-017-1912-z.
10. E. R. Jayaratne, X. Ling und L. Morawska, »Role of Vegetation in Enhancing Radon Concentration and Ion Production in the Atmosphere«, in: *Environmental Science & Technology* 45, Nr. 15 (1. August 2011), S. 6350–6355, https://doi.org/10.1021/es201152g.
11. Tae-Hoon Kim, Gwang-Woo Jeong, Han-Su Baek, Gwang-Won Kim, Thirunavukkarasu Sundaram, Heoung-Keun Kang, Seung-Won Lee, Hyung-Joong Kim und Jin-Kyu Song, »Human Brain Activation in Response to Visual Stimulation with Rural and Urban Scenery Pictures: A Functional Magnetic Resonance Imaging Study«, in: *Science of the Total Environment* 408, Nr. 12 (15. Mai 2010), S. 2600–2607, https://doi.org/10.1016/j.scitotenv.2010.02.025; siehe auch: Simone Grassini, Antti Revonsuo, Serena Castellotti, Irene Petrizzo, Viola Benedetti und Mika Koivisto, »Processing of Natural Scenery Is Associated with Lower Attentional and Cognitive Load Compared with Urban Ones«, in: *Journal of Environmental Psychology* 62 (April 2019), S. 1–11, https://doi.org/10.1016/j.jenvp.2019.01.007.
12. Pooja Sahni und Jyoti Kumar, »Effect of Nature Experience on Fronto-parietal Correlates of Neurocognitive Processes Involved in Directed Attention: An ERP Study«, in: *Annals of Neurosciences* 27, Nr. 3–4 (Juli 2020), S. 136–147, https://doi.org/10.1177/0972753121990143.

13. Justin S. Feinstein, Sahib S. Khalsa, Hung Yeh, Obada Al Zoubi, Armen C. Arevian, Colleen Wohlrab, Martin P. Paulus u. a., »The Elicitation of Relaxation and Interoceptive Awareness Using Floatation Therapy in Individuals with High Anxiety Sensitivity«, in: *Biological Psychiatry: Cognitive Neuroscience and Neuroimaging* 3, Nr. 6 (Juni 2018), S. 555–562, https://doi.org/10.1016/j.bpsc.2018.02.005; siehe auch: Justin S. Feinstein, Sahib S. Khalsa, Hung-Wen Yeh, Colleen Wohlrab, W. Kyle Simmons, Murray B. Stein und Martin P. Paulus, »Examining the Short-Term Anxiolytic and Antidepressant Effect of Floatation-REST«, in: *PLoS One* 13, Nr. 2 (2. Februar 2018), S. e0190292, https://doi.org/10.1371/journal.pone.0190292.
14. Virginia Sturm, Samir Datta, Ashlin Roy, Isabel Sible, Eena Kosik, Christina Veziris, Tiffany E. Chow u. a., »Big Smile, Small Self: Awe Walks Promote Prosocial Positive Emotions in Older Adults«, in: *Emotion* (21. September 2020) [Epub ahead of print], doi:10.1037/emo0000876, http://dx.doi.org/10.1037/emo0000876.
15. »Stress & Resilience with Elissa Epel and Dacher Keltner«, in: City Arts & Lectures, KQED, 11. Mai 2021, 1:06:09, www.cityarts.net/event/stress-resilience/.
16. Michelle C. Kondo, Jaime M. Fluehr, Thomas McKeon und Charles C. Branas, »Urban Green Space and Its Impact on Human Health«, in: *International Journal of Environmental Research and Public Health* 15, Nr. 3 (März 2018), S. 445, https://doi.org/10.3390/ijerph15030445.
17. Gert-Jan Vanaken und Marina Danckaerts, »Impact of Green Space Exposure on Children's and Adolescents' Mental Health: A Systematic Review«, in: *International Journal of Environmental Research and Public Health* 5, Nr. 12 (Dezember 2018), S. 2668, https://doi.org/10.3390/ijerph15122668.
18. Jean Woo u. a., »Green Space, Psychological Restoration, and Telomere Length«, in: *The Lancet* 373, Nr. 9660 (Januar 2009), S. 299 f., https://doi.org/10.1016/S0140-6736(09)60094-5.
19. Noëlie Molbert, Frédéric Angelier, Fabrice Alliot, Cécile Ribout und Aurélie Goutte, »Fish from Urban Rivers and with High Pollutant Levels Have Shorter Telomeres«, in: *Biology Letters* 17, Nr. 1 (Januar 2021), S. 20200819, https://doi.org/10.1098/rsbl.2020.0819.
20. Juan Diego Ibáñez-Álamo, Javier Pineda-Pampliega, Robert L. Thomson, José I. Aguirre, Alazne Díez-Fernández, Bruno Faivre, Jordi Figuerola und Simon Verhulst, »Urban Blackbirds Have Shorter Telomeres«, in: *Biology Letters* 14, Nr. 3 (März 2018), S. 20180083, https://doi.org/10.1098/rsbl.2018.0083.

21. Mark Coleman, *Awake in the Wild: Mindfulness in Nature as a Path of Self-Discovery*, Maui, HI: Inner Ocean Publishing 2006.
22. Thich Nhat Hanh, *Ich pflanze ein Lächeln. Mit einem Vorwort des Dalai Lama*, München: Goldmann 2007.
23. Brian Cooke und Edzard Ernst, »Aromatherapy: A Systematic Review«, in: *British Journal of General Practice* 50, Nr. 455 (Juni 2000), S. 493–496, https://bjgp.org/content/50/455/493.long; siehe auch: Hyun-Ju Kang, Eun Sook Nam, Yongmi Lee und Myoungsuk Kim, »How Strong Is the Evidence for the Anxiolytic Efficacy of Lavender?: Systematic Review and Meta-analysis of Randomized Controlled Trials«, in: *Asian Nursing Research* 13, Nr. 5 (Dezember 2019), S. 295–305, https://doi.org/10.1016/j.anr.2019.11.003.
24. Timothy K. H. Fung, Benson W. M. Lau, Shirley P. C. Ngai und Hector W. H. Tsang, »Therapeutic Effect and Mechanisms of Essential Oils in Mood Disorders: Interaction between the Nervous and Respiratory Systems«, in: *International Journal of Molecular Sciences* 22, Nr. 9 (1. Mai 2021), S. 4844, https://doi.org/10.3390/ijms22094844.
25. John Muir, *Our National Parks*, San Francisco: Sierra Club Books 1991.
26. Shigehiro Oishi, Thomas Talhelm und Minha Lee, »Personality and Geography: Introverts Prefer Mountains«, in: *Journal of Research in Personality* 58 (Oktober 2015), S. 55–68, https://doi.org/10.1016/j.jrp.2015.07.001.

Tag 6: Entspannen Sie sich nicht nur – füllen Sie Ihre Reserven auf

1. James Nestor, *Breath – Atem: Neues Wissen über die vergessene Kunst des Atmens. Über das richtige Atmen und Atemtechniken*, München: Piper 2021.
2. Lisa Feldman Barrett, »The Theory of Constructed Emotion: An Active Inference Account of Interoception and Categorization«, in: *Social Cognitive and Affective Neuroscience* 12, Nr. 1 (Januar 2017), S. 1–23, https://doi.org/10.1093/scan/nsw154.
3. E. S. Epel, E. Puterman, J. Lin, E. H. Blackburn, P. Y. Lum, N. D. Beckmann, E. E. Schadt u.a., »Meditation and Vacation Effects Have an Impact on Disease-Associated Molecular Phenotypes«, in: *Translational Psychiatry* 6, Nr. 8 (August 2016), S. e880, https://doi.org/10.1038/tp.2016.164.
4. Shannon Harvey, *My Year of Living Mindfully*, Sydney: Hachette Australia 2020.
5. Stefanie E. Mayer, Agus Surachman, Aric A. Prather, Eli Puterman, Kevin L. Delucchi, Michael R. Irwin, Andrea Danese, David M. Almeida und

Elissa S. Epel, »The Long Shadow of Childhood Trauma for Depression in Midlife: Examining Daily Psychological Stress Processes as a Persistent Risk Pathway«, in: *Psychological Medicine* (26. März 2021), S. 1–10, https://doi.org/10.1017/S0033291721000921.

6. Xiaoli Chen, Rui Wang, Phyllis Zee, Pamela L. Lutsey, Sogol Javaheri, Carmela Alcántara, Chandra L. Jackson, Michelle A. Williams und Susan Redline, »Racial/Ethnic Differences in Sleep Disturbances: The Multiethnic Study of Atherosclerosis (MESA)«, in: *Sleep* 38, Nr. 6 (1. Juni 2015), S. 877–888, https://doi.org/10.5665/sleep.4732.
7. Tricia Hersey, *Rest Is Resistance: A Manifesto*, New York: Little, Brown Spark 2022.
8. James Nestor, *Breath – Atem: Neues Wissen über die vergessene Kunst des Atmens. Über das richtige Atmen und Atemtechniken*, München: Piper 2021.
9. Patrick McKeown, *Atme und heile dich selbst. Wissenschaftlich belegte Atemtechniken für ein gesünderes, glücklicheres und längeres Leben*, München: riva 2022.
10. Andrea Zaccaro, Andrea Piarulli, Marco Laurino, Erika Garbella, Danilo Menicucci, Bruno Neri und Angelo Gemignani, »How Breath-Control Can Change Your Life: A Systematic Review on Psycho-physiological Correlates of Slow Breathing«, in: *Frontiers in Human Neuroscience* 12 (7. September 2018), S. 353, https://doi.org/10.3389/fnhum.2018.00353.
11. Mikołaj Tytus Szulczewski, »An Anti-hyperventilation Instruction Decreases the Drop in End-Tidal CO_2 and Symptoms of Hyperventilation during Breathing at 0.1 Hz«, in: *Applied Psychophysiology and Biofeedback* 44, Nr. 3 (September 2019), S. 247–56, https://doi.org/10.1007/s10484-019-09438-y; siehe auch: Paul Lehrer, E. Vaschillo und Bronya Vaschillo, »Resonant Frequency Biofeedback Training to Increase Cardiac Variability: Rationale and Manual for Training«, in: *Applied Psychophysiology and Biofeedback* 25, Nr. 3 (2000), S. 177–191.
12. Juliana M. B. Khoury, Margo C. Watt und Kim MacLean, »Anxiety Sensitivity Mediates Relations between Mental Distress Symptoms and Medical Care Utilization during COVID-19 Pandemic«, in: *International Journal of Cognitive Therapy* 14, Nr. 3 (September 2021), S. 515–536, https://doi.org/10.1007/s41811- 021- 00113-x.
13. Alicia E. Meuret, Frank H. Wilhelm, Thomas Ritz und Walton T. Roth, »Feedback of End-Tidal pCO_2 as a Therapeutic Approach for Panic Disorder«, in: *Journal of Psychiatric Research* 42, Nr. 7 (Juni 2008), S. 560–568, https://doi.org/10.1016/j.jpsychires.2007.06.005.

Tag 7: Starten und beenden Sie Ihren Tag mit einem vollen Tank

1. Jennifer R. Piazza, Susan T. Charles, Martin J. Sliwinski, Jacqueline Mogle und David M. Almeida, »Affective Reactivity to Daily Stressors and Long-Term Risk of Reporting a Chronic Physical Health Condition«, in: *Annals of Behavioral Medicine* 45, Nr. 1 (Februar 2013), S. 110–120, https://doi.org/10.1007/s12160-012-9423-0; siehe auch: Daniel K. Mroczek, Robert S. Stawski, Nicholas A. Turiano, Wai Chan, David M. Almeida, Shevaun D. Neupert und Avron Spiro III, »Emotional Reactivity and Mortality: Longitudinal Findings from the VA Normative Aging Study«, in: *Journals of Gerontology: Series B* 70, Nr. 3 (Mai 2015), S. 398–406, https://doi.org/10.1093/geronb/gbt107.
2. K. Aschbacher, E. Epel, O. M. Wolkowitz, A. A. Prather, E. Puterman und F. S. Dhabhar, »Maintenance of a Positive Outlook during Acute Stress Protects against Pro-inflammatory Reactivity and Future Depressive Symptoms«, in: *Brain, Behavior, and Immunity* 26, Nr. 2 (Februar 2012), S. 346–352, https://doi.org/10.1016/j.bbi.2011.10.010.
3. Judith T. Moskowitz, Elizabeth L. Addington und Elaine O. Cheung, »Positive Psychology and Health: Well-Being Interventions in the Context of Illness«, in: *General Hospital Psychiatry* 61 (November–Dezember 2019), S. 136 ff., https://doi.org/10.1016/j.genhosppsych.2019.11.001.
4. Eric L. Garland, Barbara Fredrickson, Ann M. Kring, David P. Johnson, Piper S. Meyer und David L. Penn, »Upward Spirals of Positive Emotions Counter Downward Spirals of Negativity: Insights from the Broaden-and-Build Theory and Affective Neuroscience on the Treatment of Emotion Dysfunctions and Deficits in Psychopathology«, in: *Clinical Psychology Review* 30, Nr. 7 (November 2010), S. 849–864, https://doi.org/10.1016/j.cpr.2010.03.002.
5. Judith T. Moskowitz, Elaine O. Cheung, Karin E. Snowberg, Alice Verstaen, Jennifer Merrilees, John M. Salsman und Glenna A. Dowling, »Randomized Controlled Trial of a Facilitated Online Positive Emotion Regulation Intervention for Dementia Caregivers«, in: *Health Psychology* 38, Nr. 5 (Mai 2019), S. 391–402, https://doi.org/10.1037/hea0000680.
6. Barbara Fredrickson, »The Broaden-and-Build Theory of Positive Emotions«, in: *Philosophical Transactions of the Royal Society* B 359, Nr. 1449 (29. September 2004), S. 1367–1378, https://doi.org/10.1098/rstb.2004.1512.
7. Dusti R. Jones und Jennifer E. Graham-Engeland, »Positive Affect and Peripheral Inflammatory Markers among Adults: A Narrative Review«, in: *Psychoneuroendocrinology* 123 (Januar 2021), S. 104892, https://doi.org/10.1016/j.psyneuen.2020.104892.

8. Sheldon Cohen, William J. Doyle, Ronald B. Turner, Cuneyt M. Alper und David P. Skoner, »Emotional Style and Susceptibility to the Common Cold«, in: *Psychosomatic Medicine* 65, Nr. 4 (Juli–August 2003), S. 652–657, https://doi.org/10.1097/01.psy.0000077508.57784.da.
9. Yujing Zhang und Buxin Han, »Positive Affect and Mortality Risk in Older Adults: A Meta-analysis«, in: *Psychology Journal* 5, Nr. 2 (Juni 2016), S. 125–238, https://doi.org/10.1002/pchj.129.
10. Tsoknyi Rinpoche, *Öffne dein Herz und lausche. Den inneren Funken entdecken*, München: Arkana 2012. In diesem Buch erfahren Sie mehr über diese Meditation und andere Übungen, um innere Glückseligkeit zu fördern.
11. Anthony D. Ong, Lizbeth Benson, Alex J. Zautra und Nilam Ram, »Emodiversity and Biomarkers of Inflammation«, in: *Emotion* 18, Nr. 1 (Februar 2018), S. 3–14, https://doi.org/10.1037/emo0000343; siehe auch: E. J. Urban-Wojcik, J. A. Mumford, D. M. Almeida, M. E. Lachman, C. D. Ryff, R. J. Davidson und S. M. Schaefer, »Emodiversity, Health, and Well-Being in the Midlife in the United States (MIDUS) Daily Diary Study«, in: *Emotion* (9. April 2020), https://doi.org/10.1037/emo0000753.
12. Inês M. Tavares, Hera E. Schlagintweit, Pedro J. Nobre und Natalie O. Rosen, »Sexual Well-Being and Perceived Stress in Couples Transitioning to Parenthood: A Dyadic Analysis«, in: *International Journal of Clinical and Health Psychology* 19, Nr. 3 (September 2019), S. 198–208, https://doi.org/10.1016/j.ijchp.2019.07.004.
13. Andrea Burri und Ana Carvalheira, »Masturbatory Behavior in a Population Sample of German Women«, in: *Journal of Sexual Medicine* 16, Nr. 7 (Juli 2019), S. 963–974, https://doi.org/10.1016/j.jsxm.2019.04.015.
14. Esther Perel, »Why Eroticism Should Be Part of Your Self-Care Plan«, in: Esther Perel (Blog), aufgerufen am 17. Mai 2022, https://www.estherperel.com/blog/eroticism-self-care-plan.
15. Robert H. Lustig, *The Hacking of the American Mind: The Science Behind the Corporate Takeover of Our Bodies and Brains*, New York: Avery 2017.
16. June Gruber, Aleksandr Kogan, Jordi Quoidbach und Iris B. Mauss, »Happiness Is Best Kept Stable: Positive Emotion Variability Is Associated with Poorer Psychological Health«, in: *Emotion* 13, Nr. 1 (Februar 2013), S. 1–6, https://doi.org/10.1037/a0030262.
17. Peter Koval, Barbara Ogrinz, Peter Kuppens, Omer Van den Bergh, Francis Tuerlinckx und Stefan Sütterlin, »Affective Instability in Daily Life Is Predicted by Resting Heart Rate Variability«, in: *PLoS One* 8, Nr. 11 (29. November 2013), S. e81536, https://doi.org/10.1371/journal.pone. 0081536.

18. Anthony D. Ong und Andrew Steptoe, »Association of Positive Affect Instability with All-Cause Mortality in Older Adults in England«, in: *JAMA Network Open* 3, Nr. 7 (1. Juli 2020), S. e207725, https://doi.org/10.1001/jamanetworkopen.2020.7725.
19. Robert H. Lustig, *The Hacking of the American Mind: The Science Behind the Corporate Takeover of Our Bodies and Brains*, New York: Avery 2017.
20. Kennon M. Sheldon und Sonja Lyubomirsky, »Revisiting the Sustainable Happiness Model and Pie Chart: Can Happiness Be Successfully Pursued?«, in: *Journal of Positive Psychology* 16, Nr. 2 (2021), S. 145–154, https://doi.org/10.1080/17439760.2019.1689421.
21. S. Katherine Nelson, Kristin Layous, Steven W. Cole und Sonja Lyubomirsky, »Do unto Others or Treat Yourself? The Effects of Prosocial and Self-Focused Behavior on Psychological Flourishing«, in: *Emotion* 16, Nr. 6 (September 2016), S. 850–861, https://doi.org/10.1037/emo0000178.
22. S. Katherine Nelson-Coffey, Megan M. Fritz, Sonja Lyubomirsky und Steve W. Cole, »Kindness in the Blood: A Randomized Controlled Trial of the Gene Regulatory Impact of Prosocial Behavior«, in: *Psychoneuroendocrinology* 81 (Juli 2017), S. 8–13, https://doi.org/10.1016/j.psyneuen.2017.03.025.
23. Kuan-Hua Chen, Casey L. Brown, Jenna L. Wells, Emily S. Rothwell, Marcela C. Otero, Robert W. Levenson und Barbara L. Fredrickson, »Physiological Linkage during Shared Positive and Shared Negative Emotion«, in: *Journal of Personality and Social Psychology* 121, Nr. 5 (November 2021), S. 10.1037/pspi0000337, https://doi.org/10.1037/pspi0000337; siehe auch: Jenna Wells, Claudia Haase, Emily Rothwell, Kendyl Naugle, Marcela Otero, Casey Brown, Jocelyn Lai u. a., »Positivity Resonance in Long-Term Married Couples: Multimodal Characteristics and Consequences for Health and Longevity«, in: *Journal of Personality and Social Psychology* (31. Januar 2022), https://doi.org/10.1037/pspi0000385.
24. Jaime Vila, »Social Support and Longevity: Meta-Analysis-Based Evidence and Psychobiological Mechanisms«, in: *Frontiers in Psychology* 12 (13. September 2021), https://doi.org/10.3389/fpsyg.2021.717164; siehe auch: Ted Robles, Richard Slatcher, Joseph Trombello und Mehgan McGinn, »Marital Quality and Health: A Meta-analytic Review«, in: *Psychological Bulletin* 140, Nr. 1 (Januar 2014), S. 140–187, https://doi.org/10.1037/a0031859.
25. Nicholas A. Coles, Jeff T. Larsen und Heather C. Lench, »A Meta-analysis of the Facial Feedback Literature: Effects of Facial Feedback on Emotional Experience Are Small and Variable«, in: *Psychological Bulletin* 145, Nr. 6 (Juni 2019), S. 610–655, https://doi.org/10.1037/bul0000194; siehe

auch: Nicholas A. Coles, David Scott March, Fernando Marmolejo-Ramos, Jeff T. Larsen, Nwadiogo C. Chisom Arinze, Izuchukwu L. G. Ndukaihe, Megan L. Willis u. a., »A Multi-lab Test of the Facial Feedback Hypothesis by the Many Smiles Collaboration«, in: *PsyArXiv Preprints* (4. Februar 2019), S. 1–54, https://doi.org/10.31234/osf.io/cvpuw.

26. Pennie Eddy, Eleanor H. Wertheim, Matthew W. Hale und Bradley J. Wright, »A Systematic Review and Meta-analysis of the Effort-Reward Imbalance Model of Workplace Stress and Hypothalamic-Pituitary-Adrenal Axis Measures of Stress«, in: *Psychosomatic Medicine* 80, Nr. 1 (Januar 2018), S. 103–113, https://doi.org/10.1097/PSY.0000000000000505.
27. Martin Picard, Aric A. Prather, Eli Puterman, Kirstin Aschbacher, Yan Burelle und Elissa S. Epel, »A Mitochondrial Health Index Sensitive to Mood and Caregiving Stress«, in: *Biological Psychiatry* 84, Nr. 1 (1. Juli 2018), S. 9–17, https://doi.org/10.1016/j.biopsych.2018.01.012.
28. Christina Armenta, Megan Fritz, Lisa Walsh und Sonja Lyubomirsky, »Satisfied Yet Striving: Gratitude Fosters Life Satisfaction and Improvement Motivation in Youth«, in: *Emotion* (10. September 2020), https://doi.org/10.1037/emo0000896.

Fazit

1. Daniel J. Siegel, *IntraConnected: MWe (Me + We) as the Integration of Self, Identity, and Belonging (IPNB)*, New York: W. W. Norton & Company 2022.
2. Shantideva, *Anleitung zum Leben als Bodhisattva*, Kapitel 8, Vers 129, Frankfurt 2001.
3. »Embracing Hope, Courage, and Compassion in Times of Crisis«, in: *His Holiness the 14th Dalai Lama of Tibet*, 8. Dezember 2021, https://www.dalailama.com/news/2021/embracing-hope-courage-and-compassion-in-times-of-crisis.
4. Pádraig Ó Tuama, *Daily Prayer with the Corrymeela Community*, Norwich: Canterbury Press 2017.
5. Karen O'Brien, *You Matter More Than You Think: Quantum Social Change for a Thriving World*, cChange Press 2021.